Emilie Roth

AUS MEINER KÜCHE

MEIN GRUNDBACKBUCH

MIT ÜBER 400 KÖSTLICHEN REZEPTEN

Emilie Roth

AUS MEINER KÜCHE

MEIN GRUNDBACKBUCH

MIT ÜBER 400 KÖSTLICHEN REZEPTEN

Liebe Leser!

„Backe, backe Kuchen", singt das kleine Mädchen – und dann geht's los: eine Form wird hergeholt, Sand hineingefüllt, die Form umgestülpt; und auf einem Brett liegt der fertige „Sandkuchen". So einfach ist das Backen! Für Sie auch? Die Abläufe beim Backen bleiben immer die gleichen.
Der eigentliche Backvorgang nimmt relativ wenig Zeit in Anspruch, er muss gleichermaßen als die Krönung des Ganzen, aber meisterlich durchgeführt werden, sonst war alle Mühe umsonst. Die Überlegungen beginnen bereits bei der Beschaffenheit des Mehles: feinkörnig, grob gemahlen oder geschrotet, jedes fordert eine gesonderte Behandlung, bis am Ende das gewünschte Produkt entstanden sein wird. Es darf nicht zu trocken, aber auch nicht zu feucht sein. Die Zutaten sind unterschiedlich. Das Mehl wird zu Teig verarbeitet, der muss „gehen", braucht Ruhe, oft eine ganze Nacht hindurch, damit Sauerteig oder Hefe „arbeiten" können. Das Kneten und die Umformung zum Laib oder zum Brötchen erfordert nicht nur Kraft, es verlangt Können. Die Backstube muss eine günstige, gleichbleibende Wärme garantieren, starker Luftzug und Temperaturschwankungen können alles verderben.
Unsere Großeltern betrachteten das Brotbacken zu Hause im eigenen Ofen noch als Selbstverständlichkeit, und wenn der selbstgebackene Sonntagsnachmittagskuchen auf dem Tisch fehlte, hing in manchen Familien der Haussegen schief. Ältere Leser werden sich gewiss noch daran erinnern, wie gut ofenfrische Backwaren mit köstlich krosser Kruste schmecken, wie verführerisch der Duft aus der Küche, sprich Backstube, drang. Doch dann wurde, warum auch immer, das Backen in vielen Haushalten aus der häuslichen Küche verbannt. Das mag zum Teil daran gelegen haben, dass Backen zeitaufwendig ist, und die Kartoffeln, heute eines unserer wichtigsten Nahrungsmittel, trug gewiss dazu bei, die Bedeutung des Brotes zu mindern.
Trotzdem, wenn der Geruch von frischem Gebäck oder Kuchen durch die Küche zieht, wird fast jeder schwach, denn selbst gebacken schmecken Lebkuchen, Obsttorten oder Plätzchen einfach am besten. Besonders gilt das für die Advents- oder Weihnachtszeit, die ohne Kekse oder Stollen aus der eigenen Küche auch für viele Erwachsene nur halb so schön wäre.
Brot und andere Backwaren bleiben einfach ein wesentlicher Bestandteil unserer Ernährung und gehören weltweit mit zu den wichtigsten Grundnahrungsmitteln.
Brot, Kuchen und Gebäck aus Fabriken oder Großbäckereien ist preiswerter als je zuvor, leider aber ist die Qualität auch nicht immer befriedigend. Erst seit ungefähr einem Jahrzehnt nimmt die Anzahl der Hobbybäcker wieder zu. Einer der Gründe hierfür ist gewiss auch, dass die industrielle Backkunst immer mehr in die Abhängigkeit chemischer Backhilfen gerät. Die Geschmacksrichtungen verwässern, und die Qualität erreicht nur selten das, was am heimischen Herd produziert wird.
Schließlich ist wahrscheinlich auch der Trend zu einer bewussteren und gesünderen Ernährung nicht unmaßgeblich verantwortlich dafür, dass es

heutzutage immer mehr „Hobybäcker“ gibt.
In der Backindustrie fließen nämlich nicht selten zusätzliche Beigaben wie künstliche Aromastoffe, Teigsäuerungsmittel, Schimmelverhinderer, Frischhalter, Quellstoffe und ähnliches in die Produktion mit ein. Unsere Lebensmittelgesetze sind zwar sehr streng und werden ständig überwacht, der Gesundheit fügen alle diese Zusätze daher auch keinen Schaden zu, aber die Ursprünglichkeit des Teiges geht leider in den großen Teigfabriken mitunter verloren.
Hat man das Glück, so wie es früher die Regel war, von Mutter oder Großmutter in die Geheimnisse der Backkunst eingewiesen zu werden, und hat man sich dann vielleicht im Laufe der Zeit anhand von Büchern oder Kursen weitergebildet, benötigt man kaum ein Grundbackbuch, aber niemand ist perfekt, und gewiss ist selbst für den erfahrenen „Bäcker“ in diesem Buch Neues zu finden. So wird neben dem Selberbacken von Brot auch das Kuchenbacken bei uns immer beliebter. Es geht schnell, (meistens), und ebenfalls mag der Anreiz zum selber backen sein, kurzfristig angesagte Gäste bewirten zu können und um sich anschließend Lob einzuheimsen zu können für die selbst gefertigten Backwaren. Mit entsprechenden Vorkenntnissen ist das Backen verhältnismäßig einfach:
„Wer will guten Kuchen backen, der muss haben sieben Sachen: Butter und Schmalz, Zucker und Salz, Eier und Mehl, Safran macht den Kuchen gel....“
Ist es das, was oftmals schon heranwachsende Kinder ermuntert, gern Kuchen – richtigen Sandkuchen – zu backen, oder ist es das zu erwartende Lob für ein gelungenes Gebilde?
Nicht jede Hausfrau kann aber auf überlieferte Rezepturen zurückgreifen oder sich noch an die weisen Ratschläge der Mutter oder Oma erinnern. Deshalb wurde dieses Grundbackbuch für Sie geschrieben. Es soll dem Anfänger Anreize geben, sich mutig an die Arbeit in der eigenen Backstube zu machen, aber auch dem, der vielleicht schon lange seinen eigenen Kuchen gebacken hat, Anregungen vermitteln, mit neuen Ideen zur Abwechslung beizutragen, damit er, je nach Bedarf, stets mit Neuem, seien es Torten, Kekse, Kuchen oder anderes Gebackenes, seine Familie oder Freunde überraschen kann.

Entsprechende Zutaten und Hilfsmittel erhalten Sie auch im Fachgeschäft, in dem man Ihnen gewiss gerne Fragen zum Thema „Backen“ beantwortet, und verhältnismäßig leicht nachzubackende Rezepte finden Sie in diesem Buch. Lassen Sie sich aber bitte auf keinen Fall entmutigen, wenn nicht alles gleich auf Anhieb klappt, haben Sie Geduld, denn die ist gerade in der eigenen „Backstube“ besonders gefragt.
Und noch eins gilt, ganz speziell für den häuslichen Kuchenbäcker: Es ist noch kein (Bäcker)meister vom Himmel gefallen! Doch: Selber backen, das kann Riesenspaß machen!

Ihre *Emilie Roth*

Grundrezept Hefeteig

• 200 ml Milch • 20 g Frischhefe • 1 TL Zucker • 350 g Weizenmehl • 50 g Zucker • 1 Prise Salz • 1 EL geriebene Zitronenschale

- Die Milch leicht erwärmen, die Hefe hineinbröckeln und mit einem Teelöffel Zucker glatt rühren. An einem warmen Ort 10 Minuten gehen lassen.
- Das Mehl sieben, mit dem restlichen Zucker, dem Salz und der Zitronenschale vermischen, die Hefe einrühren und den Teig so lange schlagen, bis er Blasen wirft.
- An einem warmen Ort zugedeckt zur doppelten Menge aufgehen lassen und je nach Rezept weiter verarbeiten.

Schnelle Hefeküchlein

• 1 Rezept Hefeteig • 400 g fertigen Milchreis • 1/2 Päckchen Erdbeerpuddingpulver • 1 EL Sahne • 2 Eigelb • 2 Eiweiß • 250 g Erdbeeren • 2-3 EL gehackte Pistazien

- Nach Grundrezept Hefeteig einen Teig zubereiten und diesen in sechs gleich große Stücke teilen. Jedes Teigstück rund ausrollen und einen kleinen Rand hochdrücken.
- Den Milchreis mit Puddingpulver, Milch und Eigelb verrühren.
- Das Eiweiß halb steif schlagen und unter die Reismasse ziehen.
- Die Erdbeeren verlesen, waschen, gut abtropfen lassen, in kleine Stückchen schneiden, auf die Fladen verteilen, die Pistazien darüber streuen und die Milchreismasse löffelweise darauf verteilen.
- Die Fladen im auf 180-200 °C vorgeheizten Ofen 20-25 Minuten backen, herausnehmen, anrichten und servieren.

SCHOKO-MILCHREIS-KÜCHLEIN MIT BIRNEN

*• 1 Rezept Hefeteig • 2 Becher Schoko-Milchreis
• 1 Päckchen Vanillepuddingpulver • 1 EL Sahne • 2 Eigelb
• 2 Eiweiß • 1 Dose Birnenhälften*

- Nach Grundrezept Hefeteig I einen Hefeteig zubereiten und diesen in sechs gleich große Stücke teilen. Jedes Teigstück rund ausrollen und einen kleinen Rand hochdrücken.
- Den Schoko-Milchreis mit Puddingpulver, Sahne und Eigelb verrühren.
- Das Eiweiß halb steif schlagen und unter die Reismasse ziehen.
- Die Birnenhälften gut abtropfen lassen, in kleine Würfel schneiden, auf die Fladen legen und die Milchreismasse löffelweise darauf verteilen.
- Die Fladen im auf 180-200 °C vorgeheizten Ofen 20-25 Minuten backen, herausnehmen, anrichten und servieren.

VANILLEKÜCHLEIN

*• 1 Grundrezept Hefeteig • 2 Becher Vanille-Milchreis
• 1/2 Päckchen Vanillepuddingpulver • 1 EL Sahne • 2 Eigelb
• 2 Eiweiß • 250 g frische Früchte nach Geschmack
• 1 Päckchen Tortenguss • 2 EL Zucker
• 1/4 l Wasser oder Fruchtsaft • geschlagene, gesüßte Sahne
• 1-2 EL gehackte Pistazien*

- Nach Grundrezept Hefeteig einen Teig zubereiten, gehen lassen, in sechs Teile teilen und diese auf einer bemehlten Arbeitsfläche ausrollen. Dabei einen Rand hochziehen.
- Den Milchreis mit dem Vanillepuddingpulver, der Sahne und dem Eigelb glatt rühren. Das Eiweiß steif schlagen und unterheben.
- Die Milchreismasse auf den Hefefladen verteilen und in dem auf 180-200 °C vorgeheizten Backofen 20-25 Minuten backen, herausnehmen und erkalten lassen.
- Die Früchte entsprechend vorbereiten und auf den Vanilleküchlein verteilen. Den Tortenguss mit dem Zucker und dem Wasser oder Fruchtsaft nach Anweisung auf der Packung zubereiten und leicht abkühlen lassen.
- Die Vanilleküchlein damit überziehen, den Guss vollständig erkalten lassen, anschließend die Vanilleküchlein mit Sahnetupfern ausgarnieren, mit gehackten Pistazien bestreuen und servieren.

Grundrezept Schneller Hefeteig

• 500 g Mehl • 1 Päckchen Trockenhefe
• 1 EL geriebene Zitronenschale • 75-100 g Zucker • 1 Prise Salz
• 1/4 l lauwarme Milch • 75 g flüssige Butter

- Das Mehl mit der Trockenhefe, der Zitronenschale, dem Zucker und dem Salz in eine Schüssel geben und alles gut miteinander verrühren.
- Die Milch und die flüssige Butter zum Mehl geben und alles zu einem glatten Teig verarbeiten.
- Den Teig so lange schlagen, bis er Blasen wirft. An einem warmen Ort zugedeckt zur doppelten Menge aufgehen lassen.
- Den Teig nochmals kräftig durchschlagen und je nach Rezept weiter verarbeiten.

Hefe-Apfelstrudel

• 1 Grundrezept schneller Hefeteig • 5-6 säuerliche Äpfel
• Saft von 1 Zitrone • 125 g Rumrosinen • 1 EL Zimtpulver
• 2 -3 EL Vanillezucker • 200 g Mandelkrokant
• 1 EL geriebene Zitronenschale • 4 cl Apfelschnaps

- Aus den Teigzutaten einen Hefeteig zubereiten und auf die doppelte Menge aufgehen lassen.
- Für die Füllung die Äpfel grob raspeln, sofort mit Zitronensaft beträufeln und mit den Rumrosinen, dem Zimtpulver, den Vanillezucker, den Nüssen und der Zitronenschale in einer Schüssel vermischen. Mit Apfelschnaps marinieren.
- Den Teig auf einer bemehlten Arbeitsfläche nochmals kräftig durchkneten etwa 1/2 cm dick zu einem großen Rechteck ausrollen. Die Füllung gleichmäßig darauf verteilen und von der breiten Seite her zusammenrollen.
- Den Strudel auf ein ausgefettetes Backblech geben und im auf 180-200 °C vorgeheizten Backofen 40-50 Minuten backen. Herausnehmen, in Scheiben schneiden, anrichten und mit Vanillesauce servieren.

Kirsch-Mandelkuchen

• 1 Rezept schneller Hefeteig • 1 großes Glas Kaiserkirschen • 2-3 EL Butter oder Margarine • 3 EL Zucker • 2 EL Vanillezucker • 1 Prise Zimtpulver • 6 cl Kirschlikör • 1 Tasse Himbeergelee • 100 g Mandelblättchen • 100 g Puderzucker

- Den Hefeteig nach Grundrezept schneller Hefeteig zubereiten, in eine ausgefettete Springform geben, im auf 180-200 °C vorgeheizten Backofen in 30-35 Minuten ausbacken, herausnehmen und erkalten lassen.
- Die Kaiserkirschen gut abtropfen lassen.
- Die Butter oder Margarine in einer Pfanne erhitzen und den Zucker darin karamelisieren lassen.
- Die Kirschen dazugeben, mit Vanillezucker, Zimtpulver und Kirschlikör aromatisieren, 6-8 Minuten dünsten und vollständig erkalten lassen.
- Den Teig mit einem scharfen Messer quer halbieren, mit Himbeergelee bestreichen, zusammensetzen, die Kirschen dekorativ auf den Böden anrichten und das Ganze mit den Mandelblättchen bestreuen.
- Den Puderzucker mit etwas Kirschsaft glatt rühren, die Kirschen damit bestreichen, vollständig abtrocknen lassen und servieren.

Apfelkuchen mit Pistazien

• 1 Rezept schneller Hefeteig • 800 g Äpfel • Saft von 2 Zitronen • 2-3 EL Butter • 3 EL Zucker • 2 EL Vanillezucker • 1 Prise Zimtpulver • 6 cl Apfellikör • 1 Tasse Apfelgelee • 100 g gehackte Pistazien • 1 Tasse Puderzucker • einige Tropfen Zitronensaft

- Den Teig nach Grundrezept schneller Hefeteig zubereiten, in eine ausgefettete Springform legen und im auf 180-200 °C vorgeheizten Backofen 30-35 Minuten backen. Herausnehmen und erkalten lassen.
- Die Äpfel waschen, schälen, halbieren, das Kerngehäuse herausschneiden, die Äpfel in Schnitze schneiden und sofort mit Zitronensaft beträufeln.
- Die Butter in einer Pfanne erhitzen und den Zucker darin karamelisieren. Die Apfelschnitze dazugeben, mit Vanillezucker, Zimt und Apfellikör aromatisieren und 6-8 Minuten dünsten. Vom Herd nehmen und vollständig erkalten lassen.
- Den Teig quer halbieren, die Böden mit dem Apfelgelee bestreichen, wieder zusammensetzen und die Apfelschnitze darauf verteilen. Mit gehackten Pistazien bestreuen.
- Den Puderzucker mit so viel Zitronensaft glatt rühren, dass eine nicht zu zähe Masse entsteht, und die Äpfel damit überziehen.
- Den Guss vollständig abtrocknen lassen.

Grundrezept abgerührter Hefeteig

• 1 Würfel Hefe • 1/4 l lauwarme Milch • 1 EL Zucker
• 500 g Mehl • 125 g Butter • 125 g Zucker • 2 Eier • 1 Prise Salz
• 1 EL geriebene Zitronenschale

- Die Hefe in die lauwarme Milch einbröckeln, den Zucker einrühren und das Ganze 10-15 Minuten gehen lassen.
- Das Mehl in eine Schüssel sieben, eine Mulde eindrücken und die Hefemilch hineingeben.
- Die Butter oder Margarine in einer Schüssel schaumig schlagen, den Zucker einrühren und die Eier nach und nach unterarbeiten. Das Salz und die Zitronenschale unter den Schaum ziehen.
- Die Schaummasse zum Mehl geben und das Ganze mit dem Kochlöffel oder dem Knethaken des Handrührgeräts zu einem glatten kompakten Teig verarbeiten.
- Den Teig mit einem sauberen Küchentuch abdecken und an einem warmen Ort 30 Minuten gehen lassen.
- Den Teig nochmals kräftig durcharbeiten und zur weiteren Verarbeitung bereitstellen.

Feiner Napfkuchen

• 1 Grundrezept abgerührten Hefeteig • 50 g Rumrosinen
• 100 g gemischte Trockenfrüchte • 1 Tasse Sahne
• 1 EL Vanillezucker • 50 g gehackte Nüsse • 50 g Schokoraspeln

- Einen Teig nach Grundrezept abgerührten Hefeteig zubereiten und mindestens zur doppelten Größe aufgehen lassen. Die Rumrosinen und die fein geschnittenen Trockenfrüchte zum Teig geben.
- Die Sahne erwärmen, mit dem Vanillezucker, den Nüssen und den Schokoraspeln zum Teig geben und alles kräftig einarbeiten. Den Teig nochmals gehen lassen und in eine ausgefettete Napfkuchenform füllen. Erneut gehen lassen und im auf 180-200 °C vorgeheizten Backofen 40-50 Minuten backen. Den Gugelhupf herausnehmen und abkühlen lassen. Mit Puderzucker bestäuben und servieren.

Marzipanrolle

• 1 Rezept abgerührten Hefeteig • 400 g Marzipanrohmasse • 4 cl Orangenlikör • 50 g Puderzucker • 50 g gehackte Sonnenblumenkerne • 50 g gehackte Pistazien • 50 g gehackte Pinienkerne • 1 Tasse Sahne • 2 Eier • 100 g Puderzucker • 1-2 EL frisch gepressten Orangensaft

- Den abgerührten Hefeteig nach Grundrezept zubereiten.
- Die Marzipanrohmasse mit dem Orangenlikör und dem Puderzucker zu einer glatten Masse verarbeiten, die Sonnenblumenkerne, die Pistazien- und die Pinienkerne untermischen, die Sahne und die Eier darunter rühren.
- Den Teig auf einer Arbeitsfläche auf eine Größe von 30 x 40 cm ausrollen. Die Marzipanmasse 25 x 35 cm ausrollen und auf den Hefeteig legen. Die Teigränder über die Marzipanmasse schlagen und das Ganze von der schmalen Seite her aufrollen.
- Die Marzipanrolle auf einem ausgefetteten Backblech in dem auf 180-200 °C vorgeheizten Backofen 35-45 Minuten backen, herausnehmen und noch heiß mit Orangenglasur überziehen. Erkalten lassen und servieren.

Marzipanrolle mit Fruchtmix

• 1 Rezept abgerührten Hefeteig • 400 g Marzipanrohmasse • 4 cl Orangenlikör • 50 g Puderzucker • 50 g Fruchtmix, ganz fein geschnitten • 50 g gehackte Mandeln • 50 g gehackte Sonnenblumen- oder Kürbiskerne • 1 Tasse Sahne • 2 Eier

- Zubereitung wie Kernige Marzipanrolle

Marzipan-Gugelhupf

• 1 Rezept abgerührten Hefeteig • 400 g Marzipanrohmasse • 4 cl Orangenlikör • 50 g Puderzucker • 50 g gehackte Sonnenblumenkerne • 100 g gemischte, gehackte Nüsse • 1 Tasse Sahne • 2 Eier • Margarine und Semmelbrösel für die Form • 100 g Puderzucker • 1-2 EL frisch gepressten Orangensaft • 1 TL Orangenlikör

- Zubereitung wie Marzipanrolle. Eine Gugelhupfform mit Margarine ausfetten und mit Semmelbröseln ausstreuen. Die fertige Marzipanrolle mit der Naht nach unten einlegen und im auf 180-200 °C vorgeheizten Backofen 50-60 Minuten backen.
- Den Marzipan-Gugelhupf herausnehmen und auf ein Kuchengitter legen.
- Den Puderzucker mit dem Orangensaft glatt rühren, nach Geschmack mit Orangenlikör aromatisieren und den heißen Marzipan-Gugelhupf damit bestreichen. Erkalten lassen und servieren.

Streuselkuchen mit Heidelbeeren

• 1 Rezept abgerührten Hefeteig • 500 g Mehl • 250 g Zucker • 2 EL Vanillezucker • 300 g Butter oder Margarine • 1 EL Zimtpulver • 500 g Heidelbeeren • 4 EL Zucker • 6 cl Heidelbeerlikör

- Den abgerührten Hefeteig nach Grundrezept zubereiten und bereitstellen.
- Für die Streusel das Mehl, den Zucker und den Vanillezucker miteinander vermischen. Die Butter oder Margarine in Flöckchen darauf setzen und mit Zimtpulver bestreuen. Mit bemehlten Händen schnell zu Streuseln verarbeiten.
- Den gegangenen Hefeteig auf einer bemehlten Arbeitsfläche ausrollen und auf ein ausgefettetes Backblech geben.
- Ein Drittel der Streusel gleichmäßig auf den Teig verteilen.
- Die verlesenen, gewaschenen Heidelbeeren in einer Schüssel mit Zucker bestreuen, mit Heidelbeerlikör aromatisieren und auf den Streuseln verteilen.
- Das Ganze mit den restlichen Streuseln bedecken und in dem auf 180-200 °C vorgeheizten Backofen 30-35 Minuten backen.
- Den Kuchen herausnehmen, auskühlen lassen, schneiden, anrichten und servieren.

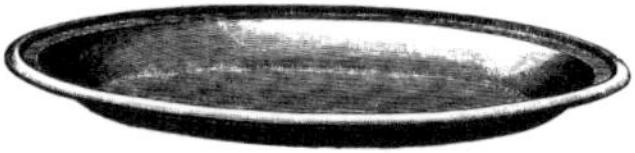

Zwetschgen-Streuselkuchen

• 1 Rezept abgerührten Hefeteig • 1 kg Zwetschgen • 2 EL Zucker • 4 cl Orangenlikör • 1 Grundrezept Streusel

- Den abgerührten Hefeteig nach Grundrezept zubereiten und bereitstellen.
- Für den Belag die Zwetschgen halbieren, entsteinen und in eine Schüssel geben. Mit Zucker bestreuen und mit Orangenlikör aromatisieren.
- Die Streusel nach Grundrezept zubereiten.
- Den Hefeteig auf einer bemehlten Arbeitsfläche ausrollen und auf ein ausgefettetes Backblech legen.
- Die gut abgetropften Zwetschgen und die Streusel dekorativ auf dem Teig verteilen und im auf 180-200 °C vorgeheizten Backofen 30-40 Minuten backen.
- Nach Ende der Backzeit den Kuchen herausnehmen, erkalten lassen, anrichten und servieren.

Hefekranz

• 1 Rezept abgerührten Hefeteig • 50 g Rumrosinen • 25 g Zitronat • 25 g Orangeat • 25 g kandierte Kirschen • 1 Tasse Sahne • 1 Päckchen Vanillezucker • 50 g gehackte Mandeln • 50 g Schokostreusel • Puderzucker zum Bestäuben

- Den Teig nach Grundrezept abgerührten Hefeteig zubereiten und mindestens auf die doppelte Größe aufgehen lassen. Die Rumrosinen, das Zitronat, das Orangeat und die kandierten Kirschen zum Teig geben.
- Die Sahne erwärmen, mit dem Vanillezucker, den Mandeln und den Schokostreuseln zum Teig geben und alles kräftig einarbeiten.
- Nochmals gehen lassen und in eine ausgefettete Kranzform füllen. Im auf 180-200 °C vorgeheizten Backofen 40-50 Minuten backen, herausnehmen und abkühlen lassen. Mit Puderzucker bestäuben und servieren.

Hefehupf mit schneller Mohnfüllung

• 1 Rezept abgerührten Hefeteig • 1 Packung Mohnback • Puderzucker zum Bestäuben

- Den abgerührten Hefeteig nach Grundrezept zubereiten und min destens auf die doppelte Größe aufgehen lassen.
- Auf einer bemehlten Arbeitsfläche zu einem Rechteck ausrollen und das Mohnback darauf verteilen. Den Teig vorsichtig aufrollen und mit der „Naht" nach unten in eine gefettete Gugelhupfform legen. Nochmals 10-15 Minuten gehen lassen und in dem auf 180-200 °C vorgeheizten Backofen 40-50 Minuten backen, herausnehmen und abkühlen, mit Puderzucker bestäuben und servieren.

Aprikosenkuchen mit Glasur

• 1 Rezept abgerührten Hefeteig • 50 g zarte Haferflocken • 50 gemahlene Mandeln • 1 kg Aprikosen • 1 Päckchen Vanillezucker • 50 g Zucker • 50 g gehackte Mandeln • 50 g gehackte Haselnüsse • 100 g eingeweichte Rosinen • 250 g Puderzucker • Saft von 1 Zitrone

- Den abgerührten Hefeteig nach Grundrezept zubereiten, die Haferflocken und die Mandeln kräftig darunter schlagen. Den Teig in einer Schüssel zugedeckt an einem warmen Ort zur doppelten Größe aufgehen lassen, auf einer bemehlten Arbeitsfläche ausrollen und auf ein ausgefettetes Backblech geben.
- Die Aprikosen enthäuten, halbieren und den Kern herauslösen, die Aprikosen in Spalten schneiden und auf den Teig legen.
- Den Vanillezucker, den Zucker, die Mandeln, die Haselnüsse und die Rosinen miteinander vermischen und gleichmäßig auf den Aprikosen verteilen.
- Den Kuchen im auf 180-200 °C vorgeheizten Backofen 30-35 Minuten backen.
- Nach Ende der Backzeit den Puderzucker mit Zitronensaft glatt rühren und den Kuchen damit bestreichen. Auskühlen lassen, in Scheiben schneiden, anrichten und servieren.

Pfirsich-Mandel-Kuchen

• 1 Rezept abgerührten Hefeteig • 50 g zarte Haferflocken • 50 gemahlene Mandeln • 1 kg Pfirsiche • 1 Päckchen Vanillezucker • 50 g Zucker • 50 g Mandelkrokant • 50 g gehackte Pistazien • 100 g Rumrosinen • 250 g Puderzucker • Saft von 1 Zitrone

- wie Aprikosenkuchen mit Glasur

Ananas-Kokos-Kuchen

• 1 Rezept abgerührten Hefeteig • 50 g zarte Haferflocken • 50 gemahlene Mandeln • 1 große Dose Ananasstücke • 1 Päckchen Vanillezucker • 50 g Zucker • 100 g Kokosflocken • 250 g Puderzucker • 2-3 EL Ananassaft

- Zubereitung wie Aprikosenkuchen mit Glasur. Die Ananas nach Geschmack klein schneiden und auf dem Blech verteilen. Den Vanillezucker, den Zucker und die Kokosflocken miteinander vermischen und auf den Ananasstücken verteilen. Den Puderzucker mit dem Ananassaft glatt rühren und den Kuchen damit bestreichen.

Eierschecke

• 1 Grundrezept abgerührten Hefeteig • 500 g Magerquark • 125 g Zucker • 1 Prise Salz • 2 Eier • abgeriebene Schale von 1 Zitrone • Mark von 1 Vanilleschote • 100 g Rosinen • 80 g Mandelblättchen • 200 g Butter • 200 g Zucker • 1 Päckchen Vanillezucker • 4 Eier • 80 g Mandelblättchen

- Den Teig nach Grundrezept abgerührten Hefeteig zubereiten und gehen lassen. Anschließend auf einem gut gefetteten, tiefen Backblech ausrollen.
- Für den Belag den Quark mit dem Zucker, dem Salz, den Eiern, der abgeriebenen Zitronenschale und dem Vanillemark verrühren, bis die Masse leicht schaumig ist und der Zucker sich aufgelöst hat.
- Die Masse auf dem Hefeteig verteilen, glatt streichen und die Rosinen sowie die Mandelblättchen darüber streuen.
- Für den Guss die Butter schaumig rühren und nach und nach abwechselnd den Zucker, den Vanillezucker und die Eier einrühren. Vorsichtig auf dem Belag verteilen und mit Mandelblättchen bestreuen.
- Die Eierschecke im auf 180 °C vorgeheizten Backofen 30-40 Minuten backen, herausnehmen und erkalten lassen.
- Erst kurz vor dem Servieren in Rechtecke oder Rauten schneiden.

Hefezopf

• 1 Würfel Hefe • 1/8 l lauwarme Milch • 1 EL Zucker • 500 g Mehl • 125 g Butter • 125 g Zucker • 1 Päckchen Vanillezucker • 2 Eier • 1 Prise Salz • 1 EL geriebene Zitronenschale • 100 g Zitronat • 100 g Orangeat • Mehl zum Ausrollen • Milch zum Bestreichen • 100 g Puderzucker • 2 EL Zitronensaft

- Den Hefeteig nach Grundrezept zubereiten, dabei das ganz fein geschnittene Zitronat und Orangeat darunter arbeiten. Den Teig gehen lassen, anschließend auf einer bemehlten Arbeitsfläche durchkneten, in 3-4 gleich große Stücke teilen und diese zu Strängen formen.
- Die Stränge an der Oberseite zusammendrücken (ggf. einen schweren Gegenstand darauf legen) und zu einem Zopf flechten.
- Den Zopf auf ein gefettetes Backblech setzen und mit Milch bestreichen. Im auf 200 °C vorgeheizten Backofen 35 Minuten backen, herausnehmen und auf ein Kuchengitter legen.
- Den Puderzucker mit dem Zitronensaft glatt rühren, den Hefezopf damit bestreichen und den Guss vollständig abtrocknen lassen.
- Den Hefezopf in Scheiben schneiden und nach Geschmack mit Butter und Marmelade oder Honig servieren.

Grundrezept Hefeblätterteig

• 1/4 l Milch • 1 Würfel Hefe • 1 EL Zucker • 500 g Mehl • 75 g Butter oder Margarine • 1 Prise Salz • 75 g Zucker • 2 Eier • 250 g Butter

- Die Milch, die Hefe, den Zucker, das Mehl, die Butter oder Margarine, das Salz und den Zucker sowie die Eier wie nach Grundrezept beschrieben zu einem Hefeteig verarbeiten.
- Den Teig auf einer bemehlten Arbeitsfläche kräftig durcharbeiten und zu einem etwa 3/4 cm dicken Rechteck ausrollen.
- Die halbe Teigplatte mit der in dünne Scheiben geschnittenen Butter belegen und die zweite Hälfte darüber klappen.
- Die Ränder leicht andrücken und anschließend nach den beiden offenen Seiten zu einem langen Band ausrollen. Der Teig muss etwa 1/2 cm dick sein. Anschließend die beiden Bandenden zur Mitte hin zusammenklappen und nochmals übereinander klappen. Das Ganze soll vier Lagen bekommen.
- Im Kühlschrank eine Stunde kalt stellen, nochmals wie beschrieben ausrollen und zusammenklappen. Das Ganze soll 4-5 mal wiederholt werden.
- Den dünn ausgerollten Teig je nach Geschmack ausschneiden und formen. Je nach Größe im auf 180-200 °C vorgeheizten Backofen 25-30 Minuten backen.

Apfeltaschen

• 1 Rezept Hefeblätterteig • 500 g Äpfel • 1 Schuss Apfelsaft • 1 Prise Zimt • 1-2 EL Zitronensaft • 50 g Rumrosinen • Zucker nach Geschmack • Eiweiß zum Bestreichen • Puderzuckerglasur

- Nach Grundrezept Hefeblätterteig einen Teig herstellen und gehen lassen. Die Äpfel waschen, schälen, entkernen und in Würfel schneiden, mit dem Apfelsaft, dem Zimt, dem Zitronensaft und den Rumrosinen bissfest dünsten und mit Zucker nach Geschmack süßen.
- Die Äpfel vom Herd nehmen und erkalten lassen.
- Den Teig auf einer bemehlten Arbeitsfläche dünn ausrollen und jeweils etwas abgetropfte Apfelmischung auf eine Hälfte setzen. Die Teigränder mit verschlagenem Eiweiß bestreichen, über die Äpfel schlagen und festdrücken.
- Die Apfeltaschen auf ein mit Wasser benetztes Backblech setzen und im auf 200 °C vorgeheizten Backofen 20-25 Minuten backen, herausnehmen, mit Puderzuckerglasur bestreichen und erkalten lassen.

GRUNDREZEPT ABGESCHLAGENER HEFETEIG

*• 1/4 l Milch • 1-2 EL Zucker • 1 Würfel Hefe • 600 g Mehl
• 100 g Zucker • 1 Prise Salz • 1 EL geriebene Zitronenschale
• 125 g Butter oder Margarine*

- Die Milch und den Zucker handwarm erhitzen. Die Hefe in die Milch bröckeln und 10-15 Minuten gehen lassen.
- Das gesiebte Mehl mit dem Zucker, dem Salz und der Zitronenschale vermischen, in eine Schüssel geben und eine Mulde eindrücken.
- Die Butter oder Margarine in Flöckchen darauf setzen, die Hefe dazugeben und alles mit einem Kochlöffel zu einem glatten Teig verarbeiten.
- Den Teig mit dem Kochlöffel so lange schlagen, bis er Blasen wirft. Mit einem Küchentuch abdecken und an einem warmen Ort 30 Minuten gehen lassen. Den Teig erneut kräftig durchschlagen, erneut 15-20 Minuten gehen lassen, auf einer bemehlten Arbeitsfläche nochmals kräftig durchkneten und nach Rezept weiter verarbeiten.

BIRNENKUCHEN MIT ROSINEN

*• 1 Rezept abgeschlagenen Hefeteig • 1,5 kg Birnen
• Saft von 2 Zitronen • 100 g in Rum eingeweichte Rosinen
• 100 g gehackte Mandeln • 125 g Zucker • 1 EL Zimtpulver
• 2-3 EL Vanillezucker • 1 EL geriebene Zitronenschale
• 1/4 l Sahne • 4 Eier*

- Den abgeschlagenen Hefeteig nach Grundrezept zubereiten.
- Den Teig auf einem ausgefetteten und mit Mehl bestreuten Backblech ausrollen und an einem warmen Ort kurz gehen lassen.
- Die Birnen schälen, entkernen und in dünne Scheiben schneiden. Mit Zitronensaft beträufeln und auf dem Teig verteilen. Die in Rum eingeweichten Rosinen mit den Mandeln gleichmäßig darauf streuen.
- Den Zucker, das Zimtpulver, den Vanillezucker und die Zitronenschale miteinander vermischen und eine Hälfte beiseite stellen.
- Die andere Hälfte mit der Sahne und den Eiern verschlagen und auf dem Birnenkuchen verteilen.
- Den Kuchen im auf 200 °C vorgeheizten Backofen 45-50 Minuten backen. Kurz vor Garende den Kuchen mit der restlichen Zuckermischung bestreuen und fertig backen. Herausnehmen, erkalten lassen, in Stücke schneiden, anrichten und servieren.

Aprikosen-Dickmilchkuchen

• 1 Rezept abgeschlagenen Hefeteig • 750 g Sahnedickmilch • Speisestärke nach Geschmack • 125-150 g Zucker • 2 EL geriebene Zitronenschale • 4 cl Aprikosen- oder Pfirsichlikör • 3 Eier • 2 EL Vanillezucker • 1 große Dose Aprikosen • 125 g Mandelblättchen • 1 Tasse flüssige Butter • Zucker und Zimt zum Bestreuen

- Den Teig nach Grundrezept abgeschlagenen Hefeteig zubereiten und bereitstellen.
- Die Sahnedickmilch nach Geschmack mit etwas Speisestärke glatt rühren, mit dem Zucker, der Zitronenschale, dem Aprikosen- oder Pfirsichlikör, den Eiern und dem Vanillezucker in einer Schüssel glatt schlagen. Die abgetropften Aprikosen in Schnitze oder Würfel schneiden und vorsichtig unter den Quark heben.
- Den Hefeteig auf bemehlter Arbeitsfläche ausrollen, auf ein ausgefettetes und bemehltes Backblech legen, dabei einen Rand formen.
- Den Quark gleichmäßig auf dem Hefeteig verteilen. Mit Mandelblättchen bestreuen und mit der Butter beträufeln.
- Im auf 200 °C vorgeheizten Backofen 40-45 Minuten backen. 2-3 Minuten vor Garende mit Zucker und Zimt bestreuen, fertig backen.Den Quarkkuchen herausnehmen, erkalten lassen, in Rechtecke schneiden, anrichten und servieren.

Quarkkuchen mit Schattenmorellen

• 1 Rezept abgeschlagenen Hefeteig • 750 g Sahnequark • 125-150 g Zucker • 2 EL geriebene Zitronenschale • 4 cl Kirschlikör • 3 Eier • 2 EL Vanillezucker • 1 großes Glas Schattenmorellen • 125 g Mandelblättchen • 2-3 EL flüssige Butter • Zucker und Zimt zum Bestreuen

- Den Hefeteig nach Grundrezept zubereiten und bereitstellen.
- Den Quark mit dem Zucker, der Zitronenschale, dem Kirschlikör, den Eiern und dem Vanillezucker in einer Schüssel glatt schlagen. Die Schattenmorellen gut abtropfen lassen und vorsichtig unter den Quark heben.
- Den Hefeteig auf einem ausgefetteten und bemehlten Backblech ausrollen, dabei einen Rand hochziehen.
- Den Kirschquark gleichmäßig auf dem Hefeteig verteilen, die Mandelblättchen darüber streuen und mit der Butter beträufeln.
- Im auf 200 °C vorgeheizten Backofen 40-45 Minuten backen. 2-3 Minuten vor Garende mit Zucker und Zimt bestreuen und fertig backen.
- Den Quarkkuchen herausnehmen, erkalten lassen, in Rechtecke schneiden, anrichten und servieren.

Quarkkuchen mit Pflaumen

• 1 Rezept abgeschlagenen Hefeteig • 750 g Sahnequark • 125-150 g Zucker • 2 EL geriebene Zitronenschale • 4 cl Mirabellenlikör • 3 Eier • 2 EL Vanillezucker • 2 Gläser entsteinte Pflaumen • 125 g Mandelstifte • 1 Tasse flüssige Butter • Zucker und Zimt zum Bestreuen

- Zubereitung wie Aprikosen-Dickmilchkuchen, aber ohne Speisestärke

Rhabarber-Streuselkuchen

• 1 Rezept abgeschlagenen Hefeteig • 1,5 kg Rhabarber • 150 g Zucker • 1 Tasse Kuchenbrösel • 1 Päckchen Vanillezucker • Schale 1 abgeriebenen Zitrone • 250 g zerlassene Butter • 400 g Mehl • 250 g Zucker • 2 Päckchen Vanillezucker

- Den Hefeteig nach Grundrezept zubereiten und bereitstellen.
- Den Rhabarber schälen, in 2-3 Zentimeter grobe Stücke schneiden. Unter fließendem Wasser abwaschen und gut abtropfen lassen.
- Den Rhabarber mit dem Zucker bestreuen und in einer Schüssel 1/2 Stunde ziehen lassen.
- Den Hefeteig auf einer bemehlten Arbeitsfläche ausrollen, auf ein ausgefettetes und bemehltes Backblech legen und die Ränder des Hefeteigs nach oben drücken.
- Den Hefeteig mit Kuchenbröseln bestreuen. Den Rhabarber mit Vanillezucker und der Zitronenschale verfeinern und gleichmäßig auf dem Hefeteig verteilen.
- Die weiche Butter mit dem Mehl, dem Zucker und dem Vanillezucker zu Streuseln verarbeiten und gleichmäßig auf dem Rhabarber verteilen.
- Das Blech in den auf 200 °C vorgeheizten Backofen schieben und 45-50 Minuten backen.
- Nach Ende der Backzeit den Blechkuchen herausnehmen, erkalten lassen. In Quadrate schneiden, anrichten, ausgarnieren und servieren.

Bananen-Hefekuchen

• 1 Rezept abgeschlagenen Hefeteig • 1,5 kg feste Bananen • Saft von 3 Zitronen • 150 g Rumrosinen • 150 g gehackte Mandeln • 100 g Zucker • 2 Päckchen Vanillezucker • 1 EL geriebene Zitronenschale • 1/4 l Sahne • 4 Eier

- Den abgeschlagenen Hefeteig nach Grundrezept zubereiten.
- Den Teig auf einer bemehlten Arbeitsfläche ausrollen, auf ein ausgefettetes und mit Mehl bestreutes Backblech geben und an einem warmen Ort kurz gehen lassen.
- Die Bananen schälen und in schräge Scheiben schneiden, mit Zitronensaft beträufeln und auf dem Teig verteilen.
- Die Rumrosinen mit den Mandeln mischen und gleichmäßig darauf streuen.
- Zucker, Zimt, Vanillezucker und Zitronenschale miteinander vermischen, die Hälfte mit der Sahne und den Eiern verschlagen und auf dem Bananenkuchen verteilen.
- Im auf 200 °C vorgeheizten Backofen 45-50 Minuten backen.
- 2-3 Minuten vor Garende den Kuchen mit der restlichen Zuckermischung bestreuen und fertig backen. Herausnehmen, erkalten lassen. In Quadrate schneiden, anrichten und servieren.

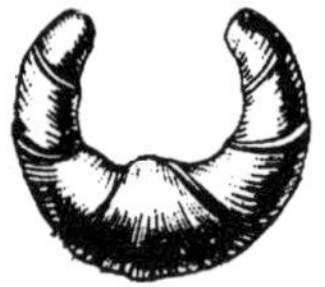

Nusshörnchen

1 Grundrezept abgeschlagenen Hefeteig • 1 Grundrezept Nussfüllung • 1 Grundrezept Wasserglasur

- Den Teig nach Grundrezept abgeschlagenen Hefeteig zubereiten und zur doppelten Menge aufgehen lassen.
- Den Teig auf einer bemehlten Arbeitsfläche ausrollen, in Quadrate von 15 cm Seitenlänge schneiden und diese diagonal halbieren.
- Die Nussfüllung nach Grundrezept zubereiten und auf den Teigdreiecken verteilen. Die Teigdreiecke zu Hörnchen aufrollen, mit verquirltem Eigelb bestreichen und im auf 200 °C vorgeheizten Backofen 20-25 Minuten backen.
- Die Nusshörnchen herausnehmen, erkalten lassen und mit Wasserglasur, die mit Zitronensaft angerührt wurde, bestreichen.

Bunter Quarkkuchen

• 1 Rezept abgeschlagenen Hefeteig • 750 g Magerquark • 125 g Zucker • 2 EL geriebene Zitronenschale • 3 Eier • 2 Päckchen Vanillezucker • 200 g entsteinte Sauerkirschen • 150 g geschälten Rhabarber • 1 kleine Dose Mandarinen • 125 g Mandelblättchen • 2 Päckchen weißen Tortenguss

- Den Hefeteig nach Grundrezept zubereiten und bereitstellen.
- Quark, Zucker, Zitronenschale, Eier und Vanillezucker in einer Schüssel glatt rühren.
- Den Hefeteig auf einer bemehlten Arbeitsfläche ausrollen, auf ein ausgefettetes und bemehltes Backblech legen und den Rand an den Seiten hochdrücken. Den Quark darauf verteilen und mit den Früchten garnieren. Die Mandelblättchen in einer trockenen Pfanne goldbraun rösten und auf den Früchten verteilen.
- Im auf 200 °C vorgeheizten Backofen und 40-45 Minuten backen.
- Das Ganze erkalten lassen, mit Tortenguss überziehen und fest werden lassen. In gleichmäßige Quadrate schneiden und servieren.

Birnen-Quark-Kuchen

• 1 Rezept abgeschlagenen Hefeteig • 750 g Magerquark • 125 g Zucker • 2 EL geriebene Zitronenschale • 3 Eier • 2 Päckchen Vanillezucker • 2 Dosen Birnen • 125 g Mandelblättchen • 2 Päckchen weißen Tortenguss

- Zubereitung wie Bunter Quarkkuchen

Apfel-Quark-Kuchen

• 1 Rezept abgeschlagenen Hefeteig • 750 g Magerquark • 125 g Zucker • 2 EL geriebene Zitronenschale • 3 Eier • 2 Päckchen Vanillezucker • 500 g saftige Äpfel • Saft von 1 Zitrone • 125 g Mandelblättchen • 2 Päckchen weißen Tortenguss

- Zubereitung wie bunter Quarkkuchen. Die Äpfel schälen, halbieren, entkernen und in Spalten schneiden. Auf dem Teig verteilen und sofort mit Zitronensaft beträufeln. Die Mandelblättchen darüber streuen.

Apfelkuchen mit Rumrosinen

• 1 Rezept abgeschlagenen Hefeteig • 1,5 kg säuerliche Äpfel • Saft von 2 Zitronen • 100 g Rumrosinen • 100 g gehackte Mandeln • 125 g Zucker • 1 EL Zimtpulver • 2-3 EL Vanillezucker • 1 EL geriebene Zitronenschale • 1/4 l Sahne • 4 Eier

- Den abgeschlagenen Hefeteig nach Grundrezept zubereiten.
- Den Teig auf einem ausgefetteten und mit Mehl bestreuten Backblech ausrollen und an einem warmen Ort kurz gehen lassen.
- Die Äpfel schälen, entkernen und in dünne Scheiben schneiden. Mit Zitronensaft beträufeln und auf dem Teig verteilen. Die Rumrosinen gut abtropfen lassen, mit den gehackten Mandeln gleichmäßig darauf streuen. Den Zucker, das Zimtpulver, den Vanillezucker und die Zitronenschale miteinander vermischen und eine Hälfte beiseite stellen.
- Die andere Hälfte mit der Sahne und den Eiern verschlagen und auf dem Apfelkuchen verteilen.
- Den Kuchen im auf 200 °C vorgeheizten Backofen 50 Minuten backen. Kurz vor Garende den Kuchen mit der restlichen Zuckermischung bestreuen und fertig backen. Herausnehmen, erkalten lassen, in Stücke schneiden, anrichten und servieren.

Quarkkuchen mit Aprikosen

• 1 Rezept abgeschlagenen Hefeteig • 750 g Magerquark • 125 g Zucker • abgeriebene Schale von 1 Zitrone • 4 cl Aprikosenlikör • 3 Eier • 2 Päckchen Vanillezucker • 1 große Dose Aprikosen • 150 g Mandelblättchen • 50 g Butter oder Margarine • Vanillezucker zum Bestreuen

- Den Hefeteig nach Grundrezept zubereiten und bereitstellen.
- Den Quark, den Zucker, die Zitronenschale, den Aprikosenlikör, die Eier und den Vanillezucker in eine Schüssel geben und glatt schlagen. Die Aprikosen gut abtropfen lassen, in grobe Würfel schneiden und vorsichtig unter den Quark heben.
- Den Hefeteig auf einer bemehlten Arbeitsfläche ausrollen, auf ein ausgefettetes und bemehltes Backblech legen und den Rand an den Seiten hochdrücken. Den Quark gleichmäßig auf dem Hefeteig verteilen, mit Mandelblättchen bestreuen und Butter- oder Margarineflöckchen darauf setzen.
- Im auf 200 °C vorgeheizten Backofen 40-45 Minuten backen. 2-3 Minuten vor Ende der Backzeit den Vanillezucker darüber streuen und fertig backen.
- Den Quarkkuchen mit Aprikosen herausnehmen, erkalten lassen, in Rechtecke schneiden, anrichten und servieren.

Birnenkuchen mit feinem Guss

• 1 Rezept abgeschlagenen Hefeteig • 1,5 kg säuerliche Birnen • 100 g Rumrosinen • 100 g Mandelblättchen • 100 g Zucker • 1 TL Zimtpulver • 2-3 EL Vanillezucker • abgeriebene Schale von 1 Zitrone • 1/4 l Sahne • 4 Eier

- Den abgeschlagenen Hefeteig nach Grundrezept zubereiten.
- Den Teig auf einer bemehlten Arbeitsfläche ausrollen, auf ein ausgefettetes und mit Mehl bestreutes Backblech legen und an einem warmen Ort kurz gehen lassen.
- Die Birnen Schälen, entkernen, in dünne Scheiben schneiden und auf dem Teig verteilen. Die Mandelblättchen und die Rumrosinen gut mischen und gleichmäßig über die Birnen streuen.
- Den Zucker, den Zimt, den Vanillezucker und die Zitronenschale miteinander vermischen, die Hälfte mit der Sahne und den Eiern verschlagen und auf dem Birnenkuchen verteilen.
- Im auf 200 °C vorgeheizten Backofen 45-50 Minuten backen. 2-3 Minuten vor Ende der Backzeit den Kuchen mit der restlichen Zuckermischung bestreuen und fertig backen. Herausnehmen, erkalten lassen, in Quadrate schneiden, anrichten und servieren.

Apfelkuchen mit Sahneguss

• 1 Rezept abgeschlagenen Hefeteig • 1,5 kg säuerliche Äpfel • 100 g in Calvados eingeweichte Rosinen • 100 g Mandelstifte • 100 g Zucker • 1 TL Zimtpulver • 2-3 EL Vanillezucker • abgeriebene Schale von 1 Zitrone • 1/4 l Sahne • 4 Eier

- Zubereitung wie Birnenkuchen mit feinem Guss

Zwetschgenkuchen mit Mandelblättchen

• 1 Rezept abgeschlagenen Hefeteig • 1,5 kg Zwetschgen • 100 g Mandelblättchen • 100 g Zucker • 1 TL Zimtpulver • 2-3 EL Vanillezucker • abgeriebene Schale von 1 Zitrone • 1/4 l Sahne • 4 Eier

- Den Hefeteig nach Grundrezept abgeschlagenen Hefeteig zubereiten, gehen lassen und auf einem gefetteten Backblech ausrollen.
- Die Zwetschgen waschen, halbieren, entkernen und die Zwetschgenhälften von oben nach unten bis zur Mitte hin einschneiden. Die Zwetschgen dicht auf den Teig legen. Die Mandelblättchen mit dem Zucker, dem Zimt und dem Vanillezucker vermischen. Die Sahne mit den Eiern verrühren und die Hälfte der Mandel-Zucker-Mischung dazugeben. Die Masse auf den Zwetschgen verteilen und den Kuchen im auf 200 °C vorgeheizten Backofen 45-50 Minuten backen. Kurz vor Backende die restliche Zuckermischung darauf streuen, fertig backen, herausnehmen, erkalten lassen undservieren.

Grundrezept abgebröselter Hefeteig

• 250 g Mehl • 125 g Butter oder Margarine • 1 Prise Salz • 1 EL geriebene Zitronenschale • 1 Tasse Sahne • 1 Würfel Frischhefe • 2 EL Zucker

- Das Mehl auf ein Brett sieben, die Butter oder Margarine in Flöckchen darauf setzen und das Salz sowie die geriebene Zitronenschale darüber streuen. Mit bemehlten Händen abbröseln.
- Die Sahne leicht erwärmen, die Hefe hineinbröckeln und den Zucker unterrühren.
- In den Teig eine Mulde eindrücken und die Hefesahne hineingeben. Mit bemehlten Händen zu einem glatten, festen Teig verarbeiten, in eine Schüssel geben und mit einem sauberen Küchentuch abdecken.
- Den Teig an einem warmen Ort 30 Minuten gehen lassen, auf einer bemehlten Arbeitsfläche nochmals kräftig durcharbeiten und zur weiteren Bearbeitung bereitstellen.

Hefekuchen mit Äpfeln und Schokoguss

• 1 Rezept abgebröselter Hefeteig • 1 kg süßsäuerliche Äpfel • Saft von 2 Zitronen • 50 g flüssige Butter • 3-4 EL Zucker • 1 EL Zimt-Zucker-Mischung • 200 g flüssige Schokolade • 20 g Kokosfett

- Den Teig nach Grundrezept abgebröselter Hefeteig zubereiten, gehen lassen und auf einem gut ausgefetteten Backblech ausrollen.
- Die Äpfel schälen, entkernen, in Schnitze schneiden, sofort mit Zitronensaft beträufeln und auf den Teig legen.
- Die Äpfel mit der flüssigen Butter oder Margarine beträufeln und mit der Zimt-Zucker-Mischung bestreuen.
- Den Kuchen im auf 180-200 °C vorgeheizten Backofen 30-40 Minuten backen, herausnehmen und erkalten lassen.
- Die Schokolade mit dem Kokosfett schmelzen lassen und gleichmäßig auf den Äpfeln verteilen.
- Die Schokolade vollständig trocknen lassen, anschließend den Kuchen in Stücke schneiden, dekorativ anrichten, ausgarnieren und servieren.

Heidelbeer-Blechkuchen mit Baiserhaube

• 1 Rezept abgebröselten Hefeteig • 50 g gemahlene Mandeln • Butter oder Margarine zum Ausfetten • 500 g Johannisbeeren • 3 Eiweiß • 100 g Puderzucker • 50 g gemahlene Mandeln

- Den Hefeteig nach Grundrezept zubereiten, die gemahlenen Mandeln unter den Teig arbeiten und zugedeckt an einem warmen Ort zur doppelten Größe aufgehen lassen.
- Den Teig auf einer bemehlten Arbeitsfläche ausrollen und auf ein ausgefettetes Backblech geben.
- Die Johannisbeeren verlesen, waschen, gut abtropfen lassen und trockentupfen. Gleichmäßig auf dem Hefeteig verteilen, nochmals gehen lassen. Im auf 180-200 °C vorgeheizten Backofen 40-45 Minuten backen.
- In der Zwischenzeit das Eiweiß sehr steif schlagen, den Puderzucker und die Mandeln darunter mischen.
- 8-10 Minuten vor Backende den Eischnee in einen Spritzbeutel füllen, den Kuchen damit verzieren und so lange überbacken, bis die Eischneespitzen goldgelb sind.
- Herausnehmen, auskühlen lassen, in Stücke schneiden, anrichten und servieren.

Rhabarberkuchen mit Nussbaiser

• 1 Rezept abgebröselten Hefeteig • 50 g gemahlene Haselnüsse • Butter oder Margarine zum Ausfetten • 500 g geputzten, klein geschnittenen Rhabarber • 3 Eiweiß • 100 g Puderzucker • 50 g gemahlene Mandeln

- Zubereitung wie Heidelbeer-Blechkuchen mit Baiserhaube

Johannisbeerkuchen mit Mandelbaiser

• 1 Rezept abgebröselten Hefeteig • 50 g geschälte, fein gemahlene Mandeln • Butter oder Margarine zum Ausfetten • 500 g schwarze Johannisbeeren • 3 Eiweiß • 100 g Puderzucker • 50 g geschälte, fein gemahlene Mandeln

- Zubereitung wie Heidelbeer-Blechkuchen mit Baiserhaube

Grundrezept Sahnezopf

• 1/8 l Sahne • 1 Würfel Hefe • 1-2 EL Zucker • 400 g Mehl • 50 g Zucker • 1 Prise Salz • 100 g weiche Butter oder Margarine • 1 Ei • 1 Eigelb

- Die Sahne leicht erwärmen, die Hefe einbröckeln, mit dem Zucker glatt rühren und 10-15 Minuten gehen lassen.
- Das Mehl in eine Schüssel sieben und die Hefe-Sahne dazugeben, den Zucker, das Salz, die Butter oder Margarine, das ganze Ei und das Eigelb untermischen und den Teig mit dem Kochlöffel so lange schlagen, bis er Blasen wirft. Zugedeckt an einem warmen Ort zur doppelten Größe aufgehen lassen, dann nochmals durchkneten und weiterverarbeiten.

Birnenzopf mit Glasur

• 1 Grundrezept Sahnezopf • 125 g gemahlene Mandeln • 125 g gemahlene Haselnüsse • 1 EL geriebene Zitronenschale • 1 Päckchen Vanillezucker • 75 g Zucker • 1 Ei • 100 g süße Schlagsahne • 2 säuerliche Birnen • Saft von 1 Zitrone • 125 g Birnengelee • 1 Eigelb • 50 g Puderzucker • 2 EL Wasser

- Aus den Teigzutaten einen Hefeteig zubereiten und auf die doppelte Größe gehen lassen.
- Die Mandeln, die Haselnüsse, die Zitronenschale, den Vanillezucker, den Zucker, das Ei und die Sahne miteinander verrühren. Die Birnen schälen, raspeln, mit Zitronensaft beträufeln und mit dem Birnengelee unter die Nußmasse ziehen.
- Den Hefeteig auf einer bemehlten Arbeitsfläche nochmals gut durchkneten und halbieren. Eine Hälfte ausrollen und eine große ausgefettete Kastenform damit auslegen.
- Die Zopffüllung auf dem Hefeteig verteilen. Aus der anderen Teighälfte drei dünne Zöpfe in der Größe der Kastenform flechten und die Füllung abdecken. Das Eigelb mit etwas Wasser glatt rühren und den Zopf damit bestreichen. Im auf 180 °C vorgeheizten Backofen 35-45 Minuten backen.
- Den Puderzucker mit Wasser glatt rühren und den fertig gebackenen, heißen Zopf damit bestreichen. Herausnehmen und erkalten lassen, in Scheiben schneiden, anrichten und servieren.

Mohnkranz

• 1 Grundrezept Sahnezopf • 250 g gemahlenen Mohn • 2 Eier • 100 g zerlassene Butter • 100 g Marzipanrohmasse • 100 g Sultaninen • 2 Tropfen Bittermandelöl • 2 EL Rum • 2 EL Zucker • Margarine und Semmelbrösel für die Form

- Nach Grundrezept Sahnezopf einen Hefeteig zubereiten und gehen lassen.
- Den Mohn mit den übrigen Zutaten in einer Schüssel glatt rühren. Den Hefeteig zu einem ca. 30 x 40 cm großen Rechteck ausrollen, die Füllung darauf streichen, an den Rändern ca. 1 cm freilassen. Den Teig von der Längsseite her aufrollen, mit der Naht nach unten in eine gefettete und mit Paniermehl ausgestreute Gugelhupfform legen.
- Den Kuchen gehen lassen, dann im auf 180 °C vorgeheizten Backofen 40 Minuten backen, herausnehmen, erkalten lassen und mit Puderzucker bestreuen.

Mohnkranz mit Marzipan

• 1 Grundrezept Sahnezopf • 250 g gemahlenen Mohn • 2 Eier • 100 g zerlassene Butter • 100 g zerbröckelte Marzipanrohmasse • 100 g Rosinen • 2 Tropfen Bittermandelöl • 2 EL Rum • 2 EL Zucker • Margarine und Semmelbrösel für die Form

- Nach Grundrezept Sahnezopf einen Hefeteig zubereiten und gehen lassen.
- Den Mohn mit den übrigen Zutaten in einer Schüssel glatt rühren. Den Hefeteig zu einem ca. 30 x 40 cm großen Rechteck ausrollen, die Füllung darauf streichen, an den Rändern ca. 1 cm freilassen. Den Teig von der Längsseite her aufrollen, mit der Naht nach unten in eine gefettete und mit Paniermehl ausgestreute Gugelhupfform legen.
- Kuchen gehen lassen, dann im auf 180 °C vorgeheizten Backofen 40 Minuten backen, herausnehmen, erkalten lassen und mit Puderzucker bestreuen.

Tip:

- Der Mohnkranz kann auch in einer ausgefetteten und mit Semmelbröseln ausgestreuten Kastenkuchenform gebacken und mit einer Puderzuckerglasur überzogen werden.

NUSSKRANZ MIT ZITRONENGLASUR

• 1 Rezept Sahnezopf • 100 g gemahlene Mandeln • 50 g gehackte Walnüsse • 50 g gehackte Haselnüsse • 200 g Rumrosinen • 50 g Farinzucker • 1 Päckchen Vanillezucker • 2 Eier • 1 Prise Salz • 125 g Puderzucker • 2-3 EL Zitronensaft

- Einen Hefeteig bereiten und in einer zugedeckten Schüssel an einem warmen Ort zur doppelten Größe aufgehen lassen.
- Für die Füllung die Mandeln, die Walnüsse, die Haselnüsse, die Rumrosinen, den Farinzucker, den Vanillezucker, die Eier und das Salz in eine Schüssel geben und verrühren.
- Den Teig auf bemehlter Arbeitsfläche nochmals kräftig durcharbeiten und zu einem Rechteck von 30 x 60 cm Größe ausrollen.
- Mit einem Küchenmesser 10 cm breite Streifen abschneiden, die Füllung darauf verteilen und die Streifen der Länge nach zusammenrollen.
- Aus den Teigstreifen einen Zopf flechten und diesen in eine ausgefettete Ringform geben. Nochmals gehen lassen und anschließend im auf 180-200 °C vorgeheizten Backofen 35-45 Minuten backen.
- Den Puderzucker mit dem Zitronensaft und dem Orangenlikör glatt rühren und den heißen Kranz damit bestreichen. Vollständig erkalten lassen, in Scheiben schneiden, anrichten und servieren.

WALNUSSKRANZ MIT ORANGENGUSS

• 1 Rezept Sahnezopf • 200 g gemahlene Walnüsse • 200 g Rosinen • 50 g braunen Zucker • 1 Päckchen Vanillezucker • 2 Eier • 1 Prise Salz • 125 g Puderzucker • 1-2 EL Orangensaft • 1-2 EL Orangenlikör

- Nach dem Grundrezept Sahnezopf einen Hefeteig bereiten und in einer abgedeckten Schüssel an einem warmen Ort zur doppelten Größe aufgehen lassen.
- Die Walnüsse mit den Rosinen, dem braunen Zucker, dem Vanillezucker, den Eiern und dem Salz verrühren.
- Den Teig auf einer bemehlten Arbeitsfläche nochmals durcharbeiten und zu einem Rechteck von 30 x 60 cm Kantenlänge ausrollen. Mit einem Küchenmesser 10 cm breite Streifen abschneiden. Die Füllung auf die Teigstreifen verteilen und die Streifen der Länge nach zusammenrollen.
- Die Teigrollen zu einem Zopf zusammenflechten und anschließend in eine ausgefettete Ringform geben. Nochmals gehen lassen. Im auf 180-200 °C vorgeheizten Backofen 35-45 Minuten backen.
- Den Puderzucker mit dem Orangensaft und dem Orangenlikör glatt rühren und den heißen Kranz damit bestreichen. Den Kranz vollständig erkalten lassen. In Scheiben schneiden und servieren.

Hefekuchen mit Herzkirschen

• 1 Rezept Sahnezopf • 1 kg frische Herzkirschen • 2 EL Vanillezucker • 70 g braunen Zucker • 4 cl Kirschlikör • 1-2 EL Zimtpulver • 250 g Sahnedickmilch • 2 Eier • 100 g Mandelblättchen

- Aus den Teigzutaten einen Hefeteig bereiten und in einer abgedeckten Schüssel an einem warmen Ort zur doppelten Größe aufgehen lassen.
- Die gewaschenen, entsteinten Kirschen in eine Schüssel geben. Den Vanillezucker, den Zucker, den Kirschlikör und das Zimtpulver vermischen und die Hälfte davon mit den Kirschen vermischen.
- Den Teig auf einer bemehlten Arbeitsfläche nochmals kräftig durchkneten und ausrollen. Auf ein ausgefettetes Backblech geben, die Kirschen in den Teig drücken und das Ganze im auf 180-200 °C vorgeheizten Backofen 40-45 Minuten backen.
- Die Sahnedickmilch, die Eier und die restliche Zuckermischung miteinander verschlagen und nach 20 Minuten über die Kirschen gießen. Mit den Mandelblättchen bestreuen und fertig backen.
- Den Kirschkuchen herausnehmen, auskühlen lassen, in Stücke schneiden und servieren.

Buttermilch-Rosinenzopf

• 1/4 l Buttermilch • 1 EL Zucker • 1 Würfel Frischhefe • 125 g Zucker • 1 EL Vanillezucker • 100 g flüssige Butter • abgeriebene Schale von 1/2 Zitrone • 2 cl Rum • 500 g Weizenmehl • 200 g Rosinen • Mehl zum Ausrollen • Fett zum Ausfetten • 1 Eigelb zum Bestreichen

- Die Buttermilch handwarm erhitzen, den Zucker und die zerbröckelte Hefe einrühren und an einem warmen Ort 10-15 Minuten gehen lassen.
- Den Zucker mit dem Vanillezucker, der Butter, der abgeriebenen Zitronenschale, dem Rum, dem gesiebten Mehl, der Hefemilch und den Rosinen in eine Schüssel geben, zu einem glatten Teig verarbeiten und mit dem Kochlöffel so lange schlagen, bis er Blasen wirft.
- Den Teig zugedeckt an einem warmen Ort mindestens 30 Minuten gehen lassen, nochmals kräftig durcharbeiten und weitere 30 Minuten gehen lassen.
- Den Teig auf einer bemehlten Arbeitsfläche durcharbeiten, in drei gleich große Stücke teilen, zu Rollen formen und einen Zopf daraus flechten.
- Den Zopf auf ein ausgefettetes Blech legen und 15 Minuten gehen lassen. Mit dem Eigelb bestreichen und im auf 180-200 °C vorgeheizten Ofen 40-50 Minuten ausbacken.

Einfacher Buttermilchzopf

• 1/4 l Buttermilch • 1 EL Zucker • 1 Würfel Frischhefe • 100 g Zucker • 1 EL Vanillezucker • 100 g flüssige Butter • abgeriebene Schale von 1 Orange • einige Tropfen Rumaroma • 500 g feines Mehl • Mehl zum Ausrollen • Fett zum Ausfetten • 1 Eigelb zum Bestreichen • Puderzuckerglasur

- Die Buttermilch handwarm erhitzen, den Zucker und die zerbröckelte Hefe einrühren und an einem warmen Ort 10-15 Minuten gehen lassen. Den Zucker mit dem Vanillezucker, der Butter, der Orangenschale, dem Rumaroma, dem gesiebten Mehl und der Hefemilch in eine Schüssel geben, zu einem glatten Teig verarbeiten und mit dem Kochlöffel so lange schlagen, bis der Teig Blasen wirft. Mit einem sauberen Küchentuch abdecken und an einem warmen Ort mindestens 30 Minuten gehen lassen.
- Den Teig nochmals kräftig durcharbeiten, zugedeckt weitere 30 Minuten an einem warmen Ort gehen lassen in 3 gleich große Stücke teilen, diese zu Strängen formen und einen Zopf daraus flechten.
- Den Zopf auf ein ausgefettetes Blech legen und 15 Minuten gehen lassen. Mit dem glatt gerührten Eigelb bestreichen und in dem auf 180-200 °C vorgeheizten Ofen 40-50 Minuten ausbacken.
- Vollständig auskühlen lassen und mit der Puderzuckerglasur bestreichen.

Süsses Hefebrot

• 1/4 l Milch • 1 Würfel Hefe • 1-2 EL Zucker • 600 g Mehl • 100 g Zucker • 125 g Butter • 2 Eier • 50 g Zitronat • 50 g Orangeat • 1 Päckchen Vanillezucker • 1 Prise Salz • 1 TL gemahlenen Anis • 2 Eigelb • 100 g Mandelblättchen • 75 g Hagelzucker • Butter zum Ausbacken

- Aus der Milch, der Hefe, dem Zucker, dem Mehl, der Butter, den Eiern, dem Zitronat, dem Orangeat, dem Vanillezucker, dem Salz und dem Anis einen Hefeteig bereiten. In eine Schüssel geben, mit einem sauberen Küchentuch abdecken und auf die doppelte Größe aufgehen lassen.
- Den Teig aus der Schüssel nehmen und auf einer bemehlten Arbeitsfläche kräftig durchkneten. Einen Laib formen, auf ein ausgefettetes Backblech geben und im auf 180-200 °C vorgeheizten Backofen 50-60 Minuten backen.
- 20 Minuten vor Garende das Eigelb mit Wasser glatt rühren, das Hefebrot damit bestreichen, mit den Mandelblättchen und dem Hagelzucker garnieren und fertig backen.
- Das süße Hefebrot auskühlen lassen und in Scheiben schneiden. Jede Scheibe in Butter goldgelb backen, herausnehmen und servieren.

Hefekuchen mit frischen Zwetschgen

• 1/4 l Milch • 1 Würfel Hefe • 1 EL Zucker • 120 g Zucker • 500 g Mehl • 1 Prise Salz • 125 g Butter • 2 Eier • 500 g frische Zwetschgen • 2 EL Vanillezucker • 70 g Zucker • 4 cl Orangenlikör • Mehl zum Ausrollen • Fett zum Ausfetten • 1/4 l saure Sahne • 2 Eier • Zucker nach Geschmack

- Die Milch erwärmen, die Hefe hineinbröckeln, 1 EL Zucker einrühren und an einem warmen Ort 10-15 Minuten gehen lassen. Den restlichen Zucker mit dem Mehl und dem Salz vermischen, die flüssige Butter und die Eier dazugeben, die Hefemilch einrühren und zu einem glatten Teig verarbeiten. So lange schlagen, bis der Teig Blasen wirft, dann zugedeckt an einem warmen Ort 30 Minuten gehen lassen, nochmals kräftig durchschlagen und weitere 30 Minuten gehen lassen.
- In der Zwischenzeit die Zwetschgen halbieren, mit dem Zucker bestreuen, mit Orangenlikör übergießen und etwas ziehen lassen.
- Den Teig ausrollen, auf ein ausgefettetes Backblech legen, die Zwetschgen eindrücken und im auf 180-200 °C vorgeheizten Backofen 40-45 Minuten backen.
- Die saure Sahne mit den Eiern verschlagen, mit Zucker nach Geschmack süßen und etwa 20 Minuten vor Garende auf die Zwetschgen gießen. Fertig backen, aus dem Ofen nehmen, auskühlen lassen, in Stücke schneiden, anrichten, ausgarnieren und servieren.

Aprikosen-Mandelkuchen

• 500 g Mehl • 1 Würfel Hefe • 75 g Zucker • 75 g flüssige Butter oder Margarine • 1 Prise Salz • 2 Eier • 1/4 l lauwarme Milch • Margarine für das Blech • 1 kg frische Aprikosen • 2-3 EL Zucker • 75 g Mandelstifte • 1 Becher Sahne • 1 EL Vanillezucker • Zucker nach Geschmack • Zitronenmelisseblättchen zum Garnieren

- Aus den Teigzutaten einen Hefeteig herstellen und zugedeckt an einem warmen Ort mindestens 1/2 Stunde gehen lassen.
- Den Teig durcharbeiten, auf einem ausgefetteten Backblech ausrollen, dabei den Rand formen, erneut 1/2 Stunde ruhen lassen.
- Die Aprikosen waschen, halbieren, entsteinen, in Schnitze schneiden und dekorativ auf dem Teig anrichten. Mit Zucker und Mandelstiften bestreuen und im auf 180-200 °C vorgeheizten Backofen in 30-40 Minuten abbacken.
- Die Sahne halb steif schlagen, mit Vanillezucker und Zucker nach Geschmack verfeinern, den Aprikosen-Mandelkuchen anrichten, mit der Sahne überziehen, mit Zitronenmelisseblättchen ausgarnieren und servieren.

Beschwipster Hefekranz

• 1/8 l Milch • 1/2 Würfel Hefe • 40 g Zucker • 100 g Weizenmehl Type 550 • 100 g Weizenmehl Type 1050 • 50 g Buchweizenmehl • 100 g zerlassene Butter • 1 Prise Salz • 2 Eier • 1 EL geriebene Zitronenschale • 1 Tasse Multivitaminsaft • 1 Tasse Rotwein • 1 Tasse Rum • 1/2 TL Zimtpulver • einige Tropfen Orangensaft • 1 Päckchen Vanillezucker • Zucker nach Geschmack

- Die Milch handwarm erhitzen, die Hefe hineinbröckeln, den Zucker unterrühren und 10-12 Minuten gehen lassen.
- Das Mehl vermischen, die Butter, das Salz, die Eier und die Zitronenschale zugeben. Die Hefemilch dazu gießen, zu einem Teig verarbeiten und so lange schlagen, bis der Teig Blasen wirft.
- Den Teig 30 Minuten gehen lassen. Nochmals durchschlagen und weitere 30 Minuten gehen lassen. Danach in eine gefettete Kranzform geben, kurz gehen lassen und im auf 180-200 °C vorgeheizten Backofen 30-40 Minuten backen. Aus der Form stürzen und mit einer Stricknadel mehrmals einstechen. Den Saft mit dem Rotwein, dem Rum und den Gewürzen vermischen, kurz auf dem Herd einreduzieren lassen, noch heiß den heißen Hefekranz damit tränken, erkalten lassen und servieren.

Früchtekuchen aus dem Topf

• 1/4 l Milch • 1 Würfel Hefe • 1-2 EL Zucker • 650 g Mehl • 125 g Zucker • 200 g Butter • 1 Ei • 4 Eigelb • 1 TL Salz • 2 EL geriebene Zitronenschale • 1 Päckchen Vanillezucker • 25 g gehackte Mandeln • 25 g Pinienkerne • 25 g Pistazienkerne • 150 g Fruchtmix mit Orangeat, Zitronat und kandierten Kirschen • 125 g Rosinen • Eigelb zum Bestreichen • Butter zum Ausfetten

- Die Milch handwarm erhitzen, die Hefe hineinbröckeln, den Zucker unterrühren und 10-12 Minuten gehen lassen.
- Das Mehl, den Zucker, die flüssige Butter, das Ei, das Eigelb, das Salz, die Zitronenschale und den Vanillezucker in einer Schüssel verrühren, die Hefemilch dazugeben, zu einem glatten Teig verarbeiten. Die Mandeln, die Pinienkerne, die Pistazienkerne, das Fruchtmix und die Rosinen zum Teig geben, gut unterarbeiten und so lange schlagen, bis der Teig Blasen wirft. Zugedeckt an einem warmen Ort zur doppelten Menge aufgehen lassen.
- Einen großen, neuen (gespülten) Blumentopf ausfetten, den Teig hineinfüllen und gehen lassen. Das Eigelb mit Wasser glatt rühren, den Teig damit bestreichen, mit einem Messer über Kreuz einschneiden.
- Den Kuchen im auf 180 °C vorgeheizten Backofen 70-90 Minuten backen, herausnehmen, auskühlen lassen und servieren.

Mohnstriezel nach Grossmutters Rezept

• 250 g Mohn • 1 Würfel Hefe • 1/4 l lauwarme Milch • 1-2 EL Zucker • 175 g Zucker • 500 g Mehl • 1 Prise Salz • 100 g zerlassene Butter • 1 Ei • 50 g Butter • 2 Eigelb • 2 Päckchen Vanillezucker • 100 g gemahlene Mandeln • 100 g Schokoraspeln • 4 cl Rum • 50 g Grieß • 3 Eiweiß • 100 g Puderzucker • 1 Eigelb • etwas Orangensaft

- Den Mohn am Vortag in Salzwasser aufkochen, vom Feuer nehmen und 30 Minuten ausquellen lassen. Anschließend auf ein Sieb geben und über Nacht abtropfen lassen.
- Die Hefe in die lauwarme Milch bröckeln, den Zucker dazugeben und 10-12 Minuten gehen lassen.
- Den Zucker, das gesiebte Mehl, das Salz, die zerlassene Butter und das Ei in eine Schüssel geben, die Hefemilch darüber gießen und alles zu einem glatten Teig verarbeiten. Mit dem Kochlöffel so lange schlagen, bis der Teig Blasen wirft. Zugedeckt auf die doppelte Menge aufgehen lassen.
- Den Mohn 2-3 mal durch die feine Scheibe des Fleischwolfs drehen und in eine Schüssel geben. Die restliche Butter, das Eigelb, den Vanillezucker, die Mandeln, die Schokoraspeln, den Rum und den Grieß zum Mohn geben und alles gut miteinander verrühren. Das Eiweiß sehr steif schlagen, den gesiebten Puderzucker kräftig darunter schlagen und die Eiweißcreme unter die Mohnmasse ziehen.
- Den Hefeteig auf einer Arbeitsfläche durchkneten und zu einem Rechteck von 40 x 60 cm Größe ausrollen, die Mohnmasse darauf streichen, zusammenrollen und auf ein gefettetes Backblech geben.
- Die Teigrolle mit einem Messer alle 4-5 cm einen Zentimeter tief einschneiden und im auf 180-200 °C vorgeheizten Backofen 35-45 Minuten backen. Kurz vor Backende das Eigelb mit dem Orangensaft verrühren und den Striezel damit bestreichen. Fertigbacken, herausnehmen, auskühlen lassen, in Scheiben schneiden und servieren.

Striezel mit Apfel-Mandel-Füllung

Apfel-Mandel-Füllung: • 4 säuerliche Äpfel • Saft von 1 Zitrone • 200 g gemahlene Mandeln • 2 Eier • 1 EL Vanillezucker • 3-4 EL Zucker • 1 Prise Zimtpulver • 1 Prise Nelkenpulver

- Zubereitung wie Mohnstriezel. Die Äpfel schälen, entkernen, grob raspeln, mit dem Zitronensaft beträufeln und mit den Mandeln vermischen. Die Eier verschlagen und unterheben. Mit Vanillezucker, Zucker nach Geschmack, Zimtpulver und Nelkenpulver aromatisieren. Das Ganze gleichmäßig auf den ausgerollten Hefeteig streichen und wie beschrieben den Hefeteig zusammenrollen und ausbacken.

Butterkuchen

• 1 Würfel Hefe • 1/4 l handwarme Milch • 1 EL Zucker • 1 Prise Salz • 125 g Butter • 125 g Zucker • 2 Eier • 1 EL geriebene Zitronenschale • 500 g Mehl • 1 Becher süße Sahne • 100 g Butterflöckchen • 100 g groben Zucker • 125 g Mandelblättchen

- Die Hefe in die Milch bröckeln, den Zucker und das Salz dazugeben und das Ganze 10-15 Minuten gehen lassen. Die Butter mit dem Zucker in einer Schüssel schaumig schlagen, die Eier und die Zitronenschale nach und nach zugeben.
- Das Mehl in eine Schüssel sieben, die Hefemilch und die Schaummasse dazugeben und mit einem Kochlöffel zu einem glatten Teig verarbeiten.
- Den Teig mit einem sauberen Küchentuch abdecken und 30 Minuten gehen lassen. Den Teig nochmals durcharbeiten, auf ein ausgefettetes Backblech geben und mit der süßen Sahne bestreichen.
- In kleinen Abständen mit den Fingern Mulden in den Teig drücken und Butterflöckchen hineinsetzen.
- Den Zucker und die Mandelblättchen gleichmäßig darauf streuen.
- Das Ganze in den auf 180-200 °C vorgeheizten Backofen schieben und 30-40 Minuten backen, herausnehmen und auskühlen lassen. In Stücke schneiden, ausgarnieren, anrichten und servieren.

Stachelbeerkuchen

• 1 Würfel Hefe • 1/4 1 lauwarme Milch • 1-2 EL Zucker • 150 g Zucker • 600 g Mehl • 1 Prise Salz • 125 g flüssige Butter • 2 Eier • 1-1 1/2 kg frische Stachelbeeren • 2 EL Vanillezucker • 70 g Zucker • 2-3 EL Weinbrand • 1 Rezept Streusel

- Die Hefe mit der Milch und dem Zucker verrühren und 10 Minuten gehen lassen. Den restlichen Zucker mit dem Mehl und dem Salz vermischen, die flüssige Butter und die Eier dazugeben, die Hefemilch einrühren und alles zu einem glatten Teig verarbeiten. Den Hefeteig schlagen, bis der Teig Blasen wirft, zudecken und einem warmen Ort 30 Minuten gehen lassen. Den Teig erneut kräftig durchschlagen und weitere 30 Minuten gehen lassen.
- Die Stachelbeeren putzen, mit einem Zahnstocher mehrmals einstechen, in eine Schüssel geben, mit dem Vanillezucker und dem Zucker bestreuen und mit etwas Weinbrand aromatisieren.
- Den Teig auf einer bemehlten Arbeitsfläche nochmals kräftig durchkneten, ausrollen und auf ein ausgefettetes Backblech legen. Die Stachelbeeren abtropfen lassen, auf dem Teig verteilen und mit den Streuseln bestreuen. Das Ganze im auf 180-200 °C vorgeheizten Backofen 40-50 Minuten backen. Herausnehmen, auskühlen lassen, anrichten und servieren.

Zwetschgenkuchen mit Sahneguss

• 1 Würfel Hefe • 1/4 1 Milch • 1-2 EL Zucker • 150 g Zucker • 600 g Mehl • 1 Prise Salz • 125 g Butter oder Margarine • 2 Eier • 1 1/2 kg Zwetschgen • 2 EL Vanillezucker • 70 g Zucker • 1-2 EL Zimtpulver • 4 cl Weinbrand • 1 Becher saure Sahne • 2 Eier • 100 g gehackte Mandeln

- Die Hefe in die lauwarme Milch bröckeln, den Zucker einrühren und 10-12 Minuten gehen lassen.
- Den Zucker mit dem Mehl und dem Salz in einer Schüssel vermischen, die flüssige Butter und die Eier dazugeben, die Hefemilch einrühren und alles zu einem glatten Teig verarbeiten.
- Den Hefeteig mit dem Kochlöffel so lange schlagen, bis der Teig Blasen wirft. Anschließend mit einem sauberen Küchentuch abdecken und einem warmen Ort 30 Minuten gehen lassen.
- Den Teig erneut kräftig durchschlagen und weitere 30 Minuten gehen lassen.
- In der Zwischenzeit die Zwetschgen halbieren und entsteinen, in eine Schüssel geben, mit dem Vanillezucker, dem Zucker und dem Zimtpulver bestreuen und mit dem Weinbrand aromatisieren.
- Den Teig auf einer bemehlten Arbeitsfläche nochmals kräftig durchkneten, ausrollen und auf ein ausgefettetes Backblech legen.
- Die Zwetschgen gut abtropfen lassen, auf dem Teig verteilen und das Ganze im auf 180-200 °C vorgeheizten Backofen 40-45 Minuten backen.
- Die saure Sahne, die Eier und das Abgetropfte von den Zwetschgen miteinander verschlagen und nach 20 Minuten über die Zwetschgen gießen, mit den gehackten Mandeln bestreuen und fertig backen. Herausnehmen, auskühlen lassen, anrichten und servieren.

Tip:

- Der Zwetschgenkuchen mit Sahneguss schmeckt auch mit anderen Früchten, zum Beispiel roten Johannisbeeren, Stachelbeeren, Aprikosen, Pfirsichen, Rhabarber usw.

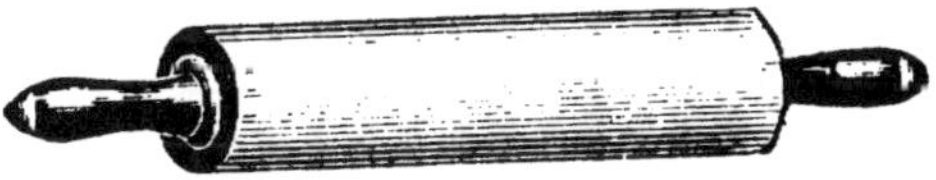

Bunter Johannisbeerkuchen

• 1 Würfel Hefe • 1/4 l handwarme Milch • 1 EL Zucker • 1 Prise Salz • 125 g Butter oder Margarine • 125 g Zucker • 2 Eigelb • 1 Ei • 1 EL geriebene Zitronenschale • 500 g Mehl • 1 kg rote und schwarze Johannisbeeren • 3-4 EL Zucker • 4 cl Rum • 200 g Mehl • 150 g braunen Zucker • 100 g gehackte Mandeln • 1-2 EL Zimtpulver • 150 g Butter oder Margarine

- Die Hefe in die Milch bröckeln, den Zucker und das Salz dazugeben und das Ganze 10-15 Minuten gehen lassen. Die Butter oder Margarine mit dem Zucker in einer Schüssel schaumig schlagen, das Eigelb, das Ei und die Zitronenschale nach und nach zugeben.
- Das Mehl in eine Schüssel sieben, die Hefemilch und die Schaummasse dazugeben und mit einem Kochlöffel zu einem glatten Teig verarbeiten.
- Den Teig mit einem sauberen Küchentuch abdecken und 30 Minuten warm stellen. Den Teig nochmals durcharbeiten und bereitstellen.
- Die Johannisbeeren mit Zucker bestreuen und mit dem Rum aromatisieren.
- Für die Streusel das Mehl mit dem braunen Zucker und den Mandeln vermischen und auf eine Arbeitsfläche geben. Das Zimtpulver darüber streuen, die Butter oder Margarine in Flöckchen darauf setzen, mit bemehlten Händen schnell zu Streuseln verarbeiten.
- Den Hefeteig auf einer bemehlten Arbeitsfläche ausrollen und auf ein ausgefettetes Backblech geben.
- Die abgetropften Johannisbeeren und die Streusel auf dem Boden verteilen. Das Ganze in dem auf 180-200 °C vorgeheizten Backofen 35 Minuten backen. Herausnehmen, erkalten lassen, anrichten und servieren.

Kirschkuchen mit Streuseln

- Zubereitung wie bunter Johannisbeerkuchen. Anstelle der Johannisbeeren 2 große Gläser Kirschen verwenden. Die Kirschen gut abtropfen lassen, nach Geschmack mit Kirschlikör aromatisieren und wie oben beschrieben weiter verarbeiten.

Hefeblechkuchen

• 1/8 l Milch • 2 EL Honig • 1 Würfel Frischhefe • 100 g Butter • 100 g Honig • 1 TL geriebene Zitronenschale • 1 Päckchen Vanillearoma • 500 g Weizenmehl • 1 TL Zimtpulver • Margarine und Semmelbrösel fürs Blech • 200 g Butter • 125 g Honig • 200 g saure Sahne • 200 g Mandelblättchen

- Die Milch mit dem Honig erwärmen, die Frischhefe hineinbröckeln und 10-15 Minuten gehen lassen. Die Butter mit dem Honig, der Zitronenschale und dem Vanillearoma in einen Topf geben und unter ständigem Rühren erwärmen.
- Die Hefemilch mit der Honigmischung zum gesiebten Mehl geben und mit dem Zimtpulver zu einem glatten Teig verarbeiten und mit einem Kochlöffel so lange schlagen, bis der Teig Blasen wirft. Zugedeckt an einem warmen Ort zur doppelten Menge aufgehen lassen. Den Teig nochmals durcharbeiten und zu einem Rechteck ausrollen.
- Ein Backblech ausfetten, mit den Semmelbröseln bestreuen und den Teig darauf legen. Die Butter in feine Würfel schneiden, auf den Teig verteilen und hineindrücken. Den Honig mit der sauren Sahne glatt rühren und den Teig damit bestreichen. Das Ganze mit Mandelblättchen bestreuen und im auf 180-200 °C vorgeheizten Backofen 30-40 Minuten backen. Herausnehmen, in Stücke schneiden und servieren.

Hefekuchen mit Obst

• 1/8 l Milch • 2 EL Honig • 1 Würfel Frischhefe • 100 g Butter • 100 g Honig • 1 TL geriebene Zitronenschale • 1 Päckchen Vanillearoma • 500 g Weizenmehl • 1 TL Zimtpulver • Margarine und Semmelbrösel fürs Blech • 750 g gemischtes Obst (Birnen, Äpfel, Kirschen, Pfirsiche) • Saft von 1 Zitrone • Zucker nach Geschmack • 200 g Butter • 125 g Honig • 200 g saure Sahne • 200 g Mandelblättchen • 1/2 Grundrezept Streusel • Puderzucker zum Bestäuben

- Zubereitung wie Hefeblechkuchen
- Die Früchte entsprechend vorbereiten, klein schneiden und sofort mit Zitronensaft beträufeln. Auf dem Hefeteig verteilen, mit etwas Zucker bestreuen und wie im Rezept Hefeblechkuchen beschrieben weiter arbeiten. Zum Schluss die Streusel darauf verteilen und im auf 180-200 °C vorgeheizten Backofen 35-45 Minuten backen. Herausnehmen, vollständig erkalten lassen, mit Puderzucker bestäuben, in Stücke schneiden und servieren.

Streuselkuchen

• 1/8 l Milch • 2 EL Honig • 1 Würfel Frischhefe • 100 g Butter • 100 g Honig • 1 TL geriebene Zitronenschale • 1 Päckchen Vanillearoma • 500 g Weizenmehl • 1 TL Zimtpulver • Margarine und Semmelbrösel fürs Blech • 200 g Butter • 125 g Honig • 200 g saure Sahne • 200 g Mandelblättchen • 1/2 Grundrezept Streusel

- Zubereitung wie Hefeblechkuchen

Bienenstich

• 400 g Mehl • 1 Würfel Frischhefe • 1/8 l lauwarme Milch • 1 Ei • 80 g Butter • 1 Prise Salz • 80 g Zucker • einige Tropfen Zitronenaroma • 100 g Butter • 200 g Zucker • 1 Päckchen Vanillezucker • 200 g gehackte Mandeln • 2 EL Milch • 1 Grundrezept Vanille-Buttercreme zum Füllen

- Das Mehl in eine Schüssel sieben, die Hefe hineinbröckeln und die lauwarme Milch angießen. Das Ei, die Butter, das Salz und den Zucker dazugeben und das Ganze zu einem Teig verrühren.
- Den Teig so lange schlagen, bis er Blasen wirft, dann zugedeckt an einem warmen Ort 30 Minuten gehen lassen.
- Den Teig kurz durcharbeiten, nochmals 30 Minuten gehen lassen und anschließend auf einem gefetteten Backblech ausrollen.
- Für den Belag die Butter mit dem Zucker, dem Vanillezucker und den Mandeln aufkochen, leicht bräunen lassen und die Milch angießen.
- Die Masse auf dem Hefeteig verteilen und im auf 225 °C vorgeheizten Backofen 40-45 Minuten backen. Herausnehmen, auf einem Kuchengitter erkalten lassen und quer durchschneiden.
- Die Vanille-Buttercreme nach Grundrezept zubereiten und den Bienenstich damit füllen.

Bienenstichtorte

- Zubereitung wie Bienenstich, jedoch gebacken in einer ausgefetteten Springform mit mindestens 28 cm Durchmesser.

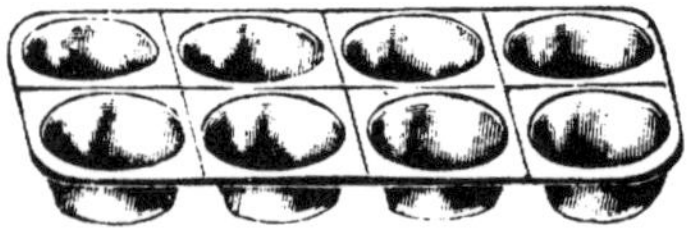

Faschingskrapfen mit Marmeladenfüllung

• 1/4 l Milch • 1 1/2 Würfel Hefe • 1-2 EL Zucker • 900 g Mehl • 100 g Butter oder Margarine • 100 g Zucker • 2 Päckchen Vanillezucker • 1 EL geriebene Zitronenschale • 3 Eier • 3 Eigelb • 1 Tasse saure Sahne • 1 Prise Salz • Fritierfett • rote Marmelade zum Füllen • Puderzucker zum Bestäuben

- Die Milch erwärmen, die Hefe hineinbröckeln, den Zucker einrühren und das Ganze 10-12 Minuten gehen lassen.
- Das Mehl in eine Schüssel sieben, die flüssige Butter oder Margarine, den Zucker, den Vanillezucker, die Zitronenschale, die Eier, das Eigelb, die lauwarme saure Sahne und das Salz, sowie die Hefemilch zum Mehl geben, alles zu einem glatten Teig verarbeiten und mit einem Kochlöffel so lange schlagen bis er Blasen wirft. Zugedeckt an einem warmen Ort zur doppelten Größe aufgehen lassen.
- Den Teig auf einer bemehlten Arbeitsfläche nochmals durcharbeiten und Kugeln abdrehen.
- Die Kugeln nochmals kurz gehen lassen und im schwimmenden Fett goldgelb ausbacken. Die Marmelade glatt rühren, in eine Spritze mit langer Spitze geben, die Berliner damit füllen, mit Puderzucker bestäuben und servieren.

Ausgezogene Küchlein

• 1/4 l Milch • 1 1/2 Würfel Hefe • 1-2 EL Zucker • 900 g Mehl • 100 g Butter oder Margarine • 100 g Zucker • 2 Päckchen Vanillezucker • 1 EL geriebene Zitronenschale • 3 Eier • 3 Eigelb • 1 Tasse Sahne • 1 Prise Salz • Fritierfett • Zimtzucker zum Bestreuen

- Die Milch erwärmen, die Hefe hineinbröckeln, den Zucker einrühren und das Ganze 10-12 Minuten gehen lassen.
- Das Mehl in eine Schüssel sieben, die flüssige Butter oder Margarine, den Zucker, den Vanillezucker, die Zitronenschale, die Eier, das Eigelb, die lauwarme Sahne und das Salz sowie die Hefemilch zum Mehl geben, alles zu einem glatten Teig verarbeiten und mit einem Kochlöffel so lange schlagen, bis er Blasen wirft. Zugedeckt an einem warmen Ort zur doppelten Größe aufgehen lassen.
- Den Teig auf einer bemehlten Arbeitsfläche nochmals durcharbeiten und Kugeln abdrehen.
- Die Kugeln ausrollen und anschließend mit den Händen so ausziehen, dass der Teig in der Mitte ganz dünn und am Rand wulstig ist. Die Küchlein im schwimmenden Fett goldgelb ausbacken, herausnehmen, abtropfen lassen und mit Zimtzucker bestreut servieren.

Faschingskrapfen mit Eierlikörsahne

- Zubereitung wie Faschingskrapfen mit Marmeladenfüllung.
- 1 Becher Sahne mit Sahnesteif steif schlagen, mit Eierlikör aromatisieren und die Faschingskrapfen damit füllen.

Früchteküchlein

- Für die Früchteküchlein den Faschingskrapfenteig nach Anweisung zubereiten und mit 100 g Zitronat, 100 g Orangeat und 100 g Rumrosinen anreichern. Küchlein formen, kurz gehen lassen, dann im schwimmenden Fett goldgelb ausbacken und mit Puderzucker bestreut servieren.

Rhabarberküchlein

• 500 g Mehl • 100 g Butter • 100 g Zucker • 1 Prise Salz
• 1/4 l lauwarme Milch • 1 Päckchen Trockenhefe
• Mehl zum Ausrollen • Fett fürs Blech
• 500-750 g geputzten, in Stücke geschnittenen Rhabarber
• Zucker und Zimt • 1 Ei zum Bestreichen
• 1 Päckchen roten Tortenguss • geschlagene, gesüßte Sahne
• Zitronenmelisseblättchen zum Garnieren

- Das Mehl in eine Schüssel sieben, die weiche Butter, den Zucker, das Salz, die lauwarme Milch und die Trockenhefe dazugeben und das Ganze zu einem Teig verrühren. Mit dem Kochlöffel schlagen, bis er Blasen wirft, und dann zugedeckt an einem warmen Ort 30 Minuten gehen lassen.
- Den Teig kurz durcharbeiten und erneut 30 Minuten gehen lassen und anschließend auf einer bemehlten Arbeitsfläche zentimeterdick ausrollen. Runde Stücke von 10 cm Durchmesser ausstechen und den Rand etwas hochziehen. Auf ein ausgefettetes Backblech legen und den Rhabarber darauf verteilen. Mit Zucker und Zimt bestreuen und die Teigränder mit verschlagenem Ei bestreichen. In dem auf 180-200 °C vorgeheizten Backofen goldgelb abbacken, herausnehmen und etwas abkühlen lassen. Den Tortenguss nach Anweisung auf der Packung zubereiten und die Törtchen damit überziehen.
- Die Törtchen abtrocknen lassen, mit der geschlagenen Sahne verzieren, mit Zitronenmelisseblättchen ausgarnieren und servieren.

Grundrezept Hefeteig für Blechkuchen

• 250 g Mehl • 1/2 Päckchen Trockenhefe • 20 g Zucker • 1/8 l Milch • 30 g weiche Butter • 1 Ei • 1 Prise Salz • Margarine für das Blech

- Das Mehl in eine Schüssel sieben, die Trockenhefe, den Zucker, die Milch, die Butter, das Ei und das Salz dazugeben, alles gut verrühren und mit dem Kochlöffel so lange schlagen, bis der Teig Blasen wirft. Zugedeckt an einem warmen Ort 20-30 Minuten gehen lassen, kurz durcharbeiten und erneut gehen lassen.
- Den Teig auf einer bemehlten Arbeitsfläche ausrollen, auf ein ausgefettetes Backblech legen, einen Rand hochziehen und je nach Rezept weiter verarbeiten.

Mohnkuchen vom Blech

• 2 Rezepte Hefeteig für Blechkuchen • 1/2 l Milch • 40 g Butter • 60 g Grieß • 200 g gemahlenen Mohn • 6 EL Zucker • 2 Eier • 1 Prise Zimt • 175 g Mehl • 4 EL Zucker • 1 Prise Zimt • 100 g weiche Butter • Puderzucker zum Bestreuen

- Den Hefeteig nach Grundrezept Hefeteig für Blechkuchen zubereiten und gehen lassen.
- Den Teig auf einer bemehlten Arbeitsfläche ausrollen, auf ein ausgefettetes Backblech legen und einen Rand hochziehen.
- Die Milch mit der Butter aufkochen, den Grieß einstreuen, unter Rühren fünf Minuten garen, von der Kochstelle nehmen und den Mohn, den Zucker, die Eier und den Zimt unterrühren. Die Mohnmischung auf dem Hefeteig verteilen.
- Das Mehl mit dem Zucker, dem Zimt und der weichen Butter zu Streuseln verarbeiten und diese auf die Mohnmischung streuen.
- Im auf 180-200 °C vorgeheizten Backofen 30 Minuten backen, bis die Streusel hellbraun sind. Herausnehmen, auf dem Blech erkalten lassen und nach Geschmack mit Puderzucker bestreuen.

Quark-Streuselkuchen vom Blech

• 1 Rezept Hefeteig für Blechkuchen • Mehl zum Ausrollen • Margarine fürs Blech • 2 Eigelb • 8 EL Zucker • 2-3 EL Vanillezucker • 4 EL Sahne • 500 g Magerquark • 2 Eiweiß • 175 g Mehl • 4 EL Zucker • 1 Prise Zimt • 100 g weiche Butter • Puderzucker zum Bestreuen

- Den Teig nach Grundrezept Hefeteig für Blechkuchen zubereiten und gehen lassen.
- Den Teig auf einer bemehlten Arbeitsfläche ausrollen, auf ein ausgefettetes Backblech legen und einen Rand hochziehen.
- Das Eigelb mit dem Zucker und dem Vanillezucker cremig rühren. Die Sahne und den Quark einrühren, das Eiweiß steif schlagen und unterheben. Die Quarkmasse auf dem Hefeteig verteilen.
- Das Mehl mit dem Zucker, dem Zimt und der weichen Butter zu Streuseln verarbeiten und diese auf der Quarkmasse verteilen.
- Im auf 180-200 °C vorgeheizten Backofen 35-40 Minuten backen, bis die Streusel hellbraun sind. Herausnehmen, auf dem Blech erkalten lassen und nach Geschmack mit Puderzucker bestreuen.

Kirsch-Blechkuchen mit Streuseln

• 1 Rezept Hefeteig für Blechkuchen • 2 Gläser Sauerkirschen • Speisestärke zum Binden • 8 EL Zucker • 175 g Mehl • 4 EL Zucker • 1 Prise Zimt • 100 g weiche Butter • Puderzucker zum Bestreuen

- Den Hefeteig nach Grundrezept Hefeteig für Blechkuchen zubereiten und auf einem gefetteten Backblech ausrollen.
- Die Sauerkirschen gut abtropfen lassen, den Saft mit dem Zucker aufkochen und mit der Speisestärke binden. Die Kirschen dazugeben und etwas abkühlen lassen. Danach auf dem Teig verteilen.
- Das Mehl mit dem Zucker, dem Zimt und der weichen Butter zu Streuseln verarbeiten und diese auf die Kirschen streuen.
- Im auf 200-220 °C vorgeheizten Backofen 25-30 Minuten backen, bis die Streusel hellbraun sind. herausnehmen, auf dem Blech erkalten lassen und nach Geschmack mit Puderzucker bestreuen.

Mohnkuchen mit Backpflaumen

• 500 g Mehl • 1 Päckchen Trockenhefe • 50 g Butter oder Margarine • 50 g Zucker • 1 Prise Salz • 1 Ei • knapp 1/4 l lauwarme Milch • 2 Eier • 250 g Sahnequark • 1 EL geriebene Zitronenschale • 75 g Zucker • 1 EL Vanillezucker • 1 EL Vanillepuddingpulver • 1 Packung Mohnback • 250 g Backpflaumen • 4 cl Rum

- Aus den Teigzutaten einen Hefeteig zubereiten und zugedeckt an einem warmen Ort 1/2 Stunde gehen lassen.
- Die Eier trennen, den Quark mit den Eigelben, der Zitronenschale, dem Zucker, dem Vanillezucker und dem Vanillepuddingpulver in eine Schüssel geben und verrühren. Das Eiweiß steif schlagen und vorsichtig unterheben.
- Das Mohnback nach Anweisung zubereiten, die Backpflaumen klein schneiden und im Rum ziehen lassen.
- Den Hefeteig auf einem gefetteten Backblech ausrollen, dabei Rand hochziehen, und erneut an einem warmen Ort kurz gehen lassen.
- Den Quark und den mit den abgetropften Backpflaumen vermischten Mohn abwechselnd auf dem Teig anrichten, im auf 180-200 °C vorgeheizten Backofen in 35-40 Minuten backen, herausnehmen, erkalten lassen, anrichten, ausgarnieren und servieren.

Herzen mit feiner Füllung

• 250 g Mehl • 1/2 Päckchen Trockenhefe • 50 g Zucker • 1 Prise Salz • 1/8 l Milch • 50 g weiche Butter • Mehl zum Ausrollen • 90 g Mehl • 2 EL Zucker • 1 Prise Zimt • 50 g weiche Butter • 1 Päckchen Vanillepuddingpulver • 2 EL Zucker • 1/2 l Milch • flüssige Butter zum Bestreichen • Puderzucker oder Zimtzucker zum Bestreuen

- Das Mehl in eine Schüssel sieben, mit der Trockenhefe, dem Zucker und dem Salz vermischen und die lauwarme Milch sowie die weiche Butter einrühren.
- Den Teig schlagen, bis er Blasen wirft und zugedeckt an einem warmen Ort 30 Minuten gehen lassen. Kurz durchkneten und erneut 30 Minuten gehen lassen.
- Für die Streusel das Mehl mit Zucker, Zimt und Butter verkneten.
- Aus dem Vanillepuddingpulver, dem Zucker und der Milch einen Pudding kochen, vom Herd nehmen und erkalten lassen.
- Den Hefeteig auf einer bemehlten Arbeitsfläche ausrollen, Herzen ausstechen und in die Mitte eine Mulde eindrücken. Den Vanillepudding in die Mulde geben, die Herzen mit den Streuseln bestreuen und im auf 180-200 °C vorgeheizten Backofen in 10-15 Minuten goldgelb backen.
- Die Herzen herausnehmen, mit Butter bestreichen und mit Puderzucker oder Zimtzucker bestreuen.

Einfaches Weissbrot

• 650 g Weizenmehl (Type 405) • 1 Päckchen Trockenhefe
• 1 gestrichenen TL Salz • 350-400 ml lauwarmes Wasser
• Butter oder Margarine und Grieß für die Form

- Das Weizenmehl in eine Schüssel sieben und mit der Trockenhefe und dem Salz vermischen.
- Das Wasser dazugeben und das Ganze zu einem glatten Teig vermengen.
- Den Teig so lange schlagen, bis er Blasen wirft, mit einem Küchentuch bedecken und an einem warmen Ort 20-30 Minuten gehen lassen.
- Den Teig nochmals kräftig durchkneten, in eine mit Butter oder Margarine ausgefettete und mit Grieß ausgestreute Kastenform füllen und mit nassen Händen glatt drücken.
- Das Einfache Weißbrot in dem auf 220 °C vorgeheizten Backofen 40-45 Minuten backen, herausnehmen, aus der Form stürzen, auf einem Kuchengitter erkalten lassen und zum weiteren Verzehr bereitstellen.

Speckbrot

• 650 g Weizenmehl (Type 405) • 1 Päckchen Trockenhefe
• 1/2 TL Salz• 250-400 ml lauwarmes Wasser
• 125 g durchwachsenen, geräucherten Speck
• Butter oder Margarine für die Form

- Das Weizenmehl in eine Schüssel sieben, die Trockenhefe und das Salz unterheben und das lauwarme Wasser einrühren.
- Das Ganze zu einem kompakten Teig verkneten und zugedeckt an einem warmen Ort zur doppelten Menge aufgehen lassen.
- Den Speck in kleine Würfel schneiden und in einer trockenen Pfanne auslassen.
- Den Speck zum Teig geben und gut unterarbeiten. Den Teig erneut gehen lassen, anschließend in eine mit Butter oder Margarine ausgestrichene, runde Backform geben und die Oberfläche mit feuchten Händen glätten.
- Das Speckbrot im auf 200-220 °C vorgeheizten Backofen 40-50 Minuten backen, herausnehmen, auf ein Kuchengitter stürzen, erkalten lassen und zum weiteren Verzehr bereitstellen.

DINKEL-WEISSBROT

500 g Dinkelmehl • 1/2 TL Gewürzsalz (Fertigprodukt) • 1 Päckchen Trockenhefe • 300-350 ml lauwarme Milch • etwas Mehl • Butter oder Margarine für das Backblech • Salzwasser zum Bestreichen

- Das Dinkelmehl mit dem Gewürzsalz und der Trockenhefe in einer Schüssel vermischen und mit der lauwarmen Milch zu einem glatten, kompakten Teig verarbeiten.
- Den Teig mit einem Kochlöffel schlagen, bis er Blasen wirft, mit einem Küchentuch bedecken und an einem warmen Ort 30 Minuten gehen lassen.
- Den Teig auf einer bemehlten Arbeitsfläche kräftig durchkneten, zu einer länglichen Rolle formen und erneut 30 Minuten gehen lassen.
- Das Brot auf ein ausgefettetes Backblech setzen, mit Salzwasser bestreichen und im auf 180-200 °C vorgeheizten Backofen 50-60 Minuten backen. Herausnehmen, auf einem Kuchengitter vollständig erkalten lassen und zum weiteren Verzehr bereitstellen.

WEIZENMISCHBROT

• 1 Würfel Frischhefe • 1 TL Zucker • 325 g Weizenvollkornmehl • 325 g Weizenmehl Type 405 • 1 TL Salz • 2 EL Öl • 350-400 ml lauwarmes Wasser • Margarine und Grieß für die Form

- Die Frischhefe zerbröckeln und mit dem Zucker glatt rühren.
- Das Weizenvollkornmehl, das Weizenmehl Type 405 und das Salz in einer Schüssel vermischen, die Hefe und das Öl dazugeben und das lauwarme Wasser einrühren.
- Das Ganze zu einem geschmeidigen Teig verarbeiten und zugedeckt an einem warmen Ort 30 Minuten gehen lassen.
- Den Teig kräftig durchkneten, in eine ausgefettete und mit Grieß ausgestreute, breite Kastenform füllen, mit nassen Händen glatt streichen und erneut 30 Minuten gehen lassen.
- Den Backofen auf 200 °C vorheizen, das Brot hineinschieben und 60-65 Minuten backen.
- Nach Ende der Backzeit das Brot herausnehmen, auf ein Kuchengitter stürzen, vollständig erkalten lassen und zum weiteren Verzehr bereitstellen.

ZWEIERLEI VOLLKORNBRÖTCHEN

• 400 g Vollkornmehl • 400 g Mehl Type 405 • 1 TL Salz • 1-2 EL Brotgewürz • 2 EL ungemahlenen Mohn • 2 EL Sesamsamen • 1 Würfel Frischhefe • 1 TL Honig • 5 EL Öl • 2 Becher Joghurt • 150 ml lauwarmes Wasser • Mehl für die Arbeitsfläche • Mohn und Sesam zum Bestreuen • Mehl für das Blech

- Das mit dem Salz und dem Brotgewürz sowie dem Mohn und den Sesamsamen in einer Schüssel vermischen.
- Die Hefe mit dem Honig vermischen, dazugeben, mit etwas Mehl verrühren und 15 Minuten gehen lassen.
- Das Öl mit dem Joghurt glatt rühren und mit dem lauwarmen Wasser in das Mehl einrühren. Das Ganze zu einem geschmeidigen Teig verarbeiten und mit dem Kochlöffel so lange schlagen, bis der Teig Blasen wirft. Mit einem sauberen Küchentuch abdecken und 30 Minuten an einem warmen Ort gehen lassen.
- Den Teig auf einer bemehlten Arbeitsfläche kurz durchkneten und erneut zugedeckt 30 Minuten gehen lassen. Anschließend aus der Hälfte des Teiges runde Brötchen formen und diese auf ein bemehltes Blech setzen. Die Oberseite der Brötchen mit Wasser bestreichen und mit Mohn und Sesam bestreuen.
- Aus dem restlichen Teig kurze Rollen formen, ebenfalls auf ein bemehltes Backblech setzen und mehrmals mit einem scharfen Messer schräg einschneiden. Mit Wasser bestreichen und mit Mohn und Sesam bestreuen. Die Vollkornbrötchen in dem auf 180-200 °C vorgeheizten Backofen 30-35 Minuten backen, herausnehmen und vollständig erkalten lassen.

KÜMMELBRÖTCHEN

• 300 g Mehl • 1/2 Würfel Frischhefe • 1/8 l lauwarme Milch • 1 TL Zucker • 1 TL Salz • 1 TL Kümmel • abgeriebene Schale von 1/2 Zitrone • 1 Ei • 2-3 EL Butter • Eigelb und Milch zum Bestreichen • 2 EL Kümmel

- Das Mehl mit der Frischhefe, der Milch, dem Zucker, dem Salz, dem Kümmel, der Zitronenschale, dem Ei und der Butter einen Hefeteig zubereiten und zugedeckt 30 Minuten gehen lassen.
- Den Teig auf einer Arbeitsfläche durchkneten, kleine Brötchen formen und auf ein mit Backtrennpapier ausgelegtes Backblech setzen. Das Eigelb mit Milch verrühren, die Brötchen bestreichen und mit Kümmel bestreuen. Die Brötchen kurz gehen lassen und im auf 220 °C vorgeheizten Backofen 25-30 Minuten backen.
- Nach Ende der Backzeit die Kümmelbrötchen herausnehmen, auf einem Kuchengitter erkalten lassen und zum Verzehr bereitstellen.

Grundrezept Rührteig

• 250 g Butter • 250 g Zucker • 4 große Eier • 1 EL geriebene Zitronenschale • 1 Prise Salz • 1 EL Vanillezucker • einige Tropfen Rumaroma • 200 g Weizenmehl • 50 g Speisestärke • Margarine und Semmelbrösel für die Form

- Die Butter mit dem Zucker schaumig rühren, die Eier nach und nach dazugeben.
- Die Zitronenschale, das Salz und den Vanillezucker einrühren, mit Rumaroma aromatisieren.
- Das Mehl mit der Speisestärke vermischen, sieben und zum Teig geben.
- Eine Kastenform ausfetten und mit Semmelbröseln ausstreuen, den Teig einfüllen, glatt streichen und in dem auf 180-200 °C vorgeheizten Backofen 50-60 Minuten backen.

Schokotröpfchenkuchen mit Sauerkirschen

• 1 Grundrezept Rührteig • 100 g Schokotröpfchen • 1 Glas Sauerkirschen • Margarine und Semmelbrösel für die Form • Puderzucker zum Bestäuben

- Nach Grundrezept einen Rührteig herstellen und die Schokotröpfchen einrühren.
- Die Sauerkirschen sehr gut abtropfen lassen und vorsichtig unter den Teig heben.
- Den Teig in eine ausgefettete und mit Semmelbröseln ausgestreute Napfkuchenform füllen und im auf 180-200 °C vorgeheizten Backofen 50-60 Minuten ausbacken.
- Den Kuchen herausnehmen, stürzen, auskühlen lassen und mit Puderzucker bestäubt servieren.

Mandelkuchen im Schokoladenkleid

• 1 Grundrezept Rührteig • 100 g gemahlene Mandeln • 1 Päckchen Schokoladenglasur • 125 g gehackte Mandeln

- Nach Grundrezept Rührteig einen Teig herstellen und zum Schluss die gemahlenen Mandeln unterziehen.
- Den Teig in eine ausgefettete und mit Semmelbröseln ausgestreute Kastenform einfüllen. In dem auf 180-200 °C vorgeheizten Backofen 50-60 Minuten backen.
- Den Mandelkuchen herausnehmen, stürzen, erkalten lassen. Mit der flüssigen Schokoladenglasur bestreichen. Mit gehackten Mandeln bestreuen, trocknen lassen und servieren.

Nusskuchen mit Zitronenglasur

• 1 Grundrezept Rührteig • 100 g gemahlene Haselnüsse • 100-150 g Puderzucker • Saft von 1 Zitrone • 125 g gehackte Haselnüsse

- Zubereitung wie Mandelkuchen im Schokoladenkleid
- Den Puderzucker mit dem Zitronensaft nicht zu dick anrühren und den erkalteten Kuchen damit überziehen. Nach Geschmack mit gehackten Haselnüssen bestreuen.

Rosinen-Mandel-Kuchen

• 1 Grundrezept Rührteig • 1-2 EL Mehl • 100 g Rosinen • 50 g gehackte Mandeln • Puderzucker

- Nach Grundrezept einen Rührteig herstellen, zum Schluss die in Mehl gewendeten Rosinen und die Mandeln unterziehen.
- Eine Kastenkuchenform ausfetten, mit Paniermehl ausstreuen, den Teig einfüllen und im auf 180-200 °C vorgeheizten Backofen in dem 40-50 Minuten abbacken.
- Den Kuchen aus der Form stürzen, erkalten lassen, mit Puderzucker Bestäuben oder mit Puderzuckerglasur überziehen, vollständig abtrocknen lassen und servieren.

Ananas-Kokos-Kuchen

• 1 Grundrezept Rührteig • etwas Mehl • 2-3 Scheiben Ananas • 50 g Kokosraspeln • 100-150 g Puderzucker • einige EL Ananassaft • 1 EL weißen Rum

- Nach Grundrezept einen Rührteig herstellen.
- Die Ananas in ganz feine Stückchen schneiden, gut abtropfen lassen und mit den Kokosraspeln unter den Teig ziehen.
- Eine Kastenkuchenform ausfetten, mit Paniermehl ausstreuen, den Teig einfüllen und im auf 180-200 °C vorgeheizten Backofen in dem 40-50 Minuten abbacken. Herausnehmen, aus der Form stürzen und erkalten lassen.
- Den Puderzucker mit dem Ananassaft und dem Rum glatt rühren und auf dem Ananas-Kokos-Kuchen verteilen, vollständig abtrocknen lassen, in Scheiben schneiden und servieren.

Walnusstorte mit Quarkfüllung

• 1 Rezept Rührteig • 250 g Magerquark • 1 Schuss Sahne • 2 EL Vanillezucker • 4-5 EL braunen Zucker • 100 g geriebene Walnüsse • einige Tropfen Arrak • 1 Becher Sahne • 1 Päckchen Sahnesteif • Zucker nach Geschmack • Walnusshälften und Krokant zum Verzieren

- Den Rührteig nach Rezept zubereiten und in einer Springform abbacken.
- Den fertigen Tortenboden vollständig erkalten lassen, mit einem scharfen Messer quer halbieren und auseinander klappen.
- Den Quark mit der Sahne glatt rühren, mit Vanillezucker und braunem Zucker süßen, die geriebenen Walnüsse und den Arrak unterziehen.
- Die Sahne mit dem Sahnesteif steif schlagen, ebenfalls unter den Quark ziehen und das Ganze mit Zucker nach Geschmack süßen.
- Einen Boden mit der Creme bestreichen, den anderen darauf setzen, ebenfalls mit Creme überziehen und glatt streichen. Die restliche Creme in einen Spritzbeutel füllen, die Torte damit verzieren, mit Walnusshälften ausgarnieren, mit Krokant bestreuen und servieren.

Rhabarber-Streuselkuchen

• 1 Grundrezept Rührteig • Margarine und Mehl fürs Blech • 25 g zerlassene Butter • 1 kg Rhabarber • 1 Tasse Zucker • 1 Tasse Kuchenbrösel • 1 Päckchen Vanillezucker • 100 g Mehl • 75 g Butter • 75 g Zucker • 1 Päckchen Vanillezucker • 1 Prise Salz • Puderzucker zum Bestäuben • Zitronenmelisseblättchen zum Garnieren

- Den Rührteig nach Grundrezept zubereiten, auf ein ausgefettetes und mit Mehl bestäubtes Backblech geben und mit der zerlassenen Butter bestreichen.
- Den Rhabarber putzen, schälen, in 1 cm große Stücke schneiden, in eine Schüssel geben und mit dem Zucker, den Kuchenbröseln und dem Vanillezucker vermischen. Die Rhabarbermischung auf dem Teig verteilen.
- Für die Streusel das Mehl auf eine Arbeitsfläche sieben, die Butter in Flöckchen darauf setzen, den Zucker, den Vanillezucker und das Salz darüber streuen. Mit bemehlten Händen schnell Streusel herstellen und diese gleichmäßig auf dem Rhabarber verteilen.
- Den Kuchen im auf 180-200 °C vorgeheizten Backofen 40-50 Minuten backen. Herausnehmen, vollständig erkalten lassen, nach Geschmack mit Puderzucker bestäuben und mit Zitronenmelisseblättchen ausgarnieren.

Pfirsich-Streuselkuchen

• 1 Grundrezept Rührteig • Margarine und Mehl fürs Blech • 25 g zerlassene Butter • 1 kg Pfirsichhälften • 1 Tasse Zucker • 1 Tasse geriebene Kuchenbrösel • 1 EL Vanillezucker • 100 g Mehl • 75 g Butter • 75 g Zucker • 1 EL Vanillezucker • 1 Prise Salz • Puderzucker zum Bestäuben

- Den Rührteig nach Grundrezept zubereiten, auf ein ausgefettetes und mit Mehl bestäubtes Backblech geben und mit der zerlassenen Butter bestreichen.
- Die Pfirsichhälften in Würfel schneiden, in eine Schüssel geben und mit dem Zucker, den Kuchenbröseln und dem Vanillezucker vermischen. Die Pfirsichmischung auf dem Teig verteilen.
- Für die Streusel das Mehl auf eine Arbeitsfläche sieben, die Butter in Flöckchen darauf setzen, den Zucker, den Vanillezucker und das Salz darüber streuen. Mit bemehlten Händen schnell Streusel herstellen und diese gleichmäßig auf den Pfirsichen verteilen.
- Den Kuchen im auf 180-200 °C vorgeheizten Backofen 40-50 Minuten backen. Herausnehmen, vollständig erkalten lassen, nach Geschmack mit Puderzucker bestäuben und servieren.

Saftiger Stachelbeerkuchen

• 750 g Stachelbeeren • 250 g weiche Butter • 250 g Zucker
• 1 geh. EL Vanillezucker • 6 Eier • 100 ml süße Sahne
• 300 g Mehl • 1 Päckchen Backpulver
• Margarine und Semmelbrösel fürs Blech
• 4 EL Hagelzucker und 2 EL gehackte Pistazien zum Bestreuen

- Von den Stachelbeeren den Stiel- und Blütenansatz abschneiden, die Beeren kurz kalt waschen und gründlich abtropfen lassen.
- Die Butter mit dem Zucker und dem Vanillezucker sehr schaumig rühren, die Eier nach und nach unterrühren. Die Sahne zugießen und alles glatt verrühren. Das Mehl mit dem Backpulver vermischen und esslöffelweise unter die Fett-Ei-Masse rühren, so dass eine lockere Teigmasse entsteht.
- Ein Backblech gut fetten und mit Semmelbröseln ausstreuen, den Teig darauf füllen und gleichmäßig verstreichen. Die Stachelbeeren darauf verteilen.
- Den Kuchen im auf 175 °C vorgeheizten Backofen 35 Minuten backen. Nach 20 Minuten Backzeit den Hagelzucker und die Pistazien über den Kuchen streuen und weiter backen. Herausnehmen, auskühlen lassen und in Stücke schneiden.

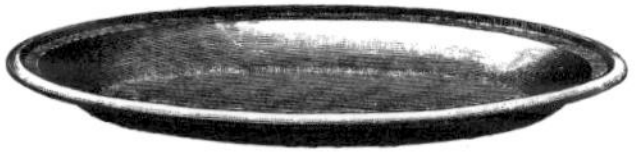

Rotweinkranz

• 200 g Margarine • 125 g Zucker • 4 Eier • 200 g Mehl
• 100 g Schokostreusel • 1/2 TL Zimt • 1 TL Kakao
• 1 Päckchen Backpulver • 1/8 l Rotwein
• Margarine und Semmelbrösel für die Form
• Puderzucker zum Bestäuben

- Die Margarine mit dem Zucker schaumig schlagen, die Eier einzeln dazugeben, das Mehl mit dem Backpulver, dem Zimt und dem Kakao vermischen und unterheben, die Schokostreusel und den Rotwein dazugeben und alles zu einem Teig verrühren.
- Eine Kranzform mit Margarine ausfetten und mit Semmelbröseln ausstreuen, den Teig einfüllen und im auf 180-200 °C vorgeheizten Backofen eine Stunde backen. Herausnehmen und erkalten lassen.
- Mit Puderzucker bestäuben, ausgarnieren und servieren.

Mandelkuchen mit Marmeladenfüllung

• 200 g Hartweizengrieß • 250 g Zucker • 125 g gemahlene Mandeln • 125 g gehackte Mandeln • 1 EL Vanillezucker • 1 Päckchen Backpulver • 1 Msp. Nelkenpulver • 1 TL Kakao • 1 Prise Salz • 1/4 l Sahne • 1 Ei • einige Tropfen Bittermandelaroma • 1/2 Glas Aprikosenmarmelade • 1 Becher Halbbitterkuvertüre • Mandelblättchen zum Bestreuen

- Den Hartweizengrieß, den Zucker, die Mandeln, den Vanillezucker, das Backpulver, das Nelkenpulver, den Kakao und das Salz gut miteinander in einer Schüssel vermischen. Die Sahne, das Ei und das Bittermandelaroma verquirlen, zur trockenen Mischung geben und von der Mitte aus einrühren.
- Eine Springform mit Backtrennpapier auslegen, den Teig einfüllen und im auf 180-200 °C vorgeheizten Backofen 40 Minuten backen. Herausnehmen, das Backtrennpapier vorsichtig abziehen und den Mandelkuchen vollständig erkalten lassen. Quer durchschneiden und mit Aprikosenmarmelade füllen.
- Die Kuvertüre im Wasserbad schmelzen lassen, den Kuchen damit überziehen, mit Mandelblättchen bestreuen und vollständig abtrocknen lassen.

Feiner Kokoskuchen

• 200 g Hartweizengrieß • 250 g Zucker • 250 g feine Kokosraspeln • 1 EL Vanillezucker • 1 Päckchen Backpulver • 1 Prise Salz • 1/4 l Milch • 1 Ei • einige Tropfen Bittermandelaroma • 1/2 Glas Ananasmarmelade • Puderzucker zum Bestäuben

- Zubereitung wie Mandelkuchen mit Marmeladenfüllung

Mandelkuchen mit Schokoladen-Buttercreme

• 200 g Hartweizengrieß • 250 g Zucker • 125 g gemahlene Mandeln • 125 g gehackte Mandeln • 1 EL Vanillezucker • 1 Päckchen Backpulver • 1 Msp. Nelkenpulver • 1 TL Kakao • 1 Prise Salz • 1/4 l Sahne • 1 Ei • einige Tropfen Bittermandelaroma • 1 Rezept Schokoladen-Buttercreme • 1 Becher Halbbitterkuvertüre • Mandelblättchen zum Bestreuen

- Zubereitung wie Mandelkuchen mit Marmeladenfüllung. Die Schokoladen-Buttercreme nach Grundrezept zubereiten und anstelle der Marmelade in den Mandelkuchen füllen.

Kerstins Mandelkuchen

• 250 g Margarine • 5-6 Eier • 400 g Zucker • 1 Prise Salz • 360-400 g Mehl • Margarine und Semmelbrösel fürs Blech • 100 g Mandelblättchen

- Die Margarine schmelzen lassen. Die Eier in einer Schüssel verquirlen und mit dem Zucker und dem Salz leicht schaumig rühren. Die geschmolzene Margarine und das Mehl einrühren.
- Ein Backblech ausfetten und mit Semmelbröseln bestreuen. Den Teig einfüllen, mit den Mandelblättchen bestreuen und in dem auf 180-200 °C vorgeheizten Backofen 50-55 Minuten backen.
- Den Kuchen auf dem Blech auskühlen lassen, in Rauten schneiden und servieren.

Mandel-Kastenkuchen

• 150 g Zucker • 60 g Butter oder Margarine • 2 Eier • 1/8 l Multivitamin-Buttermilch • abgeriebene Schale von 1 Zitrone • 1 TL Lebkuchengewürz • 1 Prise Zimtpulver • 50 g gemahlene Mandeln • 1 Prise Salz • 1 TL Vanillezucker • 125 g Mehl • 1 TL Backpulver • Butter und Semmelbrösel für die Form • helle und dunkle Kuvertüre

- Den Zucker mit der Butter oder Margarine schaumig schlagen, die Eier einzeln darunter schlagen und anschließend die Multivitamin-Buttermilch mit der Zitronenschale, dem Lebkuchengewürz, dem Zimt, den Mandeln, dem Salz und dem Vanillezucker unterrühren.
- Das Mehl mit dem Backpulver vermischen, über den Teig sieben und unterziehen.
- Eine Kastenform mit Butter ausfetten und mit Semmelbröseln ausstreuen, den Teig einfüllen und im auf 180 °C vorgeheizten Backofen 40-45 Minuten backen. Den Mandelkuchen aus der Form stürzen und erkalten lassen. Die Kuvertüre im Wasserbad erhitzen und den Mandel-Kastenkuchen nach Geschmack verzieren. Den Guss vollständig abtrocknen lassen.

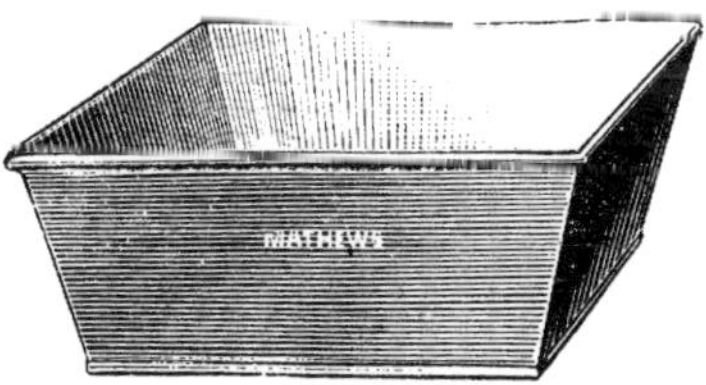

Blitzkuchen

• 150 g Butter • 2 Eier • 80 g Zucker • 1 Prise Salz • 80-90 g Mehl • 1 TL Backpulver • 2-3 TL Vanillezucker • 4 EL Multivitaminsaft • 1/2 Glas Pfirsich-Maracuja-Marmelade • Zucker zum Bestreuen

- Die Butter schmelzen. Die Eier mit dem Zucker und dem Salz schaumig rühren, die Butter einrühren, das mit Backpulver vermischte Mehl und den Vanillezucker unterrühren, zum Schluss den Multivitaminsaft dazugeben und unterheben.
- Eine Springform (Durchmesser 26-28 cm) mit Backtrennpapier auslegen und den Teig einfüllen. Glatt streichen und im auf 200 °C vorgeheizten Backofen 10-12 Minuten backen. Herausnehmen und die Oberseite sofort mit Zucker bestreuen.
- Den Boden erkalten lassen, dann waagerecht durchschneiden, mit der Marmelade füllen, in Stücke schneiden und servieren

Punschkuchen

• 200 g Butter • 125 g Marzipanrohmasse • 5 Eier • 100 g Puderzucker • 1 Päckchen Vanillezucker • 1 Prise Salz • 3 EL Rum • 400 g Weizenmehl • 100 g Speisestärke • 1 TL Backpulver • 100 g gemahlene Mandeln • 6 EL Milch • Margarine und Semmelbrösel für die Form • Saft von 2 Orangen • Saft von 1 Zitrone • 4-5 EL Zucker • 4-5 EL Rum • 1 Beutel Glühweingewürz • 1/2 Glas Orangenmarmelade • 1 Rezept Eiweißglasur • Belegkirschen zum Verzieren

- Die Butter sehr schaumig rühren, die Marzipanrohmasse zerbröckeln, dazugeben und so lange rühren, bis sie sich vollständig mit der Butter vermischt hat. Dann abwechselnd die Eier, den Puderzucker, das Salz und den Vanillezucker einrühren, den Rum untermischen und das mit Speisestärke und Backpulver vermischte Mehl darüber sieben, mit den gemahlenen Mandeln unterheben.
- Eine Kastenform ausfetten und mit Semmelbröseln ausstreuen, den Teig einfüllen und im auf 180 °C vorgeheizten Backofen 60-70 Minuten backen. Herausnehmen, aus der Form nehmen und auf einem Kuchengitter vollständig erkalten lassen.
- Den Kuchen zweimal waagerecht durchschneiden. Die untere Platte mit etwas Punsch tränken, mit Marmelade bestreichen und die mittlere Platte auflegen. Ebenfalls tränken und mit der restlichen Marmelade bestreichen. Die obere Platte auflegen und mit dem restlichen Punsch beträufeln.
- Die Eiweißglasur nach Grundrezept zubereiten und den Kuchen damit überziehen. Die Belegkirschen halbieren und den Kuchen damit verzieren. Abtrocknen lassen, in Scheiben schneiden und servieren.

Versunkener Obstkuchen oder Mini-Rührkuchen

• 200 g Butter • 200 g Zucker • 1 Prise Salz
• abgeriebene Schale von 1 Zitrone • 4 Eier • 200 g Mehl
• 1 TL Backpulver • Margarine und Semmelbrösel für die Form
• 500-600 g beliebiges Obst • Saft von 1 Zitrone
• 2-3 EL Zimtzucker • 1 Grundrezept Streusel
• Puderzucker zum Bestäuben

- Die Butter mit dem Zucker, dem Salz, der Zitronenschale und den Eiern schaumig schlagen, das Mehl mit dem Backpulver vermischen und löffelweise einrühren.
- Eine Springform ausfetten und mit Semmelbröseln ausstreuen und den Teig einfüllen.
- Das Obst entsprechend vorbereiten, nach Geschmack klein schneiden, auf den Teig legen, die nach Grundrezept zubereiteten Streusel darüber streuen und den Kuchen im auf 180-200 °C vorgeheizten Backofen 60 Minuten backen, herausnehmen, vollständig auskühlen lassen und mit Puderzucker bestreut servieren.
- Man kann auch den Teig teilen und zwei Mini-Rührkuchen mit Obst backen.

Versteckte Zwetschgen

• 200 g Butter • 200 g Zucker • 1 Prise Salz
• abgeriebene Schale von 1 Zitrone • 4 Eier • 200 g Mehl
• 1 TL Backpulver • Margarine und Semmelbrösel für die Form
• 500 g frische Zwetschgen • Saft von 1/2 Zitrone
• 2 EL Zimt-Zucker-Mischung • Puderzucker zum Bestäuben

- Zubereitung wie versunkener Apfelkuchen

Versteckte Träuble

• 200 g Butter • 200 g Zucker • 1 Prise Salz • abgeriebene Schale von 1 Zitrone • 4 Eier • 200 g Mehl • 1 TL Backpulver
• Margarine und Semmelbrösel für die Form
• 500 g rote Johannisbeeren (Träuble) • 2 EL Zimt-Zucker-Mischung
• Puderzucker zum Bestäuben

- Zubereitung wie versunkener Apfelkuchen

Birnen-Dickmilchkuchen mit Streuseln

• 6 Birnen • Saft von 1 Zitrone • 250 g Butter oder Margarine • 150 g Puderzucker • 4 Eier • 400 g Weizenmehl • 1 TL Zimtpulver • 300 g Sahnedickmilch • Margarine fürs Blech • 100 g Weizenmehl • 100 g Zucker • 100 g Butter • 1 Prise Zimt • 100 g gehackte Pistazien

- Die Birnen schälen, entkernen, raspeln, in eine Schüssel geben und mit Zitronensaft beträufeln.
- Die Butter oder Margarine mit dem Puderzucker in eine Schüssel geben und schaumig schlagen. Die Eier nach und nach kräftig darunter schlagen, abwechselnd das gesiebte Weizenmehl und die mit Zimtpulver vermischte Dickmilch hinzufügen und untermischen.
- Die Hälfte des Teiges auf ein gefettetes Backblech streichen und anschließend die Birnen gleichmäßig darüber verteilen. Den restlichen Teig auf die Birnen geben und glatt streichen.
- Für die Streusel das Weizenmehl mit dem Zucker auf eine Arbeitsfläche geben, die Butter oder Margarine in Flöckchen darauf setzen und das Ganze mit Zimtpulver Bestäuben.
- Mit den Händen abbröseln, die Streusel gleichmäßig auf dem Kuchen verteilen und mit den Pistazien bestreuen.
- Den Kuchen im auf 180-200 °C vorgeheizten Backofen in 50-60 Minuten abbacken, herausnehmen, erkalten lassen, anrichten, ausgarnieren und servieren.

Mandel-Kastenkuchen

•150 g Zucker • 60 g Butter oder Margarine • 2 Eier • 1/8 l Multivitamin-Buttermilch • abgeriebene Schale von 1 Zitrone • 1 TL Lebkuchengewürz • 1 Prise Zimtpulver • 50 g gemahlene Mandeln • 1 Prise Salz • 1 TL Vanillezucker • 125 g Mehl • 1 TL Backpulver • Butter und Semmelbrösel für die Form • helle und dunkle Kuvertüre

- Den Zucker mit der Butter oder Margarine schaumig schlagen, die Eier einzeln darunter schlagen und anschließend die Multivitamin-Buttermilch mit der Zitronenschale, dem Lebkuchengewürz, dem Zimt, den Mandeln, dem Salz und dem Vanillezucker unterrühren.
- Das Mehl mit dem Backpulver vermischen, über den Teig sieben und unterziehen.
- Eine Kastenform mit Butter ausfetten und mit Semmelbröseln ausstreuen, den Teig einfüllen und im auf 180 °C vorgeheizten Backofen 40-45 Minuten backen. Den Mandelkuchen aus der Form stürzen und erkalten lassen. Die Kuvertüre im Wasserbad erhitzen und den Mandel-Kastenkuchen nach Geschmack verzieren. Den Guss vollständig abtrocknen lassen.

Schokoladencremekuchen

• 250 g Butter • 5 Eier • 200 g Zucker • 1 EL Vanillezucker • 1 Prise Salz • 500 g Mehl • 1 Päckchen Backpulver • 4 EL Orangenlikör • 8 Blatt weiße Gelatine • 4 Eier • 100 g Zucker • 250 g Zartbitterschokolade • 150 ml Milch • 2 Becher Schlagsahne • Schokostreusel

- Die Butter mit den Eiern, dem Zucker, dem Vanillezucker, dem Salz, dem Mehl und dem Backpulver verrühren. Auf einem gefetteten Backblech glatt streichen. In den kalten Backofen schieben, auf 200 °C schalten und etwa 35 Minuten backen. Etwas abkühlen lassen, dann mit einem Holzlöffelstiel etwa 20 Löcher in den Kuchen stechen. Die Oberfäche mit Orangenlikör beträufeln.
- Die Gelatine einweichen. Die Schokolade mit der Milch unter Rühren erhitzen, bis die Schokolade geschmolzen ist. Die ausgedrückte Gelatine darin auflösen und das Ganze abkühlen lassen.
- Die Eier trennen, das Eigelb mit dem Zucker schaumig schlagen, die Schokoladenmilch unterrühren und 10 Minuten in den Kühlschrank stellen.
- Das Eiweiß und die Sahne getrennt steif schlagen und beides unter die Schokoladencreme ziehen. Die Creme in die Löcher im Kuchen füllen. Die restliche Creme halb fest werden lassen und auf dem Kuchen verteilen. Die Schokostreusel darüber streuen und kalt stellen.

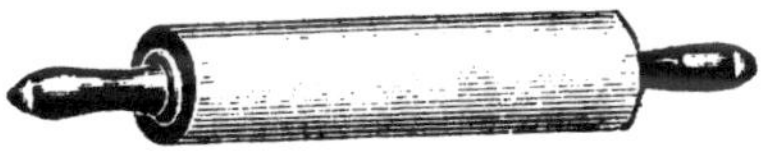

Schnelle Nusstorte

• 1 Grundrezept Rührteig • 250 g Sahnequark • 1 Schuss Sahne • 2 EL Vanillezucker • Zucker nach Geschmack • 100 g gemahlene Haselnüsse • einige Tropfen Rumaroma • 1 Becher Sahne • 1 Päckchen Sahnesteif • Pralinen zum Garnieren

- Den Rührteig nach Grundrezept zubereiten und backen.
- Den fertigen Kuchen vollständig erkalten lassen und anschließend einmal quer halbieren.
- Den Sahnequark mit der Sahne glatt rühren, mit Vanillezucker und Zucker abschmecken und die Haselnüsse sowie das Rumaroma und die mit Sahnesteif steif geschlagene Sahne unterheben.
- Einen Teil der Creme auf den unteren Tortenboden streichen, mit dem oberen Boden abdecken und die Torte rundherum mit Creme bestreichen. Die restliche Creme in einen Spritzbeutel füllen und die Torte damit verzieren. Mit Pralinen ausgarnieren und kühl servieren.

Birnenkuchen mit Zuckerglasur

• 200 g Butter • 200 g Zucker • 1 Prise Salz • abgeriebene Schale von 1 Zitrone • 4 Eier • 200 g Mehl • 1 TL Backpulver • Margarine und Semmelbrösel für die Form • 3-4 Birnen • Saft von 1/2 Zitrone • 1 Hand voll Rosinen • Puderzuckerglasur • Zitronenmelisseblättchen und geschlagene, gesüßte Sahne zum Garnieren

- Die Butter mit dem Zucker, dem Salz, der Zitronenschale und den Eiern schaumig schlagen, das Mehl mit dem Backpulver vermischen und löffelweise einrühren.
- Eine Springform ausfetten, mit Semmelbröseln ausstreuen und den Teig einfüllen.
- Die Birnen schälen, vierteln, das Kerngehäuse entfernen, die Birnen in Schnitze schneiden, fächerförmig auf den Teig legen, mit Zitronensaft beträufeln und die Rosinen darüber streuen.
- Im auf 180-200 °C vorgeheizten Backofen 60 Minuten backen, herausnehmen, vollständig auskühlen lassen und mit Puderzuckerglasur überziehen. Vollständig abtrocknen lassen, in Stücke schneiden, mit Zitronenmelisseblättchen und der geschlagenen Sahne ausgarnieren und sofort servieren.

Königskuchen im Schokomantel

• 250 g Butter • 250 g Zucker • 4 Eier • 500 g Mehl • 1 Päckchen Backpulver • 1/8 l Milch • einige Tropfen Rumaroma • Saft von 1/2 Zitrone • 200 g Rosinen • 1-2 EL Mehl • Margarine und Semmelbrösel für die Form • 100 g Schokoladenglasur

- Die Butter mit dem Zucker und den Eiern schaumig schlagen, das Mehl mit dem Backpulver vermischen und in den Teig sieben.
- Die Milch, das Rumaroma und den Zitronensaft einrühren, die Rosinen in Mehl wenden und unterziehen.
- Eine Gugelhupfform (Durchmesser 22 cm) ausfetten und mit Semmelbröseln ausstreuen, den Teig einfüllen, glatt streichen und im auf 175-190 °C vorgeheizten Backofen 60-70 Minuten backen.
- Den Kuchen aus dem Ofen nehmen, aus der Form stürzen, auskühlen lassen und mit der Schokoladenglasur überziehen.

Omas Lieblings-Apfelkuchen

• 2 kg Äpfel • 250 g Butter • 250 g Zucker • 1 EL Vanillezucker • 5 Eier • 350 g Mehl • 1 Päckchen Backpulver • Margarine zum Fetten • Mehl oder Grieß zum Bestreuen • Puderzucker zum Bestäuben

- Die Äpfel schälen, entkernen und in feine Schnitze schneiden. Die Butter mit dem Zucker und dem Vanillezucker schaumig rühren, die Eier einzeln einrühren.
- Das Mehl mit dem Backpulver mischen, sieben und unter den Teig heben. Die Apfelschnitze unter den Teig ziehen.
- Ein Backblech mit Margarine ausfetten und mit Mehl oder Grieß ausstreuen. Den Teig einfüllen, glatt streichen und im auf 200 °C vorgeheizten Backofen 30-35 Minuten backen.
- Herausnehmen, auskühlen lassen, mit Puderzucker bestäuben und servieren.

Omas Lieblings-Streuselkuchen

• 2 Rezepte Streusel • Margarine und Paniermehl für die Form • 500 g Quark • 25 g flüssige Butter • 70 g Zucker • 1 Päckchen Vanillezucker • 2 Eier • etwas Rum • 15 g Speisestärke • Puderzucker zum Bestäuben

- Den Streuselteig nach Anweisung herstellen, 2/3 davon verkneten und in eine gefettete und mit Paniermehl ausgestreute Springform (26 cm Durchmesser) füllen. Dabei einen 3 cm hohen Rand formen.
- Den Quark mit der Butter, dem Zucker, dem Vanillezucker, den Eiern, dem Rum und der Speisestärke vermischen und auf den Teig geben. Die restlichen Streusel darüber verteilen und das Ganze im auf 200 °C vorgeheizten Backofen 45 Minuten backen. Herausnehmen, in der Form abkühlen lassen und vor dem Servieren mit Puderzucker bestäuben.

Zucchinitorte

• 175 g Butter • 250 g Zucker • 1 Prise Salz • 4 Eigelb • je 75 g gemahlene Mandeln und Haselnüsse • 1-2 EL geriebene Zitronenschale • 1 EL Vanillezucker • 1 TL Zimtpulver • 1 TL Lebkuchengewürz • 1 Tasse Multivitaminsaft • einige Tropfen Rumaroma • 500 g Zucchini • 250 g Weizenmehl • 50 g Speisestärke • 1 Päckchen Backpulver • 4 Eiweiß • Butter zum Ausfetten • 1 Tasse Zwiebackbrösel • Puderzuckerglasur • 4 cl Orangenlikör • Zuckerschrift zum Verzieren

- Die Butter in eine Schüssel geben. Mit dem Zucker, dem Salz und den Eigelben schaumig schlagen. Die Mandeln, die Haselnüsse, die Zitronenschale, den Vanillezucker, das Zimtpulver und das Lebkuchengewürz miteinander vermischen. Den Multivitaminsaft mit Rumaroma aromatisieren.
- Die Zucchini schälen, sehr fein reiben, in einem sauberen Küchentuch ausdrücken, mit den Nüssen und dem Multivitaminsaft abwechselnd unter den Schaum rühren.
- Das Weizenmehl mit der Speisestärke und dem Backpulver auf den Teig sieben und ebenfalls untermischen. Die Eiweiße sehr steif schlagen und vorsichtig unter den Teig heben.
- Den Teig in eine gut ausgefettete und mit Semmelbröseln ausgestreute Springform Füllen und im auf 180-200 °C vorgeheizten Backofen 50-60 Minuten backen.
- Nach Ende der Backzeit die Torte herausnehmen und auskühlen lassen. Die Puderzuckerglasur mit dem Orangenlikör verfeinern und die Torte damit überziehen, vollständig abtrocknen lassen, mit Zuckerschrift verzieren und servieren.

Gurkentorte

- Zubereitung wie Zucchinitorte. Anstelle der Zucchini die gleiche Menge Salatgurken verwenden, diese aber schälen, halbieren und mit einem Teelöffel das Kerngehäuse herausschaben. Anschließend weiter verarbeiten wie Zucchinitorte

Schokoladenschnitten

• 250 g Butter • 250 g Zucker • 6 Eier • 250 g geriebene Blockschokolade • 250 g gemahlene Nüsse • 100 g Mehl • weiße und braune Schokoladenglasur

- Die Butter mit dem Zucker schaumig schlagen, die Eier einzeln darunter schlagen.
- Die Blockschokolade, die Nüsse und das Mehl mischen und unter den Eierschaum ziehen.
- Den Teig ca. 5 mm dick auf ein gefettetes Backblech streichen und bei 170-180 °C in 10 Minuten abbacken.
- Die Schokoladenglasur schmelzen, das Schokoladenbrot mit der dunklen Glasur überziehen und mit der hellen Streifen oder Muster aufmalen. Vollständig erkalten lassen und in Schnitten schneiden.

Eierlikörkuchen

• 5 Eier • 200 g Puderzucker • 2-3 EL Vanillezucker • 1/4 l Eierlikör • 1/4 l Öl • 250 g Mehl • 1 Päckchen Backpulver • Margarine und Grieß für die Form • Puderzucker zum Bestäuben

- Die Eier mit dem Zucker schaumig schlagen, den Eierlikör und das Öl einrühren, das Mehl mit dem Backpulver mischen, über den Teig sieben und einrühren.
- Eine Gugelhupfform ausfetten und mit Grieß ausstreuen, den Teig einfüllen und im vorgeheizten Backofen eine Stunde backen.
- Herausnehmen, aus der Form stürzen, vollständig erkalten lassen, mit Puderzucker bestäuben und servieren.

Orangenherz

• 75 g Zucker • 30 g Butter oder Margarine • 1 Ei • 1/2 Tasse frisch gepressten Orangensaft • abgeriebene Schale von 1/2 Orange • 25 g gemahlene Mandeln • 1 Prise Salz • 1 TL Vanillezucker • 65 g Mehl • 1/2 TL Backpulver • Margarine, Semmelbrösel • 2 EL Puderzucker • einige Tropfen Orangensaft

- Den Zucker mit der Butter oder Margarine cremig rühren und das Ei unterschlagen. Den Orangensaft mit der Orangenschale, den Mandeln, dem Salz und dem Vanillezucker unterheben. Das Mehl mit dem Backpulver vermischen, darüber sieben und unterheben. Eine kleine Herzform mit Butter ausfetten, den Teig einfüllen und im auf 175 °C vorgeheizten Backofen 25-30 Minuten backen.
- Das Herz herausnehmen, auf ein Kuchengitter stürzen und vollständig erkalten lassen. Den Puderzucker mit dem Orangensaft glatt rühren und das Orangenherz damit überziehen. Den Guss vollständig trocknen lassen.

Apfeltorte mit Mandelblättchen

• 200 g Butterschmalz • 250 g Zucker • 1 EL Vanillezucker • abgeriebene Schale von 1/2 Zitrone • 4 Eier • 250 g Mehl • 150 g Speisestärke • 1 TL Backpulver • 2 EL Milch • Fett für die Form • 4 säuerliche Äpfel • 1/2 Tasse Mandelblättchen • 1-2 EL Zucker • 1 Prise Zimt

- Das weiche Butterschmalz mit dem Zucker, dem Vanillezucker und der Zitronenschale schaumig schlagen, nach und nach die Eier dazugeben und schlagen, bis eine cremige Masse entstanden ist.
- Das Mehl mit der Speisestärke und dem Backpulver vermischen und mit der Milch unter den Teig rühren.
- Die Hälfte des Teiges in eine gefettete Springform füllen, die Äpfel schälen, entkernen und in Spalten schneiden, die Hälfte davon auf dem Teig verteilen. Den restlichen Teig darüber Füllen und die restlichen Äpfel darauf legen. Den Kuchen mit den Mandelblättchen sowie Zimt und Zucker bestreuen und im auf 180 °C vorgeheizten Backofen 60 Minuten backen. Herausnehmen, vollständig erkalten lassen und servieren.

Sauer-macht-lustig-Kuchen

• 250 g Butter • 200 g Zucker • 3 Eier • Saft von 2 Zitronen • 200 g Mehl • 200 g Speisestärke • 1 Beutel Backpulver • 100 g Zitronat • Margarine für die Form • 150 g Puderzucker • Zitronensaft

- Die Butter mit dem Zucker schaumig rühren, die Eier und den Zitronensaft hinzugeben und verrühren.
- Das Mehl mit der Speisestärke und dem Backpulver vermischen und mit dem klein gewürfelten Zitronat zum Teig geben.
- Eine Springform gut fetten, den Teig einfüllen und im auf 175 °C vorgeheizten Backofen 70 Minuten backen.
- Den Puderzucker mit dem Zitronensaft glatt rühren und den noch warmen Kuchen damit überziehen.

Orangenkuchen mit Mandeln

• 300 g Butter • 300 g Zucker • 8 Eier • 1 Prise Salz • abgeriebene Schale von 1/2 Orange • 1 EL Vanillezucker • einige Tropfen Arrak • 1 TL Zimt • 200 g Weizenmehl • 100 g Schmelzflocken • 50 g Speisestärke • 1 geh. TL Backpulver • 200 g Orangeat • 100 g gehackte Mandeln • Butter zum Ausfetten • 1 Grundrezept Eiweißglasur

- Die Butter in einer Schüssel schaumig schlagen, den Zucker und die Eier nach und nach darunter schlagen, bis eine Schaummasse entstanden ist. Das Salz, die Orangenschale, den Vanillezucker, den Arrak und das Zimtpulver unterrühren.
- Das gesiebte Mehl, die Schmelzflocken, die Speisestärke und das Backpulver miteinander vermischen und unter den Teig ziehen.
- Das sehr fein geschnittene Orangeat und die Mandeln unter den Teig heben. In eine ausgefettete und mit Mehl bestäubte Napfkuchenform füllen und in dem auf 180-200 °C vorgeheizten Backofen 50-60 Minuten ausbacken.
- Herausnehmen, stürzen, mit der Eiweißglasur überziehen, vollständig abtrocknen lassen und servieren.

Mokkakuchen mit Schwips

• 200 g Butter • 200 g Zucker • 4 Eier • 2-3 EL Mokkapulver • 2 EL kochendes Wasser • 1 EL Vanillezucker • 1 EL geriebene Zitronenschale • 1 Prise Salz • 200 g Mehl • 1 TL Backpulver • Margarine und Mehl für die Form • 1 Tasse starken Kaffee • 2 EL braunen Zucker • 4 cl Rum • Puderzucker zum Bestäuben

- Die Butter mit dem Zucker weiß-schaumig schlagen, die Eier nach und nach einrühren.
- Das Mokkapulver im kochenden Wasser auflösen und mit dem Vanillezucker, der Zitronenschale und dem Salz unter den Schaum ziehen.
- Das Mehl, die Speisestärke und das Backpulver sieben und unter den Teig heben.
- Den Teig in eine ausgefettete und bemehlte Kuchenform füllen und im auf 180-200 °C vorgeheizten Backofen 40-50 Minuten backen.
- Den Kaffee mit dem braunen Zucker vermischen, einmal aufkochen lassen, mit Rum aromatisieren und den kalten Kuchen damit tränken.
- Den Kuchen 4-5 Minuten ziehen lassen, mit Puderzucker bestäuben und servieren.

Marmorkuchen

• 200 g Butter oder Margarine • 200 g Zucker • 6 Eier • 1 Prise Salz • 1 EL geriebene Zitronen- oder Orangenschale • 1 EL Vanillezucker • 150 g Mehl • 50 g Speisestärke • 50 g gemahlene Mandeln • 1-2 EL Nussnougatcreme • Margarine und Grieß für die Form • Puderzucker zum Bestäuben

- Die Butter oder Margarine mit dem Zucker schaumig schlagen, die Eier nach und nach kräftig darunter schlagen und mindestens fünf Minuten rühren. Zum Schluss das Salz, die Zitronen- oder Orangenschale und den Vanillezucker untermischen.
- Das Mehl mit der Speisestärke und den Mandeln vermischen und esslöffelweise unter den Schaum ziehen.
- Die Masse halbieren, unter eine Hälfte des Teiges die Nussnougatcreme ziehen.
- Den hellen Teig in eine ausgefettete und mit Grieß ausgestreute Gugelhupfform füllen, den dunklen Teig darauf verteilen und mit einer Gabel spiralförmig unter den hellen Teig ziehen.
- Im auf 180-200 °C vorgeheizten Backofen in 50-60 Minuten abbacken, herausnehmen, aus der Form stürzen, erkalten lassen, mit Puderzucker bestäuben, ausgarnieren und servieren.

Nuss-Marmorkuchen

• 200 g Butter • 200 g Puderzucker • 6 Eier • 1 Prise Salz • 1 EL geriebene Zitronenschale • 1 EL Vanillezucker • 200 g Mehl • 50 g beliebige gemahlene Nüsse • 100 g geriebene Vollmilchschokolade • Margarine und Grieß für die Form • Puderzucker zum Bestäuben

- Die Butter mit dem Puderzucker schaumig schlagen, die Eier nach und nach kräftig darunter schlagen und mindestens fünf Minuten rühren. Zum Schluss das Salz, die Zitronenschale und den Vanillezucker untermischen.
- Das Mehl mit den gemahlenen Nüssen vermischen und esslöffelweise unter den Schaum ziehen.
- Die Masse halbieren, unter eine Hälfte des Teiges die geriebene Vollmilchschokolade ziehen.
- Den hellen Teig in eine ausgefettete und mit Grieß ausgestreute Gugelhupfform füllen, den dunklen Teig darauf verteilen und mit einer Gabel spiralförmig unter den hellen Teig ziehen.
- Im auf 180-200 °C vorgeheizten Backofen in 50-60 Minuten abbacken, herausnehmen, aus der Form stürzen, erkalten lassen, mit Puderzucker bestäuben, ausgarnieren und servieren.

Vitaminsaftkuchen

• 250 g Butter oder Margarine • 250 g Puderzucker • 5 Eier • 400 g Mehl • 100 g Speisestärke • 1 Prise Salz • 1 EL Vanillezucker • je 1 EL geriebene Zitronen- und Orangenschale • 1 Päckchen Backpulver • 1/8 l Multivitaminsaft • Margarine und Mehl für die Form • 125 g Puderzucker • 2-3 EL Multivitaminsaft

- Die Butter oder Margarine schaumig schlagen, die Eier nach und nach dazugeben und kräftig darunter schlagen, das Ganze muss sehr schaumig sein.
- Das gesiebte Mehl mit der Speisestärke, dem Salz, dem Vanillezucker, der Zitronen- und Orangenschale und dem Backpulver vermischen.
- Das Mehl abwechselnd mit dem Multivitaminsaft rasch unter den Teig rühren, in eine gefettete und mit Mehl bestäubte Kastenform füllen und im auf 180-200 °C vorgeheizten Backofen in 50-60 Minuten abbacken.
- Herausnehmen, auf ein Kuchengitter stürzen und erkalten lassen.
- Den Puderzucker mit dem Multivitaminsaft glatt rühren, den Kuchen damit bestreichen, vollständig abtrocknen lassen, in Scheiben schneiden und servieren.

Rührkuchen mit Früchten

• 180 g Butter oder Margarine • 180 g Mehl • 1 Päckchen Backpulver • 150 g Zucker • 2 Eier • Margarine zum Ausfetten • 1 kg gemischte Früchte • 2-3 EL Zucker • 2 Päckchen klaren Tortenguss • 100 g Mandelblättchen • 1 Becher geschlagene, gesüßte Sahne • einige Zitronenmelisseblättchen

- Die Butter oder Margarine schaumig rühren, das Mehl, das Backpulver, den Zucker und die Eier dazugeben und mit dem elektrischen Handrührgerät fünf Minuten kräftig schlagen.
- Ein Backblech ausfetten, den Teig darauf verstreichen und im auf 180-200 °C vorgeheizten Backofen in 20-25 Minuten abbacken. Herausnehmen und erkalten lassen.
- Die Früchte entsprechend vorbereiten, klein schneiden, auf dem Kuchen anrichten und mit dem restlichen Zucker bestreuen.
- Den Tortenguss nach Anweisung zubereiten, gleichmäßig darüber verteilen, glatt streichen, mit den Mandelblättchen bestreuen, vollständig abtrocknen lassen, mit Sahne und Zitronenmelisseblättchen ausgarnieren, in Stücke schneiden und servieren.

Streuselkuchen mit Kirschen

• 90 g Butter • 90 g Mehl • 70 g Zucker • 1 Ei • 1 TL Backpulver • 2 Gläser Kaiserkirschen • 90 g Butter • 2 Eigelb • 125 g Zucker • 120 g Mehl • 30 g Speisestärke

- Die Butter, das Mehl, den Zucker, das Ei und das Backpulver in einer Schüssel mit dem Handrührgerät fünf Minuten kräftig verrühren, in eine ausgefettete Springform füllen, glatt streichen und im auf 180-200 °C vorgeheizten Backofen in 20-25 Minuten abbacken.
- Die Kirschen gut abtropfen lassen und gleichmäßig den Boden damit belegen.
- Für die Streusel die Butter, das Eigelb, den Zucker, das Mehl und die Speisestärke auf eine Arbeitsfläche geben, mit den Händen verkneten und abbröseln. Die Streusel gleichmäßig auf die Kirschen verteilen und anschließend im auf 180-200 °C vorgeheizten Backofen weitere 40 Minuten backen.

Streuselkuchen mit Stachelbeeren

• 90 g Butter • 90 g Mehl • 70 g Zucker • 1 Ei • 1 TL Backpulver • 2 Gläser Stachelbeeren • 90 g Butter • 2 Eigelb • 125 g Zucker • 120 g Mehl • 30 g Speisestärke

- Zubereitung wie Streuselkuchen mit Kirschen

Schokoladen-Walnusskuchen

• 100 g Butter • 150 g Zucker • 1 Prise Salz • 5 Eier • 100 g geriebene Blockschokolade • 2 Päckchen Schokoladenpuddingpulver • 1 geh. TL Backpulver • 100 g Mehl • 1 EL Rum • 80 g gemahlene Walnüsse • 1 Becher Schokoladenglasur • Walnusshälften zum Garnieren

- Die Butter mit dem Zucker und dem Salz schaumig rühren, nach und nach die Eier und die Schokolade sowie das mit dem Schokoladenpuddingpulver und dem Backpulver vermischte Mehl unterheben. Zum Schluss den Rum und die Walnüsse unterziehen.
- Eine Kastenform ausfetten und mit Grieß ausstreuen, den Teig einfüllen und im auf 180-200 °C vorgeheizten Backofen 50-60 Minuten backen.
- Den Schokoladen-Walnusskuchen herausnehmen, auf einem Kuchengitter erkalten lassen und mit der Schokoladenglasur überziehen.
- Den Schokoladen-Walnusskuchen mit Walnusshälften verzieren, ausgarnieren und servieren.

Feine Birnentorte

• 250 g Butter • 250 g Zucker • 200 g Mehl • 1 Päckchen Backpulver • 200 g gemahlene Mandeln • 4 Eier • je 1 EL Zimt und Kakao • 4-6 Birnen • 100 ml Rumtopfflüssigkeit • 1 Dose Birnen • 3 Blatt Gelatine • Zucker nach Geschmack • 3 Becher Sahne • 3 Päckchen Sahnesteif • gehackte Mandeln

- Aus der Butter, dem Zucker, dem mit Backpulver vermischten Mehl, den Mandeln, den Eiern, dem Zimt und dem Kakao einen Rührteig zubereiten.
- Die Birnen schälen, entkernen, in Schnitze schneiden, mit Rumtopfflüssigkeit übergießen und zugedeckt fünf Minuten ziehen lassen. Gut abtropfen lassen, unter den Rührteig mischen und im auf 180-200 °C vorgeheizten Backofen 60 Minuten backen.
- Den Kuchen herausnehmen, vollständig erkalten lassen, einmal waagerecht durchschneiden und einen Tortenring umlegen.
- Die Birnen aus der Dose gut abtropfen lassen, pürieren, mit der eingeweichten, gut ausgedrückten Gelatine verrühren und nach Geschmack mit Zucker süßen. Die Sahne mit dem Sahnesteif steif schlagen, den Boden damit fingerdick bestreichen, das Birnenmus darüber geben und den zweiten Boden darauf setzen.
- Einige Stunden in den Kühlschrank stellen, dann den Tortenring abnehmen, die Torte oben und an der Seite mit Sahne und gehackten Mandeln ausgarnieren und gut gekühlt servieren.

Nussnougattorte mit Birnen

• 1 fertig gebackenen Mürbteigboden • 2-3 EL Birnengelee • 1 fertig gebackenen Biskuit- oder Rührteigboden • 1 große Dose Birnen • 1,5 kg Magerquark • 2 Gläser Nussnougatcreme • 12 Blatt Gelatine • 1 Becher Sahne • 4 cl Birnenlikör • geschlagene Sahne und gehackte Haselnüsse oder Pistazien zum Garnieren

- Den Mürbteigboden auf eine Tortenplatte setzen, mit dem Birnengelee bestreichen, den Biskuit- oder Rührteigboden darauf setzen und die gut abgetropften Birnenhälften darauf verteilen.
- Den Magerquark mit in eine Schüssel geben und mit der Nussnougatcreme glatt rühren. Die Gelatine einweichen, gut ausdrücken, in wenig heißem Wasser auflösen und in die Quarkmasse einrühren. Die Sahne steif schlagen und locker unterheben, das Ganze mit dem Birnenlikör aromatisieren. Einen Tortenring um den Boden legen, die Quarkmasse einfüllen und glatt streichen.
- Die Torte im Kühlschrank mindestens drei Stunden fest werden lassen, anschließend herausnehmen und mit Sahnerosetten und gehackten Haselnüssen oder Pistazien verzieren.

Zitronen-Kastenkuchen

• 250 g Butter oder Margarine • 200 g Zucker • 4 Eier • 2 unbehandelte Zitronen • 200 g Mehl • 100 g Speisestärke • 1 TL Backpulver • 1 Prise Salz • 150 g Schokostreusel • Fett und Paniermehl für die Form • 50 g Puderzucker • 1 Rezept Schokoladenglasur I oder II • kandierte Zitronenscheiben

- Die Butter oder Margarine und den Zucker in eine Rührschüssel geben und mit den Schneebesen des Handrührgeräts schaumig rühren. Die Eier nach und nach unterrühren. Die Zitronen heiß abwaschen, trockentupfen, einige feine Streifen abschneiden und beiseite legen, den Rest abreiben.
- Das Mehl, die Speisestärke, das Backpulver, das Salz und die abgeriebene Zitronenschale mischen und unter die Fett-Zuckermasse rühren. Die Schokostreusel unterheben, den Teig in eine gefettete und mit Paniermehl ausgestreute Kastenform (25 cm Länge) füllen und glatt streichen. In dem auf 175-190 °C vorgeheizten Backofen 65-75 Minuten backen.
- Den Kuchen aus der Form stürzen und an der Oberfäche mehrmals einstechen. Die Zitronen auspressen, den Zitronensaft mit dem Puderzucker glatt rühren und den Guss auf dem Kuchen verteilen. Über Nacht einziehen lassen.
- Die Glasur nach Grundrezept Schokoladenglasur I oder II zubereiten, mit den Kuchen damit überziehen, mit kandierten Zitronenscheiben und den beiseite gelegten Zitronenstreifen verzieren.

Schokoladen-Zitronenkuchen

• 250 g Butter oder Margarine • 200 g Zucker • 4 Eier • 2 unbehandelte Zitronen • 200 g Mehl • 100 g Speisestärke • 1 TL Backpulver • 1 Prise Salz • 150 g Nussnougatcreme • Fett und Paniermehl für die Form • Puderzucker zum Bestäuben

- Zubereitung wie Zitronen-Kastenkuchen. Anstelle der Schokostreusel die Nussnougatcreme in den Teig rühren.

Schokoladen-Rumkuchen

• 300 g Margarine • 275 g Zucker • 1 Päckchen Vanillezucker • 1 Prise Salz • einige Tropfen Rumaroma • 5 Eier • 375 g Mehl • 1 Päckchen Backpulver • 50 g Kakaopulver • 100 g flüssige Schokolade • Margarine und Semmelbrösel für die Form • 1 Grundrezept Wasserglasur

- Die Margarine schaumig schlagen, den Zucker, den Vanillezucker, das Salz und das Rumaroma dazugeben und so lange schlagen, bis sich der Zucker vollständig aufgelöst hat.
- Die Eier nach und nach darunter schlagen, das Mehl sieben, mit dem Backpulver und dem Kakaopulver vermischen und esslöffelweise unter den Teig rühren.
- Die Schokolade tropfenweise unterziehen, die Masse in eine ausgefettete und mit Semmelbröseln bestreute Gugelhupfform füllen, im auf 180-200 °C vorgeheizten Backofen in 50-60 Minuten abbacken, herausnehmen, aus der Form stürzen und leicht erkalten lassen.
- Die Glasur nach Grundrezept Wasserglasur mit Zitronensaft anrühren, den Kuchen damit überziehen, vollständig trocknen lassen, ausgarnieren und servieren.

Weisser Schokoladenkuchen

• 300 g Margarine • 275 g Zucker • 1 Päckchen Vanillezucker • 1 Prise Salz • einige Tropfen Rumaroma • 5 Eier • 400 g Mehl • 1 Päckchen Backpulver • 100 g flüssige, weiße Schokolade • Margarine und Semmelbrösel für die Form • 1 Grundrezept Schokoladenglasur I oder II

- Zubereitung wie Schokoladen-Rumkuchen

Gewürzkuchen mit Zimtglasur

• 300 g Margarine • 275 g Zucker • 1 Päckchen Vanillezucker • 1 Prise Salz • einige Tropfen Rumaroma • 5 Eier • 400 g Mehl • 1 Päckchen Backpulver • 1 EL geriebene Zitronen- oder Orangenschale • 1 TL Zimtpulver • 1/2 TL Nelkenpulver • 1 Prise Muskat • 1 Prise Ingwerpulver • 100 g flüssige Schokolade • Margarine und Semmelbrösel für die Form • 1 Grundrezept Wasserglasur mit Rum

- Zubereitung wie Schokoladen-Rumkuchen

Mandellikörkuchen

• 250 g Butter oder Margarine • 200 g Zucker • 4 Eier • 2 Zitronen • 200 g Mehl • 100 g Speisestärke • 1 TL Backpulver • 1 Prise Salz • 100 g gehackte Mandeln • Fett und Paniermehl für die Form • 4-5 EL Mandellikör • 1 Grundrezept Wasserglasur

- Die Butter oder Margarine und den Zucker in eine Rührschüssel geben und mit den Schneebesen des Handrührgeräts schaumig rühren. Die Eier nach und nach unterrühren. Die Zitronen heiß abwaschen und die Schale fein abreiben.
- Das Mehl, die Speisestärke, das Backpulver und das Salz mischen und unter die Schaummasse rühren. Die Mandeln unterheben, den Teig in eine gefettete und mit Paniermehl ausgestreute Kastenform (25 cm Länge) füllen und glatt streichen. Im auf 175-190 °C vorgeheizten Backofen 65-75 Minuten backen.
- Den Kuchen aus der Form stürzen und an der Oberfäche mehrmals einstechen. Den Mandellikör in die Löcher träufeln.
- Die Glasur nach Grundrezept Wasserglasur mit Mandellikör anrühren und den Kuchen damit überziehen.

Donauwellen

• 200 g Butter • 200 g Zucker • 1 Päckchen Vanillezucker • 5 Eier • 300 g Mehl • 1/2 Päckchen Backpulver • Margarine fürs Blech • 1 EL Kakao • 1 EL Milch • 1 Glas Sauerkirschen • 250 g Butter • 1/2 l Vanillepudding • 4 EL Puderzucker • 2 EL Zucker • 3 EL Kakao • 2 Eier • 6-8 Riegel Kokosfett • 1 Schuss Rum

- Die Butter mit dem Zucker und dem Vanillezucker schaumig schlagen, die Eier einzeln unterschlagen, das Mehl mit dem Backpulver mischen, über den Teig sieben und einrühren.
- Die Hälfte des Teiges auf ein ausgefettetes Backblech streichen, den Rest mit dem Kakao und der Milch vermengen und auf dem hellen Teig verteilen. Die Sauerkirschen gut abtropfen lassen und auf den Teig geben. Im auf 180-200 °C vorgeheizten Backofen 30-35 Minuten backen, herausnehmen und vollständig erkalten lassen.
- Die Butter schaumig Rühren und den kalten Vanillepudding unterrühren. Auf den Boden geben und glatt streichen. Für den Schokoladenguss den Puderzucker, den Zucker, den Kakao und die Eier im Mixer gut mixen, das aufgelöste Kokosfett und den Rum dazugeben.
- Den fertigen Guss auf der Buttercreme verteilen, im Kühlschrank vollständig fest werden lassen und servieren.

PISTAZIEN-GUGELHUPF

• 250 g Butter • 250 g Zucker • 6 Eigelb • einige Tropfen Vanillearoma • abgeriebene Schale von 1/2 Zitrone • 2 EL Weinbrand • 1 Prise Salz • 500 g Mehl • 1 Päckchen Backpulver • 1/8 l Sahne • 6 Eiweiß • 125 g gehackte Pistazien • Margarine und Semmelbrösel für die Form • Puderzucker zum Bestäuben

- Die Butter schaumig rühren, den Zucker esslöffelweise darunter rühren, bis eine gebundene Masse entstanden ist. Das Eigelb nach und nach unterrühren. So lange rühren, bis sich der Zucker vollständig aufgelöst hat.
- Das Vanillearoma, die Zitronenschale, den Weinbrand und das Salz darunter rühren. Das Mehl mit dem Backpulver vermischen und sieben, abwechselnd mit der Sahne einrühren. Das Eiweiß steif schlagen und unter den Teig ziehen. Zum Schluss die Pistazien dazugeben.
- Eine Napfkuchenform mit Margarine ausfetten und mit Semmelbröseln ausstreuen. Den Teig einfüllen und im auf 175-190 °C vorgeheizten Backofen 50-65 Minuten backen. Herausnehmen, zehn Minuten stehen lassen, dann aus der Form stürzen und vollständig auskühlen lassen. Mit Puderzucker bestäuben und servieren.

GESUNDHEITSKUCHEN

• 250 g Butter • 200 g Honig • 4 Eier • 1 Prise Salz • 400 g Vollkornmehl • 2 TL Backpulver • 3-4 EL Rum • 40 g fein gehacktes Zitronat • 200 g Rosinen • 1-2 EL Mehl • 2 Tropfen Bittermandelaroma • Butter und Semmelbrösel für die Form • Puderzucker zum Bestäuben

- Die Butter mit dem Honig schaumig rühren und nach und nach die Eier, das Salz und das mit Backpulver vermischte, gesiebte Mehl dazugeben.
- Den Rum, das Zitronat, das Bittermandelaroma und die gewaschenen, gut abgetrockneten und mit Mehl bestäubten Rosinen unterziehen.
- Den Teig in eine ausgefettete, mit Semmelbröseln ausgestreute Gugelhupfform füllen und in dem auf 160 °C vorgeheizten Backofen 65-75 Minuten backen.
- Den Gesundheitskuchen herausnehmen, aus der Form stürzen, erkalten lassen und vor dem Servieren mit Puderzucker bestäuben.

Mokkaherz mit Birnen und Trauben

• 100 g Butter • 150 g Zucker • 4 mittelgroße Eier • 1 EL Instant-Kaffeepulver • 2 EL Wasser • 200 g gemahlene Mandeln • 50 g geriebenen Zwieback • 2 gestrichene TL Backpulver • Margarine für die Form • 1 Päckchen Vanillepuddingpulver • 1 EL Zucker • 1/4 l Milch • 2 EL Rum • 1 große Dose Birnenhälften • 150-200 g blaue Trauben • 1 Päckchen Tortenguss • 1 TL Zucker • 1/4 l Wasser • 2 EL Mandelblättchen

- Die Butter schaumig rühren, den Zucker unterrühren, die Eier nach und nach einrühren und so lange weiter rühren, bis der Zucker gelöst ist. Den Kaffee im Wasser auflösen und zufügen. Die Mandeln, den Zwieback und das Backpulver mischen und unterrühren.
- Ein Backblech mit Backpapier belegen, den gefetteten Herzring darauf setzen, den Teig einfüllen und glatt streichen. Im auf 175 °C vorgeheizten Backofen 30 Minuten backen, aus der Form lösen und erkalten lassen.
- Das Vanillepuddingpulver mit dem Zucker und der Milch glatt rühren, einmal aufkochen und erkalten lassen.
- Die Birnen abtropfen lassen, die Trauben waschen und entkernen. Die Form wieder um das Herz legen, das Herz mit dem Rum tränken, mit dem Pudding bestreichen und mit den Früchten belegen. Tortenguss, Zucker und Wasser verrühren und einmal aufkochen. Den Guss etwas abkühlen lassen und über die Früchte verteilen. Mandelblättchen in einer beschichteten Pfanne bräunen. Den Herzbackring lösen und das Herz am Rand mit Mandeln bestreuen.

Gefülltes Mokkaherz

• 100 g Butter • 150 g Zucker • 4 mittelgroße Eier • 1 EL Instant-Kaffeepulver • 2 EL Wasser • 200 g gemahlene Mandeln • 50 g geriebenen Zwieback • 2 gestrichene TL Backpulver • Margarine für die Form • 1 Grundrezept Mokka-Buttercreme • geschlagene, gesüßte Sahne • 100-125 g Mokkabohnen zum Verzieren

- Zubereitung wie Mokkaherz mit Birnen und Trauben. Das gebackene Mokkaherz auf einem Kuchengitter erkalten lassen. Die Mokka-Buttercreme nach Grundrezept zubereiten, das Mokkaherz einmal waagerecht durchschneiden und einen Teil der Creme einfüllen. Das Herz zusammensetzen und mit der restlichen Creme bestreichen. Nach Geschmack mit Sahne- oder Cremetupfern und Mokkabohnen verzieren und bis zum Verzehr in den Kühlschrank stellen.

Gebackenes Früchteherz

• 125 g Butterschmalz • 100 g Zucker • 2 Päckchen Vanillezucker • 1 Prise Salz • 5 Tropfen Bittermandelaroma • 3 Eier • 100 g Mehl • 1 Päckchen Vanillepuddingpulver • 2 TL Backpulver • 4 EL Milch • Fett und Mehl für die Form • 250 g Rhabarber • 250 g Erdbeeren • 8 Blatt weiße Gelatine • 100 g Zucker • 2 Becher Schlagsahne • Erdbeeren und Zitronenmelissezweige zum Garnieren

- Das weiche Butterschmalz mit dem Zucker, dem Vanillezucker, dem Salz und dem Bittermandelaroma schaumig rühren, die Eier nach und nach dazugeben und rühren, bis sich der Zucker vollständig aufgelöst hat.
- Das Mehl mit dem Puddingpulver und dem Backpulver vermischen und abwechselnd mit der Milch in den Teig rühren. Den Teig in eine ausgefettete und mit Mehl bestäubte Herzform Füllen und im auf 175 °C vorgeheizten Backofen 50-55 Minuten backen. Herausnehmen, 10 Minuten in der Form ruhen lassen, dann auf ein Kuchengitter geben und vollständig erkalten lassen.
- Den Rhabarber putzen, in Stücke schneiden und in 100 ml Wasser 5-8 Minuten dünsten. Vom Feuer nehmen, den Zucker einrühren, die eingeweichte, gut ausgedrückte Gelatine darin auflösen und das Ganze abkühlen lassen.
- Die Erdbeeren waschen und unter die Rhabarbermasse rühren. Die Sahne steif schlagen und etwas davon in einen Spritzbeutel füllen. Den Rest unter die Creme heben, sobald sie zu gelieren beginnt.
- Das Herz einmal waagrecht durchschneiden und ein Drittel der Creme auf den unteren Boden streichen. Den Deckel darauf setzen und das Herz mit der restlichen Creme bestreichen. Eine Stunde kalt stellen, mit der Sahne aus dem Spritzbeutel verzieren, mit den restlichen Erdbeeren und den Zitronenmelissezweigen ausgarnieren und servieren.

Rhabarbertörtchen

• 250 g Rhabarber • 275 g Mehl • 100 g Zucker • 1 Prise Salz • 2 TL Backpulver • 100 g Butter • 150 ml Milch • 1 Ei • Papier-Backförmchen • Puderzucker zum Bestäuben

- Den Rhabarber putzen, klein schneiden und in etwas Mehl wälzen. Den Zucker, das Salz, das restliche Mehl und das Backpulver mischen. Die flüssige Butter, die Milch und das Ei zufügen und zu einem glatten Teig verrühren. Die Rhabarberstückchen unterheben. Jeweils 1-2 EL Teig in die Förmchen füllen und im auf 175 °C vorgeheizten Backofen 25-30 Minuten backen. Mit Puderzucker bestäuben und ofenfrisch servieren.

Karottenkuchen

• 4 Eier • 2 Tassen Zucker • 1 Tasse Öl • 2 Tassen ganz fein geriebene Karotten • 1/2 Tasse gemahlene Mandeln • 3-4 Tassen Mehl • 1 Päckchen Backpulver • 1 gestrichenen TL Zimt • Margarine und Semmelbrösel für die Form • 1 Tasse Puderzucker • 1/2 TL Zimt • einige Tropfen Öl • einige Tropfen Wasser

- Die Eier mit dem Zucker, dem Öl, den Karotten, den Mandeln und dem mit Backpulver und Zimt vermischten Mehl verrühren. Den Teig in eine gefettete und mit Semmelbrösel ausgestreute Gugelhupfform füllen und im auf 180-200 °C vorgeheizten Backofen eine Stunde backen. Herausnehmen und erkalten lassen.
- Den Puderzucker mit dem Zimt vermischen, mit etwas Öl und etwas Wasser glatt rühren und den Kuchen damit überziehen. Vollständig erkalten lassen und servieren.

Schneller Rührkuchen

• 1 Grundrezept Rührkuchen • 1 Grundrezept Buttercreme II • Belegkirschen zum Verzieren

- Den Rührteig nach Grundrezept herstellen und in einer Gugelhupf- oder Springform backen.
- Die Buttercreme nach Grundrezept Buttercreme II herstellen. Den fertigen Kuchen beliebig oft durchschneiden, die Creme einfüllen und nach Geschmack den Kuchen auch mit der Creme überziehen. Mit Belegkirschen verzieren, ausgarnieren und servieren.

Knusperkuchen

• 250 g Butter • 5 ganze Eier • 250 g Zucker • 1 Päckchen Vanillezucker • 250 g Mehl • 1/2 Päckchen Backpulver • 250 g ungemahlenen Mohn • Backtrennpapier • 1/2 Glas Kiwi-Stachelbeer-Marmelade • Puderzucker oder Halbbitterkuvertüre

- Die Butter mit den Eiern schaumig rühren, den Zucker und den Vanillezucker einrieseln lassen, das mit Backpulver vermischte Mehl und den Mohn dazugeben und unterrühren.
- Eine Springform (Durchmesser 26 cm) mit Backtrennpapier auslegen, den Teig einfüllen und im auf 180-200 °C vorgeheizten Backofen 45-50 Minuten backen. Herausnehmen, vollständig erkalten lassen, einmal waagerecht durchschneiden und die Marmelade auf den unteren Boden streichen. Den oberen Boden wieder darauf legen und den Knusperkuchen mit Puderzucker bestäuben oder mit Kuvertüre überziehen.

Variation:

- Dazu benötigt man 200 g Marzipanrohmasse, die mit soviel Puderzucker verknetet wird, dass eine glatte Masse entsteht. Diese wird – ebenfalls auf Puderzucker – in Springformgröße ausgerollt und als Deckel auf den mit Marmelade bestrichenen Kuchen gelegt. Vom Rest Streifen ausrollen und um den Rand legen. Mit Schokoladenglasur bestreichen, vollständig abtrocknen lassen und servieren.

Kirsch-Mohnkuchen

• 250 g Butter • 5 ganze Eier • 250 g Zucker • 1 Päckchen Vanillezucker • 250 g Mehl • 1/2 Päckchen Backpulver • 250 g ungemahlenen Mohn • 1 Glas gut abgetropfte Sauerkirschen • Speisestärke zum Binden • Zucker nach Geschmack • Backtrennpapier • Puderzucker zum Bestäuben

- Den Kuchen wie im Rezept Knusperkuchen beschrieben backen und erkalten lassen. Die Kirschen mit etwas Saft aufkochen, mit Zucker nach Geschmack süßen und mit angerührter Speisestärke binden. Erkalten lassen und den Mohnkuchen damit füllen. Mit Puderzucker bestäubt servieren.

Nektarinenkuchen mit Walnüssen

• 85 g Butter oder Margarine • 85 g Zucker • 1 EL geriebene Zitronenschale • 1 Päckchen Vanillezucker • 2 Eier • 1/2 Tasse Milch • 200 g Mehl • 1 TL Backpulver • Margarine und Mehl fürs Blech • 25 g zerlassene Butter • 1 kg Nektarinen • 2 EL Hagelzucker • 80 g gehackte Walnüsse • 2 Eigelb • 4 EL Crème fraîche • Zitronenmelisseblättchen zum Garnieren

- Die Butter mit dem Zucker, der Zitronenschale und dem Vanillezucker in einer Schüssel schaumig schlagen und die Eier nach und nach zugeben. Die Milch und das mit Backpulver vermischte, gesiebte Mehl abwechselnd rasch unterrühren.
- Den Teig auf einem ausgefetteten, mit Mehl bestäubten Backblech gleichmäßig verteilen und mit der zerlassenen Butter bestreichen.
- Die Nektarinen halbieren, entkernen, in Fächer oder Scheiben schneiden und gleichmäßig auf den Teig legen. Den Hagelzucker mit den Walnüssen vermischen, über die Früchte streuen.
- Das Eigelb mit der Crème fraîche glatt rühren und den Kuchen damit bestreichen. In dem auf 180-200 °C vorgeheizten Backofen 40-45 Minuten backen, herausnehmen, vollständig erkalten lassen und mit ganz fein gehackten Zitronenmelisseblättchen bestreuen.

Marmor-Nusskuchen

• 200 g Butter oder Margarine • 200 g Zucker • 5 Eier • 1 Tasse Sahne • 1 EL Vanillezucker • 1-2 EL geriebene Zitronenschale • 1 Prise Salz • 400 g Mehl • 100 g Speisestärke • 1 Päckchen Backpulver • Margarine und Semmelbrösel für die Form • 100 g Vollmilchschokolade • 2-3 EL Kakaopulver • 50 g gehackte Haselnüsse • einige Tropfen Rumaroma • Puderzucker zum Bestäuben

- Die Butter oder Margarine in einer Schüssel schaumig schlagen und nach und nach den Zucker, die Eier, die Sahne, den Vanillezucker, die Zitronenschale und das Salz zugeben. Das Mehl mit der Speisestärke und dem Backpulver auf den Teig sieben und unterziehen.
- Zwei Drittel des Rührteiges in eine ausgefettete und mit Semmelbröseln bestreute Form füllen.
- Die Schokolade im Wasserbad schmelzen lassen, den Kakao, die Haselnüsse und das Rumaroma einrühren und mit dem verbliebenen Rührteig vermischen. Wenn er zu fest ist, etwas Milch einrühren. Den Schokoladen-Nussteig auf dem hellen Teig verteilen und im auf 180-200 °C vorgeheizten Backofen 30-40 Minuten backen. Herausnehmen, erkalten lassen, mit Puderzucker bestäuben und servieren.

Einfacher Sahnekuchen

• 1/4 l süße Sahne • 1 Päckchen Puderzucker • 3 Eier
• 150 g feines Weizenmehl • 150-180 g Weizenvollkornmehl
• 1 Päckchen Backpulver
• Margarine und Semmelbrösel für die Form
• 1 Grundrezept Wasserglasur

- Die Sahne mit dem Puderzucker, den Eiern, dem Mehl und dem Backpulver verrühren.
- Eine Kastenkuchenform mit Margarine ausfetten und mit Semmelbröseln ausstreuen, den Teig einfüllen und glatt streichen.
- Im auf 180-200 °C vorgeheizten Backofen bei 180 °C eine Stunde backen. Herausnehmen und vollständig erkalten lassen. Die Glasur nach Grundrezept Wasserglasur mit Zitronensaft anrühren und den Kuchen damit überziehen.

Einfacher Schokoladenkuchen

• 1/4 l Milch • 1 Päckchen Puderzucker • 3 Eier
• 150 g feines Weizenmehl • 150-180 g Weizenvollkornmehl
• 1 Päckchen Backpulver • 1-2 EL Kakaopulver
• Margarine und Semmelbrösel für die Form
• Puderzucker zum Bestäuben

- Zubereitung wie einfacher Sahnekuchen

Nusskuchen

• 300 g Butter • 300 g Zucker • 8 Eier • 1 Prise Salz • abgeriebene Schale von 1 Zitrone • 1 EL Vanillezucker • einige Tropfen Nusslikör
• 1 Prise Zimt • 350 g Weizenmehl • 1 geh. TL Backpulver
• 100 g gemahlene Haselnüsse • 100 g gehackte Haselnüsse
• Butter zum Ausfetten • 1 Rezept Eiweißglasur
• Haselnusskrokant zum Bestreuen

- Die Butter in einer Schüssel schaumig schlagen, den Zucker und die Eier nach und nach darunter schlagen, bis eine Schaummasse entstanden ist. Das Salz, die Zitronenschale, den Vanillezucker, den Nusslikör und den Zimt unterrühren.
- Das gesiebte Mehl, die Schmelzflocken, die Speisestärke und das Backpulver miteinander vermischen und unter den Teig ziehen.
- Die Haselnüsse unter den Teig heben, den Teig in eine ausgefettete und mit Mehl bestäubte Napfkuchenform füllen und in dem auf 180-200 °C vorgeheizten Backofen 50-60 Minuten backen. Herausnehmen, stürzen, mit der Eiweißglasur überziehen, mit dem Krokant bestreuen, vollständig abtrocknen lassen und servieren.

Käsekuchengenuss pur

• 125 g Butter • 250 g Zucker • Saft und Schale 1/2 Zitrone • 4 Eier • 50 g Grieß • 1 Päckchen Vanille-Saucenpulver • 500 g Quark • 1 Hand voll Rosinen • Margarine und Semmelbrösel für die Form

- Die Butter mit dem Zucker schaumig schlagen, Zitronensaft und -schale dazugeben und die Eier einzeln darunter schlagen. Den Grieß mit dem Saucenpulver vermischen und in die Eischaummasse einrühren.
- Zum Schluss den Quark und die Rosinen dazugeben und alles zu einer glatten Masse verrühren.
- Den Teig in eine gefettete und mit Semmelbröseln ausgestreute Springform füllen und im auf 200 °C vorgeheizten Backofen 45-50 Minuten und dann bei 150 °C noch weitere 15-20 Minuten backen.
- Unbedingt in der Form auskühlen lassen!

Käsekuchen mit Rosinen

• 400 g Mehl • 1/2 Päckchen Backpulver • 175 g Zucker • 175 g Butter • 2 Eigelb • 750 g Sahnequark • 150 g Zucker • 3 Eigelb • 1/4 l kalte Milch • 1 Päckchen Käsekuchenhilfe • 3 Tropfen Zitronenaroma • 4 Eiweiß • 125 g Rosinen • 1 Eigelb • Zucker zum Bestreuen • 50 g Mandeln

- Das Mehl mit dem Backpulver vermischen und auf eine Arbeitsfläche sieben. Den Zucker, die Butter in Flöckchen und das Eigelb dazugeben. Das Ganze schnell zu einem glatten Teig verarbeiten und eine Stunde kühl stellen.
- Den Teig in eine ausgefettete Springform legen, einen Rand hochziehen, den Boden mehrmals mit einer Gabel einstechen und im auf 200 °C vorgeheizten Backofen 15-20 Minuten backen.
- Den Quark mit dem Zucker und drei Eigelben glatt rühren, die Milch, die Käsekuchenhilfe und das Zitronenaroma dazugeben. Das Eiweiß zu steifem Schnee schlagen und mit den Rosinen vorsichtig unter die Quarkmasse ziehen. Das Ganze auf dem vorgebackenen Teig verteilen.
- Den restlichen Teig ausrollen und auf die Quarkmasse legen, mit dem Eigelb bestreichen und mit Zucker und den Mandeln bestreuen. Im auf 150 °C vorgeheizten Backofen 60-70 Minuten backen, herausnehmen und in der Form erkalten lassen.

Weintraubentorte

• 125 g Butter • 125 g Zucker • 1 EL Vanillezucker • 1 TL geriebene Zitronenschale • 4 Eigelb • 175 g Mehl • 2-3 EL Milch • 4 Eiweiß • 200 g Puderzucker • 1/4 l lieblichen Weißwein • 14 Blatt weiße Gelatine • 250 g Sahnequark • 75 g Zucker • 2 EL Vanillezucker • 500 g weiße und blaue Weintrauben • 1 Becher Sahne • Puderzucker zum Bestäuben • geschlagene, gesüßte Sahne

- Die Butter mit dem Zucker, dem Vanillezucker, der Zitronenschale und den Eigelben verschlagen. Das Mehl sieben und mit der Milch unter die Creme rühren. Das Eiweiß steif schlagen und den Puderzucker unter ständigem Schlagen einrieseln lassen.
- Zwei Springformen (26 cm Durchmesser) oder Blumenformen mit Butter ausfetten und mit Semmelbröseln bestreuen. Jeweils die Hälfte des Teiges einfüllen, die Hälfte des Eiweißschaumes darauf streichen.
- Im auf 180-200 °C vorgeheizten Backofen 25-30 Minuten backen, herausnehmen und erkalten lassen.
- Den Weißwein erhitzen und die gewässerte Gelatine darin auflösen, erkalten lassen und kurz vor dem Festwerden mit dem Sahnequark verrühren. Mit Zucker und Vanillezucker süßen.
- Die Weintrauben verlesen, waschen, gut abtropfen lassen, halbieren und entkernen. Mit der geschlagenen Sahne unter die Quarkcreme heben.
- Den Boden mit der Weintrauben-Quark-Creme bestreichen und mit dem zweiten Boden abdecken. Mit Puderzucker bestäuben, mit geschlagener Sahne ausgarnieren und mit Weintrauben verziert servieren.

Schoko-Mandel-Torte

• 8 Eigelb • 250 g Zucker • 1 Prise Salz • 250 g gemahlene Mandeln • 8 Eiweiß • 100 g geriebene Schokolade • 1/2 l Sahne • 1 EL Puderzucker • 150 g Kuvertüre

- Das Eigelb mit dem Zucker sowie dem Salz schaumig schlagen und die Haselnüsse unterziehen.
- Das Eiweiß zu steifem Schnee schlagen, die Hälfte davon unter die Nussmasse ziehen und dann die Schokolade und den restlichen Eischnee unterheben.
- Jeweils ein Drittel der Masse auf einen gefetteten Springformboden streichen und im auf 180 °C vorgeheizten Backofen 15 Minuten backen, herausnehmen und auf einem Kuchengitter erkalten lassen.
- Für die Füllung die Sahne mit dem Puderzucker steif schlagen, zwei Tortenböden damit bestreichen, aufeinander setzen, mit dem dritten Boden abdecken. Die Kuvertüre im Wasserbad erhitzen, die Torte rundherum damit bestreichen, im Kühlschrank fest werden lassen.

Dickmilchtorte

• 100 g Butter • 100 g Zucker • 1 EL Vanillezucker • 1 Ei • 75 g Weizenmehl • 25 g Speisestärke • 1/2 TL Backpulver • 6 Blatt weiße Gelatine • 600 g Sahnedickmilch • 300 g Crème fraîche • 75 g Puderzucker • 2 TL Zitronensaft • 1 Päckchen roten Tortenguss • 1/4 l Wasser • 1/2 Becher steif geschlagene, gesüßte Sahne und Zitronenmelisseblättchen zum Garnieren

- Die Butter schaumig rühren, nach und nach Zucker, den Vanillezucker und das Ei hineingeben. Mehl mit Speisestärke und Backpulver sieben und schnell unterrühren. Den Teig in einer eingefetteten Springform (24 cm Durchmesser) glatt streichen. Im vorgeheizten Backofen bei 180-200 °C 20 Minuten backen.
- Den Tortenboden auf ein Kuchengitter gleiten und ganz auskühlen lassen. Danach auf eine Tortenplatte geben und einen Tortenring herumlegen. Die Gelatine in kaltem Wasser einweichen. Die Sahnedickmilch mit der Crème fraîche, dem Puderzucker und dem Zitronensaft verrühren, die Gelatine im heißen Wasserbad auflösen und leicht abgekühlt in die Creme rühren. Die Masse auf dem Tortenboden verteilen und kühl stellen, bis sie fest ist.
- Den Tortenguss nach Anweisung zubereiten und vorsichtig auf der Quarkmasse verteilen. Fest werden lassen und anschließend mit Sahnetuffs und Zitronenmelisse ausgarnieren. Gut gekühlt servieren.

Himbeer-Dickmilch-Torte

• 100 g Butter • 100 g Zucker • 1 EL Vanillezucker • 1 Ei • 75 g Weizenmehl • 25 g Speisestärke • 1/2 TL Backpulver • 6 Blatt weiße Gelatine • 600 g Sahnedickmilch • 300 g Crème fraîche • 75 g Puderzucker • 2 TL Zitronensaft • 500 g frische Himbeeren • 1 Päckchen roten Tortenguss • 1/4 l Wasser • 1/2 Becher steif geschlagene, gesüßte Sahne und Zitronenmelisseblättchen zum Garnieren

- Zubereitung wie Dickmilchtorte. Die Himbeeren verlesen, waschen, gut abtropfen lassen und nach Bedarf mit einer Gabel zerdrücken. Unter die Dickmilchcreme ziehen und wie oben beschrieben weiter verarbeiten. Die Himbeertorte mit frischen Himbeeren und Zitronenmelisseblättchen ausgarnieren und eiskalt servieren.

Schneewittchentorte

• 2 Eier • 125 g Zucker • 125 g Butter • 1 Päckchen Vanillezucker • 175 g Mehl • 1 TL Backpulver • Margarine und Semmelbrösel für die Form • 2 EL Nussnougatcreme • 1 Glas Sauerkirschen • 500 g Magerquark • 125 g Zucker • 2 Becher Sahne • 6 Blatt weiße Gelatine • 1/4 l Kirschsaft • 1 Päckchen roten Tortenguss • geschlagene, gesüßte Sahne und Zitronenmelisseblättchen zum Garnieren

- Die Eier mit dem Zucker und der Butter schaumig schlagen, den Vanillezucker und das mit Backpulver vermischte Mehl einrühren und die Hälfte des Teiges in eine ausgefettete, mit Semmelbröseln ausgestreute Springform füllen. Die Nussnougatcreme in die andere Hälfte einrühren und den dunklen Teig auf dem hellen verstreichen.
- Im auf 180 °C vorgeheizten Backofen 20-25 Minuten backen, herausnehmen und erkalten lassen. Den Boden auf eine Tortenplatte setzen und einen Tortenring darum legen. Die Kirschen auf dem Boden verteilen.
- Den Quark mit dem Zucker verrühren, die steif geschlagene Sahne unterziehen und die eingeweichte, im Wasserbad aufgelöste Gelatine tropfenweise einrühren. Die Quarkmasse auf die Kirschen geben, glatt streichen und im Kühlschrank erstarren lassen.
- Den Tortenguss mit dem Kirschsaft nach Anweisung zubereiten und über die fest gewordene Quarkmasse gießen. Vorsichtig verteilen, nach Belieben mit Sahnetupfern und Zitronenmelisseblättchen ausgarnieren und bis zum Verzehr kalt stellen.

Zwergentorte

• 2 Eier • 125 g Zucker • 125 g Butter • 1 Päckchen Vanillezucker • 175 g Mehl • 1 TL Backpulver • Margarine und Semmelbrösel für die Form • 2 EL Kakaopulver • 500 g frische, rote Johannisbeeren • 500 g Sahnequark • 125 g Zucker • 2 Becher Sahne • 6 Blatt weiße Gelatine • 1/4 l Johannisbeer- oder Kirschsaft • 1 Päckchen roten Tortenguss • Zucker nach Geschmack • geschlagene, gesüßte Sahne und Zitronenmelisseblättchen zum Garnieren

- Zubereitung wie Schneewittchentorte. Die Johannisbeeren waschen, von den Stielen zupfen und unter den Teig mischen. Wie oben beschrieben fortfahren. Den roten Tortenguss mit Johannisbeer- oder Kirschsaft zubereiten und die Zwergentorte damit überziehen.

Paradiescremetorte

• 3 Eier • 80 g Zucker • 1 1/2 EL Kakao • 1/4 TL Zimt
• 1 TL Backpulver • 80 g Mehl • 1 Becher Sahne
• 1/2 Packung Paradiescreme Vanille • 1 Packung Löffelbiskuits
• 2 Tassen Orangensaft • 2 cl Orangenlikör • 3 Becher Sahne
• 100 g Schokoraspeln
• Orangenfilets und Zitronenmelisseblättchen zum Garnieren

- Die Eier mit dem Zucker schaumig schlagen, den Kakao, den Zimt und das mit Backpulver vermischte Mehl unterheben, in eine mit Backtrennpapier ausgelegte Springform füllen und in dem auf 180-200 °C vorgeheizten Backofen 12 Minuten backen. Herausnehmen, vorsichtig das Backtrennpapier abziehen und den Boden auf einem Kuchengitter vollständig erkalten lassen. Danach auf eine Tortenplatte setzen und einen Tortenring darum legen.
- Die Sahne steif schlagen, das Paradiescremepulver einrühren und auf den Boden streichen. Die Löffelbiskuits mit dem Orangensaft und dem Orangenlikör tränken und auf der Paradiescreme verteilen. Die restliche Sahne steif schlagen, 1/4 davon in einen Spritzbeutel Füllen und beiseite stellen. Die Schokoladenraspel einrühren und die Masse auf die Löffelbiskuits streichen. Mit der Sahne aus dem Spritzbeutel Tuffs aufspritzen, mit Orangenfilets und Zitronenmelisseblättchen ausgarnieren und bis zum Verzehr kalt stellen.

Saftige Zwetschgentorte

• 200 g Mehl • 2 EL Zucker • 1 Prise Salz • 100 g Butter
• 1 Ei • 2 EL Buttermilch • Mehl zum Ausrollen • Margarine und Semmelbrösel für die Form • 750 g Zwetschgen
• 500 g Magerquark • 2 Eier • Saft von 1 Zitrone • 3 EL Mehl
• 80-100 g Zucker • 1 TL Zimtpulver • 1 Prise Salz

- Das Mehl auf eine Arbeitsfläche sieben, den Zucker und das Salz darüber streuen, die Butter in Flöckchen darauf setzen, das Ei und die Buttermilch dazugeben und alles schnell von außen nach innen zu einem glatten Teig verkneten.
- Den Teig in ein feuchtes Küchentuch wickeln und eine Stunde im Kühlschrank ruhen lassen. Auf einer bemehlten Arbeitsfläche ausrollen, eine Springform ausfetten und mit Semmelbröseln ausstreuen, den Teig einlegen, einen 3 cm hohen Rand hochziehen und mit einer Gabel mehrmals einstechen.
- Die Zwetschgen halbieren und entkernen. Den Quark mit den Eiern und dem Zitronensaft schaumig schlagen. Mehl, Zucker, Zimt und Salz unterrühren. Den Teigboden mit der Quarkmasse bedecken, die Zwetschgen einlegen und die Quarkmasse darüber füllen.
- Im auf 180-200 °C vorgeheizten Backofen 40-45 Minuten backen.

Glockentorte

• 250 g Butter • 300 g Zucker • 1 Päckchen Vanillezucker • 5 Eier • 1 Päckchen Vanillepuddingpulver • 1/2 Päckchen Backpulver • 225 g Mehl • Eierlikör zum Tränken • 125 g Butter • 1 Päckchen Vanillezucker • 1 EL Rum • 1 Ei, Wasser (zusammen 1/8 l) • 1/2 Päckchen sanapart • 200 g Marzipanrohmasse • 100 g Puderzucker • Speisefarben • Schokoladenbuchstaben und -ornamente

- Die Butter mit dem Zucker und dem Vanillezucker schaumig schlagen und langsam die Eier einrühren.
- Das Puddingpulver mit dem Backpulver und dem Mehl vermischen und esslöffelweise in die Eiercreme einrühren.
- Den Teig in eine mit Backtrennpapier ausgelegte Glockenform füllen und im auf 180-200 °C vorgeheizten Backofen 35-45 Minuten backen. Herausnehmen, das Backtrennpapier abziehen und den Boden auf einem Kuchengitter erkalten lassen. Zweimal durchschneiden und die Böden mit Eierlikör tränken.
- Für die Füllung die Butter mit dem Vanillezucker und dem Rum schaumig rühren. Das Ei in einen Messbecher geben und mit Wasser auf 1/8 l auffüllen. Zusammen mit dem sanapart zur Butter geben, gut vermischen und die Glocke damit füllen sowie die Oberseite damit bestreichen.
- Die Marzipanrohmasse mit dem Puderzucker verkneten, nach Geschmack mit Speisefarben einfärben und ausrollen. Einen Marzipanstreifen um die Glocke legen, vom Rest Sterne ausstechen und die Torte mit den Sternen, den Schokoladenbuchstaben und -ornamenten verzieren.

Torten für jede Gelegenheit

- Mit der entsprechenden Dekoration kann die Glockentorte als Ostertorte in Eiform gebacken werden, oder als Blume für einen Geburtstag im Sommer, oder als Tannenbaum, oder als Nikolaus... Der Phantasie sind keine Grenzen gesetzt! Zum Verzieren eignen sich Zuckerblümchen, Ostereier, kleine Küken aus Zuckermasse, Liebesperlen, Schokolinsen usw.

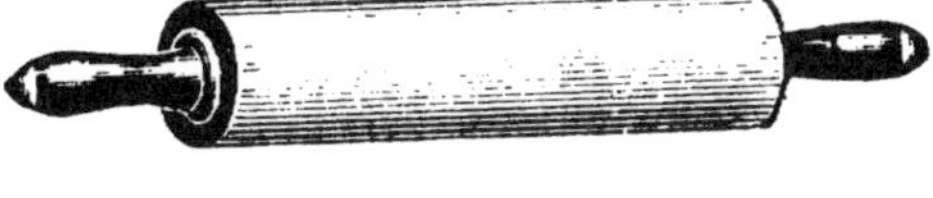

Weihnachtliche Kirschtorte

• 4 Eigelb • 100 g Zucker • 1 Päckchen Vanillezucker • 1 Päckchen Lebkuchengewürz • abgeriebene Schale von 1 Zitrone • 1 Prise Salz • 4 Eiweiß • 100 g Zucker • 200 g Mehl • 1 großes Glas Schattenmorellen • 175 ml Kirschsaft • 1/8 l Rotwein • 1-2 EL Zucker • 2 Beutel Glühweingewürz • 4 EL Kirschsaft • 40 g Speisestärke • 1 1/2 Becher Sahne • 1 Päckchen Sahnesteif • weiße Kuvertüre • 125 g Marzipanrohmasse • 60 g Puderzucker • Kakaopulver und rote Speisefarbe

- Das Eigelb mit dem Zucker dickcremig aufschlagen, den Vanillezucker, das Lebkuchengewürz, die Zitronenschale und das Salz unterrühren.
- Das Eiweiß mit Zucker steif schlagen und abwechselnd mit dem Mehl unter die Eigelbcreme heben. Eine Springform am Boden mit Backtrennpapier auslegen, den Teig einfüllen und im auf 180 °C vorgeheizten Backofen 40-50 Minuten backen, herausnehmen, erkalten lassen und zweimal durchschneiden.
- Die Kirschen abtropfen lassen, dabei den Saft auffangen. 175 ml Kirschsaft abmessen, mit dem Rotwein, dem Zucker und dem Glühweingewürz erhitzen und 10 Minuten ziehen lassen. Das Glühweingewürz herausnehmen und die Flüssigkeit aufkochen lassen.
- Den Kirschsaft mit der Speisestärke glatt rühren, die Flüssigkeit damit binden, die Kirschen unterheben und erkalten lassen. Die Sahne mit dem Sahnesteif steif schlagen.
- Einen Tortenring um den unteren Boden legen, die Kirschen darauf verteilen und glatt streichen, den zweiten Boden darauf setzen und die Sahne darauf verteilen. Den dritten Boden darauf setzen und die Torte eine Stunde kalt stellen.
- Die Torte aus dem Rand lösen. Die Marzipanrohmasse mit dem Puderzucker verkneten, nach Geschmack mit Kakao oder roter Speisefarbe einfärben, ausrollen, Sterne ausstechen und die Torte damit verzieren.

Schoko-Nuss-Torte

• 8 Eigelb • 250 g Zucker • 1 Prise Salz • 250 g gemahlene Haselnüsse • 8 Eiweiß • 100 g geriebene Schokolade • 1/2 l Sahne • 1 EL Puderzucker • 150 g Kuvertüre • 100 g Marzipanrohmasse • 50 g Puderzucker • Silberperlen

- Das Eigelb mit dem Zucker sowie dem Salz schaumig schlagen und die Haselnüsse unterziehen.
- Das Eiweiß zu steifem Schnee schlagen, die Hälfte davon unter die Nussmasse ziehen und dann die Schokolade und den restlichen Eischnee unterheben.
- Jeweils ein Drittel der Masse auf einen gefetteten Springformboden streichen und im auf 180 °C vorgeheizten Backofen 15 Minuten backen. Herausnehmen und auf einem Kuchengitter erkalten lassen.
- Für die Füllung die Sahne mit dem Puderzucker steif schlagen, zwei Tortenböden damit bestreichen, aufeinander setzen und mit dem dritten Boden abdecken. Die Kuvertüre im Wasserbad erhitzen, die Torte rundherum damit bestreichen und im Kühlschrank fest werden lassen.
- Die Marzipanrohmasse mit dem Puderzucker verkneten, ausrollen und weihnachtliche Motive ausstechen
- Die Marzipanmotive auf die Torte setzen und nach Geschmack mit Silberperlen verzieren.

Schwäbische Sauerkirschtorte

• 150 g Mehl • 1/2 TL Backpulver • 75 g Zucker • 1 Päckchen Vanillezucker • 1 Ei • 75 g Butter • 500 g Sauerkirschen • 2 Eier • 100 g Zucker • 1 Päckchen Vanillezucker • 1 TL Zitronensaft • 4 EL saure Sahne • 1 EL Speisestärke

- Das Mehl mit dem Backpulver auf eine Arbeitsfläche sieben. Den Zucker, den Vanillezucker und das Ei dazugeben und die Butter in Flöckchen darauf setzen.
- Schnell zu einem glatten Teig verkneten. Sollte er kleben, 1/2-1 Stunde kalt stellen.
- Eine gefettete Springform mit dem Teig auslegen, dabei den Rand ca. 3 cm hochziehen.
- Die Sauerkirschen gut abtropfen lassen, auf den Teig geben und das Ganze im auf 200 °C vorgeheizten Backofen 15 Minuten vorbacken.
- Für den Guss die Eier mit dem Zucker, dem Vanillezucker, dem Zitronensaft, der sauren Sahne und der Speisestärke glatt rühren, auf die Kirschen geben und bei 200 °C weitere 45 Minuten backen.

Grundrezept Rührteig fein

• 250 g Butter • 250 g Zucker • 4 Eier • 350 g Mehl • 1 Päckchen Backpulver • 100 g Speisestärke • 1 Prise Salz • 1 EL Vanillezucker • abgeriebene Schale von 1 Zitrone • 1/8 l Sahne

- Die Butter in eine Schüssel geben und schaumig schlagen, bis sie Spitzen zieht. Den Zucker und die Eier abwechselnd unter die Buttermasse schlagen, bis sie sehr schaumig ist.
- Das Mehl mit dem Backpulver und der Speisestärke sieben und das Salz, den Vanillezucker und die Zitronenschale untermischen.
- Die Mehlmischung abwechselnd mit der Sahne rasch unter den Teig Rühren und zur weiteren Verwendung bereitstellen.

Schoko-Mandel-Kuchen

• 200 g Butter • 200 g Zucker • 5 Eier • 1 Tasse Sahne • 1 EL Vanillezucker • 1-2 EL geriebene Zitronenschale • 1 Prise Salz • 400 g Mehl • 100 g Speisestärke • 1 Päckchen Backpulver • 150 g grob gehackte Schokolade • 1 EL Kakaopulver • 50 g gehackte Mandeln • 2-3 Tropfen Bittermandelaroma • Margarine und Semmelbrösel für die Form • Puderzucker zum Bestäuben oder Glasur zum Überziehen

- Die Butter in einer Schüssel schaumig schlagen und nach und nach den Zucker, die Eier, die Sahne, den Vanillezucker, die Zitronenschale und das Salz zugeben. Das Mehl mit der Speisestärke und dem Backpulver auf den Teig sieben und unterziehen, die gehackte Schokolade, den Kakao, die Mandeln und das Bittermandelaroma einrühren.
- Den Teig in eine ausgefettete und mit Semmelbröseln bestreute Springform füllen und im auf 180-200 °C vorgeheizten Backofen 30-40 Minuten backen. Herausnehmen, erkalten lassen, mit Puderzucker bestäuben oder mit Glasur überziehen und servieren.

Feine Orangen-Quark-Torte

• 1/2 Rezept Rührteig fein • 1/2 Glas Orangengelee • 4 cl Orangenlikör • 750 g Sahnequark • 125 g Zucker • 2-3 EL Vanillezucker • je 1 EL geriebene Zitronen- und Orangenschale • 4 cl Orangenlikör • 12 Blatt weiße Gelatine • 1 Becher Sahne • 4 Orangen • 1 Päckchen hellen Tortenguss

- Den Rührteig nach Grundrezept zubereiten, in eine ausgefettete Springform füllen und im auf 180-200 °C vorgeheizten Backofen 20-30 Minuten backen. Das Orangengelee mit dem Orangenlikör glatt rühren, erwärmen und nach Ende der Backzeit auf den Kuchen streichen.
- Für die Quarkcreme den Sahnequark mit dem Zucker, dem Vanillezucker, der Zitronen- und Orangenschale sowie dem Orangenlikör in einer Schüssel glatt rühren. Die eingeweichte und gut ausgedrückte Blattgelatine in etwas heißem Wasser auflösen und unter den Quark schlagen. Die Sahne steif schlagen und vorsichtig unter den Quark heben.
- Die Creme auf dem erkalteten Tortenboden gleichmäßig verteilen, glatt streichen und im Kühlschrank vollständig erkalten lassen.
- Die Orangen schälen, in Scheiben schneiden und auf die Quarkcreme legen. Das Ganze mit dem Tortenguss überziehen, ausgarnieren und servieren.

Kiwitorte

• 1/2 Rezept Rührteig fein • 1/2 Glas Kiwi-Stachelbeer-Marmelade • 4 cl Kiwilikör • 750 g Sahnequark • 125 g Zucker • 2-3 EL Vanillezucker • je 1 EL geriebene Zitronen- und Orangenschale • 4 cl Kiwilikör • 12 Blatt weiße Gelatine • 1 Becher Sahne • 5-6 Kiwis • 1 Päckchen hellen Tortenguss

- Zubereitung wie Orangentorte

Erdbeertorte

• 1/2 Rezept Rührteig fein • 1/2 Glas Erdbeer-Rhabarber-Marmelade • 4 cl Orangenlikör • 750 g Sahnequark • 125 g Zucker • 2-3 EL Vanillezucker • je 1 EL geriebene Zitronen- und Orangenschale • 4 cl Orangenlikör • 12 Blatt weiße Gelatine • 1 Becher Sahne • 250 g frische Erdbeeren • 1 Päckchen hellen Tortenguss

- Zubereitung wie Orangentorte

Grundrezept Rührteig mittelfest

• 85 g Butter oder Margarine • 85 g Zucker • 2 Eier
• 1 EL geriebene Zitronenschale • 1 Päckchen Vanillezucker
• 1/2 Tasse Milch • 200 g Mehl • 1 1/2 TL Backpulver
• Margarine und Mehl für die Form

- Die Butter oder Margarine mit dem Zucker in eine Schüssel geben und schaumig schlagen. Die Eier nach und nach darunter schlagen. Die Zitronenschale und den Vanillezucker unterrühren.
- Die Milch und das gesiebte, mit Backpulver vermischte Mehl abwechselnd rasch unterrühren.

Stachelbeer-Streuselkuchen

• 1 Rezept Rührteig mittelfest • 25 g zerlassene Butter
• 1 kg Stachelbeeren • 1 Tasse Zucker
• 1 Tasse geriebene Kuchenbrösel • 1 Päckchen Vanillezucker
• 100 g Mehl • 75 g Butter • 75 g Zucker
• 1 Päckchen Vanillezucker • 1 Prise Salz

- Den Rührteig nach Grundrezept zubereiten. Auf ein ausgefettetes und mit Mehl bestäubtes Backblech geben. Mit der zerlassenen Butter bestreichen.
- Die Stachelbeeren putzen und in eine Schüssel geben. Den Zucker, die Kuchenbrösel und den Vanillezucker untermischen und die Stachelbeeren auf dem Teig verteilen.
- Für die Streusel das Mehl auf eine Arbeitsfläche sieben, die Butter in Flöckchen darauf setzen, den Zucker, den Vanillezucker und das Salz darüber streuen.
- Mit bemehlten Händen schnell Streusel herstellen und diese gleichmäßig auf den Stachelbeeren verteilen.
- Den Kuchen im auf 180-200 °C vorgeheizten Backofen 40-50 Minuten backen.

Johannisbeer-Streuselkuchen

• 1 Rezept Rührteig mittelfest • 25 g zerlassene Butter
• 1 kg rote Johannisbeeren • 1 Tasse Zucker
• 1 Tasse geriebene Kuchenbrösel
• 1 Päckchen Vanillezucker • 100 g Mehl • 75 g Butter
• 75 g Zucker • 1 Päckchen Vanillezucker • 1 Prise Salz

- Zubereitung wie Stachelbeer-Streuselkuchen

Heidelbeerkuchen mit Haube

• 1 Rezept Rührteig mittelfest • 25 g zerlassene Butter • 1 kg frische Heidelbeeren • 4 Eigelb • 75 g Zucker • 1/4 l Sahne • 4 EL Heidelbeerlikör • 1-2 EL Speisestärke • 1 Päckchen Vanillezucker • 2 EL geriebene Zitronenschale • 1 Prise Salz • 4 Eiweiß • 1/2 Tasse Honig.

- Den mittelfesten Rührteig nach Grundrezept zubereiten, auf ein ausgefettetes und mit Mehl bestäubtes Backblech geben und mit der zerlassenen Butter gleichmäßig bestreichen.
- Die Heidelbeeren verlesen, waschen, und auf den Teig geben.
- Das Eigelb mit Zucker, Sahne, Heidelbeerlikör, Speisestärke, Vanillezucker, Zitronenschale und Salz in einen Topf geben und einmal aufwallen lassen.
- Das Eiweiß sehr steif schlagen, unter den Sahne-Eischaum ziehen.
- Die Haube gleichmäßig auf den Heidelbeeren verteilen und im auf 180-200 °C vorgeheizten Backofen 40-50 Minuten backen.
- 2-3 Minuten vor Garende den leicht erwärmten Honig tropfenweise auf den Kuchen träufeln und nochmals kurz überbacken.

Saftiger Rhabarberkuchen

• 200 g Mehl • 2 EL Zucker • 1 Prise Salz • 100 g Butter • 1 Ei • 2 EL Buttermilch • Mehl zum Ausrollen • Margarine und Semmelbrösel für die Form • 1 kg Rhabarber • 300 g Magerquark • 250 g Vollmilchjoghurt • 2 Eier • Saft von 1 Zitrone • 3 EL Mehl • 100 g Zucker • 1 Prise Salz

- Das Mehl auf eine Arbeitsfläche sieben, den Zucker und das Salz darüber streuen, die Butter in Flöckchen darauf setzen, das Ei und die Buttermilch dazugeben und alles schnell von außen nach innen zu einem glatten Teig verkneten.
- Den Teig in ein feuchtes Küchentuch wickeln und eine Stunde im Kühlschrank ruhen lassen.
- Den Teig auf einer bemehlten Arbeitsfläche ausrollen, eine Springform ausfetten und mit Semmelbröseln ausstreuen, den Teig einlegen, einen 3 cm hohen Rand hochziehen und mit einer Gabel mehrmals einstechen.
- Den Rhabarber schälen und in mundgerechte Stücke schneiden.
- Den Quark mit dem Joghurt, den Eiern und dem Zitronensaft schaumig schlagen. Mehl, Zucker und Salz unterrühren.
- Den Teigboden dünn mit der Quarkmasse bedecken, den Rhabarber einlegen und die restliche Quarkmasse darüber füllen.
- Im auf 180-200 °C vorgeheizten Backofen 40-45 Minuten backen, herausnehmen und erkalten lassen.

Pflaumen-Mandel-Kuchen

• 1 Rezept Rührteig mittelfest • 25 g zerlassene Butter
• 1 kg frische Pflaumen • 50 g Hagelzucker
• 40 g gehackte Mandeln • 40 g gehackte Haselnüsse
• 40 g gehackte Pistazienkerne • 2 Eigelb • 5 EL Crème fraîche

- Den mittelfesten Rührteig nach Grundrezept zubereiten, auf ein ausgefettetes und mit Mehl bestäubtes Backblech geben und mit der zerlassenen Butter gleichmäßig bestreichen.
- Die Pflaumen halbieren, entkernen, in Fächer oder Scheiben schneiden und gleichmäßig auf den Teig legen.
- Den Hagelzucker mit Mandeln, Haselnüssen und Pistazienkernen vermischen und gleichmäßig über die Früchte streuen.
- Das Eigelb mit der Crème fraîche glatt rühren und den Kuchen damit bestreichen. Den Blechkuchen im auf 180-200 °C vorgeheizten Backofen 40-45 Minuten backen.

Bananenkuchen

•150 g Butter • 150 Honig • abgeriebene Schale
von 1 Zitrone • 1 Prise Lebkuchengewürz • 3 Eigelb
• 250 g Weizenvollkornmehl • 1 TL Backpulver • 3 Eiweiß
• 50 g Mandelblättchen • 4 Bananen • Saft von 1 Zitrone

- Die Butter mit dem Honig in eine Schüssel geben und schaumig schlagen. Die Zitronenschale mit dem Lebkuchengewürz und dem Eigelb dazugeben und kräftig weiter schlagen.
- Das Weizenvollkornmehl mit dem Backpulver vermischen und esslöffelweise unter den Teig ziehen.
- Das Eiweiß sehr steif schlagen und zum Schluss unter den Teig heben.
- Den Boden einer Springform mit Backtrennpapier auslegen, die Hälfte des Teiges einfüllen und glatt streichen.
- Im auf 180-200 °C vorgeheizten Backofen 25-30 Minuten backen.
- In der Zwischenzeit die Mandelblättchen in einer beschichteten Pfanne ohne Fett goldgelb rösten und abkühlen lassen.
- Die Bananen schälen, in Scheiben schneiden, mit Zitronensaft beträufeln und die Mandelblättchen dazugeben.
- Den Kuchen aus dem Backofen nehmen, die Bananen-Mandel-Mischung darauf verteilen und den restlichen Teig darüber füllen. Im auf 180-200 °C vorgeheizten Backofen weitere 25-30 Minuten backen.
- Den Kuchen herausnehmen, auf einem Kuchengitter erkalten lassen, dekorativ anrichten, ausgarnieren und servieren.

Grundrezept Strudelteig

• 250 g Weizenmehl • 1 Prise Salz • 2 EL Olivenöl • 1 Ei • 1/8 l lauwarmes Wasser • flüssige Butter zum Bestreichen • Mehl zum Bestäuben

- Aus dem Mehl, dem Salz, dem Olivenöl, dem Ei und dem Wasser einen Strudelteig herstellen.
- Den Teig mit der Hand kräftig durchschlagen, mit etwas flüssiger Butter bestreichen und eine 1/2 Stunde ruhen lassen.
- Danach den Teig auf einer bemehlten Arbeitsfläche hauchdünn ausrollen und auf ein sauberes Küchentuch legen. Erneut mit flüssiger Butter bestreichen und mit Mehl bestäuben.

- Je nach Rezept weiter verarbeiten.

Strudel mit getrockneten Feigen

• 1 Grundrezept Strudelteig • 150 g getrocknete Feigen • 100 g Rumrosinen • 1/8 l Rum • 150 g Honig • 5 EL Sahne • 2 Eigelb • 1 Prise Salz • 1 Prise Zimtpulver • 1 Prise gemahlene Muskatblüte • Butter zum Bestreichen • Semmelbrösel • 100 g gemahlene Haselnüsse • Margarine fürs Blech • Puderzucker zum Bestäuben

- Den Strudelteig nach Grundrezept zubereiten. Für die Füllung die Feigen fein würfeln, die Rosinen waschen, beides im Rum zugedeckt quellen lassen.
- Den Honig erwärmen, bis er flüssig ist, wieder abkühlen lassen. Die Sahne, das Eigelb und die Gewürze dazugeben und den nicht eingezogenen Rum einrühren.
- Den Strudelteig mit der Butter bestreichen und mit den Semmelbröseln dünn bestreuen. Die Honigmischung darauf verstreichen, dabei die Ränder frei lassen. Die Feigen-Rosinen-Mischung mit den Nüssen auf dem Honig verteilen und den Strudelteig über die Füllung schlagen. Den Strudel mit Hilfe eines Küchentuchs aufrollen und auf ein gefettetes Backblech setzen.
- Im auf 200 °C vorgeheizten Backofen 30-35 Minuten backen, herausnehmen und sofort mit Puderzucker Bestäuben.

Quarkstrudel mit Äpfeln

• 1 Grundrezept Strudelteig • 500 g Sahnequark • 3 Eier • 1 EL geriebene Zitronenschale • 75 g Zucker • 1 EL Vanillezucker • 500 g Äpfel • 6 cl Apfelschnaps • Margarine für die Form • Puderzucker zum Bestäuben

- Für die Füllung den Quark mit den Eiern, der Zitronenschale, dem Zucker und dem Vanillezucker in einer Schüssel glatt rühren .
- Die Äpfel schälen, entkernen, in Schnitze schneiden, in eine Schüssel geben, mit Apfelschnaps beträufeln und ziehen lassen.
- Den Quark auf den Teig streichen und die Apfelschnitze darauf verteilen. Den Strudel mit Hilfe des Küchentuchs zusammenrollen, in eine ausgefettete Strudelform setzen und im auf 180-200 °C vorgeheizten Backofen in 35 Minuten backen.
- Den Strudel anrichten, mit Puderzucker bestäuben, ausgarnieren und servieren.

Apfelstrudel mit Marzipan

• 1 Grundrezept Strudelteig • 2-3 säuerliche Äpfel • Saft von 1 Zitrone • 200 g Marzipanrohmasse • 125 g Rumrosinen • 1 EL Zimtpulver • 2 EL Vanillezucker • je 100 g gehackte Mandeln und Haselnüsse • Schale von 1 Zitrone • 4 cl Apfelschnaps

- Nach dem Grundrezept einen Strudelteig herstellen.
- Für die Füllung die Äpfel schälen, entkernen und in feine Scheiben schneiden. Mit Zitronensaft beträufeln und mit dem in kleine Würfel geschnittenen Marzipan, den Rumrosinen, dem Zimtpulver, dem Vanillezucker, den Nüssen und der Zitronenschale in einer Schüssel vermischen, mit Apfelschnaps aromatisieren.
- Den Teig auf einer bemehlten Arbeitsfläche nochmals kräftig durchkneten und etwa 1/2 cm dick zu einem großen Rechteck ausrollen.
- Die Füllung auf dem Teig verteilen und von der breiten Seite her zusammenrollen.
- Den Strudel auf ein ausgefettetes Backblech geben und in dem auf 180-200 °C vorgeheizten Backofen 40-50 Minuten backen. Den Strudel herausnehmen, mit Puderzucker bestäuben, in Scheiben schneiden, anrichten und servieren.

Birnenstrudel

• 1 Grundrezept Strudelteig • 5-6 saftige Birnen • Saft von 1 Zitrone • 125 g Rumrosinen • 1 EL Zimtpulver • 2 EL Vanillezucker • je 200 g gehackte Mandeln • Schale von 1 Zitrone • 1-2 EL Birnendicksaft • Puderzucker

- Nach dem Grundrezept einen Strudelteig herstellen.
- Für die Füllung die Birnen schälen, entkernen und in feine Scheiben schneiden. Mit Zitronensaft beträufeln und mit den Rumrosinen, dem Zimtpulver, dem Vanillezucker, den Mandeln und der Zitronenschale vermischen, mit Birnendicksaft abschmecken.
- Den Teig auf einer bemehlten Arbeitsfläche nochmals kräftig durchkneten und etwa 1/2 cm dick zu einem großen Rechteck ausrollen.
- Die Füllung auf dem Teig verteilen und zusammenrollen.
- Den Strudel auf ein ausgefettetes Backblech geben und in dem auf 180-200 °C vorgeheizten Backofen 45 Minuten backen. Den Strudel herausnehmen, mit Puderzucker Bestäuben, in Scheiben schneiden, anrichten und mit Vanillesauce servieren.

Strudel mit Trockenfrüchten

• 1 Grundrezept Strudelteig • 1 Päckchen gemischte Trockenfrüchte • 100 g Rosinen • 1/8 l Rum oder Obstsaft • 2 EL Vanillezucker • je 100 g gehackte Mandeln und Haselnüsse • Schale von 1 Zitrone • 1-2 EL Birnendicksaft

- Zubereitung wie Birnenstrudel.
- Das Trockenobst und die Rosinen im Rum oder Obstsaft einweichen und gut abtropfen lassen.

Aprikosen-Quark-Strudel

• 1 Rezept Strudelteig • 500 g Magerquark • 1 Schuss Sahne • 4 Eier • abgeriebene Schale von 1 Zitrone • 75 g Zucker • 1 Päckchen Vanillezucker • 500 g frische Aprikosen • 1-2 TL Aprikosen oder Pfirsichlikör • 1/2 Bund Zitronenmelisse • Puderzucker zum Bestäuben

- Den Strudelteig nach Grundrezept zubereiten und ausrollen.
- Den Quark mit der Sahne, den Eiern, der Zitronenschale, dem Zucker und dem Vanillezucker rühren, die entkernten, geschnittenen Aprikosen dazugeben, mit Aprikosen- oder Pfirsichlikör aromatisieren
- Den Quark auf den Teig streichen, die fein geschnittene Zitronenmelisse darauf verteilen und den Strudel aufrollen. In eine ausgefettete Form setzen und im auf 180-200 °C vorgeheizten Backofen 30-40 Minuten backen. Mit Puderzucker bestäubt servieren.

Quarkstrudel

• 1 Grundrezept Strudelteig • 60 g Butter • 125 g Zucker • 1 Eigelb • 600 g Magerquark • 4 EL Kaffeesahne • abgeriebene Schale von 1 Zitrone • 100 g Rosinen • 1 Eiweiß • Zimtzucker zum Bestreuen • Eigelb zum Bestreichen

- Den Teig nach Grundrezept Strudelteig herstellen und dünn ausziehen.
- Für die Füllung die Butter mit dem Zucker und dem Eigelb schaumig rühren. Den ausgedrückten Quark, die Kaffeesahne, die abgeriebene Zitronenschale und die Rosinen dazugeben und zum Schluss das zu steifem Schnee geschlagene Eiweiß unterheben.
- Die Quarkmasse auf den Strudelteig streichen, mit Zimtzucker bestreuen und aufrollen. Mit verschlagenem Eigelb bestreichen und im auf 225 °C vorgeheizten Backofen 40-50 Minuten backen.
- Herausnehmen und auf einem Kuchengitter erkalten lassen.

Marzipan-Apfelstrudel

• 1 Grundrezept Strudelteig • 2-3 Äpfel • Saft von 1 Zitrone • 200 g Marzipanrohmasse • 125 g Rumrosinen • 2 Päckchen Vanillezucker • 200 g gehackte Haselnüsse • Puderzucker zum Bestäuben

- Den Strudelteig nach Grundrezept zubereiten und ausrollen.
- Die Äpfel schälen, entkernen und in Scheiben schneiden. Mit Zitronensaft beträufeln und mit dem in kleine Würfel geschnittenen Marzipan sowie den Rumrosinen und dem Vanillezucker vermischen. Den Vanillezucker und die gehackten Nüsse dazugeben und unterheben.
- Die Füllung auf dem Teig verteilen und von der breiten Seite her aufrollen. Den Strudel auf ein gefettetes Backblech setzen und im auf 180-190 °C vorgeheizten Backofen 40-50 Minuten backen. Den Strudel herausnehmen, mit Puderzucker bestäuben, anrichten und servieren.

Zwetschgenstrudel

- Zubereitung wie Marzipan-Apfelstrudel. 1 kg Zwetschgen entsteinen und in Streifen oder Würfel schneiden. Mit dem klein geschnittenen Marzipan vermischen und wie oben beschrieben weiter verarbeiten.

KERSTINS MANDELKUCHEN

MARMORKUCHEN

KAROTTENKUCHEN

MINI RÜHRKUCHEN

ROTWEINKRANZ

APFEL-GITTER-KUCHEN

BANANEN-KOKOS-KUCHEN

ERDBEERSAHNETORTE

WEINTRAUBENTORTE

WAFFELN

GEFÜLLTE WAFFELN

DINKELWEISSBROT

EINFACHES WEISSBROT

WEIZENMISCHBROT

ZWEIERLEI BRÖTCHEN

KULLERAUGEN

BUTTERGEBÄCK

SCHOKOLADENBROT

KOKOSMAKRONEN

STOLLEN

Grundrezept Mürbteig

• 300 g Mehl • 200 g Butter • 100 g Zucker • 1 Ei • 1 Prise Salz • Butter oder Margarine • Semmelbrösel zum Bestreuen • Mehl zum Ausrollen

- Das Mehl auf eine Arbeitsfläche sieben, eine Mulde eindrücken, die Butter in Flöckchen darauf setzen.
- Zucker darüber streuen, das Ei und das Salz in die Mulde geben.
- Mit bemehlten Händen von außen nach innen schnell zu einem glatten, kompakten Teig verkneten, in ein feuchtes Küchentuch oder in Frischhaltefolie einwickeln und mindestens eine Stunde im Kühlschrank ruhen lassen.
- Eine Springform ausfetten und mit Semmelbröseln ausstreuen, den Teig auf einer bemehlten Arbeitsfläche ausrollen und in die Form legen. Je nach Rezept weiter verarbeiten.

Nusstaler

• 1 Grundrezept Mürbteig • 400-450 g Haselnüsse • 100 g Zucker • 1 EL Honig • 1 Glas Weinbrand • 1 Becher Kuvertüre

- Den Mürbteig nach Grundrezept zubereiten und kalt stellen.
- Die Haselnüsse auf einem trockenen Backblech für10 Minuten in den auf 200 °C vorgeheizten Backofen schieben, auf ein Tuch schütten und die braune Haut abrubbeln. Die Nüsse auskühlen lassen
- Den Teig 4 mm dick ausrollen und 5 cm große Kreise ausstechen. Ein Backblech mit Alufolie auslegen, leicht einfetten und die Taler darauf legen.
- Den Zucker mit dem Honig und dem Weinbrand unter Rühren erhitzen und mit einem Pinsel auf die Taler streichen. Die Nüsse dicht nebeneinander darauf setzen und ebenfalls mit der Zuckermasse bestreichen. Im auf 200 °C vorgeheizten Backofen 10 Minuten abbacken, herausnehmen und erkalten lassen.
- Die Kuvertüre schmelzen lassen und die Unterseiten und die Ränder der Taler damit bestreichen. Vollständig abtrocknen lassen und servieren.

Quark-Dickmilch-Kuchen

• 1 Grundrezept Mürbteig • 700 g Magerquark • 1 Becher Sahnedickmilch • 120 g Zucker • Saft von 1 Orange • einige Tropfen Zitronensaft • 1 EL Vanillezucker • 50 g flüssige Butter • 3 Eigelb • 50 g Speisestärke • 3 Eiweiß • 1 Prise Salz

- Den Mürbteig nach Grundrezept zubereiten, in die Springform legen und dabei einen 3 cm hohen Rand hochziehen.
- Den Quark mit der Dickmilch, dem Zucker, dem Orangensaft, dem Zitronensaft und dem Vanillezucker glatt rühren, die Butter mit dem Eigelb und der Speisestärke verrühren, unter den Quark rühren.
- Das Eiweiß mit dem Salz zu steifem Schnee schlagen und unter die Masse heben.
- Die Masse auf dem Teigboden verteilen, glatt streichen und im auf 180-200 °C vorgeheizten Backofen 40-45 Minuten backen.
- Den Kuchen herausnehmen, erkalten lassen und zum Verzehr bereitstellen.

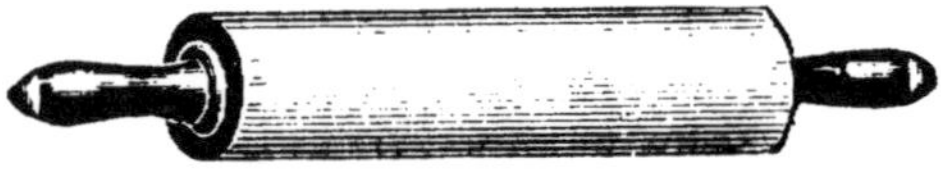

Vanille-Quark-Kuchen

• 1 Grundrezept Mürbteig • 750 g Magerquark • 1/2 Becher Sahne • 100-120 g Zucker • Saft von 1 Zitrone • 1 EL Vanillezucker • 50 g flüssige Butter oder Margarine • 3 Eigelb • Vanillepuddingpulver nach Geschmack • 1-2 EL Speisestärke • 3 Eiweiß • 1 Prise Salz

- Den Mürbteig nach Grundrezept zubereiten, in die Springform legen und einen 3 cm hohen Rand formen.
- Den Quark mit der Sahne, dem Zucker, dem Zitronensaft und dem Vanillezucker glatt rühren. Die Butter oder Margarine mit dem Eigelb und der Speisestärke verrühren und unter den Quark ziehen. Das Eiweiß mit dem Salz steif schlagen und unter die Masse heben.
- Die Masse auf dem Teigboden verteilen, glatt streichen und im auf 180-200 °C vorgeheizten Backofen 40-45 Minuten backen.
- Den Kuchen herausnehmen, erkalten lassen und zum Verzehr bereitstellen.

Mohn-Quark-Torte

• 1 Rezept Mürbteig • 1 große Backoblate • 250 g Mohn • 1 EL Vanillezucker • 1 EL Zimtpulver • 2 Eier • 1/4 l Milch • 75 g Zucker • 750 g Sahnequark • 1 Päckchen Vanillepuddingpulver • 1 Tasse Orangensaft • 4 cl Orangenlikör • 125 g Rumrosinen • 4 Eigelb • 100 g Zucker • 4 Eiweiß • 1 Prise Salz

- Den Mürbteig nach Grundrezept zubereiten, in eine Springform legen und einen Rand hochziehen. Mit einer Gabel den Boden mehrmals einstechen und mit einer Backoblate belegen.
- Den Mohn in Salzwasser 5-6 Minuten kochen, abtropfen lassen, mit dem Vanillezucker, dem Zimtpulver und den Eiern in eine Schüssel geben und verrühren.
- Die Milch erhitzen, heiß zur Mohnmasse geben, unterziehen und mit Zucker nach Geschmack süßen. Die Mohnmasse auf die Backoblate streichen.
- Den Sahnequark mit dem Puddingpulver verrühren, den Orangensaft, den Orangenlikör und die Rumrosinen unterziehen.
- Das Eigelb mit der Hälfte des Zuckers schaumig schlagen, das Eiweiß mit dem Salz und dem restlichen Zucker steif schlagen. Eischaum und Eiweiß unter die Quarkmasse ziehen.
- Den Quark auf die Mohnfüllung streichen und das Ganze im auf 180-200 °C vorgeheizten Backofen 50-60 Minuten ausbacken. Herausnehmen, erkalten lassen, ausgarnieren und servieren.

Erdbeer-Sahnetorte

• 1 Rezept Mürbteig • 1 kleines Glas Erdbeermarmelade • 6 cl Orangenlikör • 500 g frische Erdbeeren • 150 g Zucker • 2 EL Vanillezucker • je 6 Blatt weiße und rote Gelatine • 1 Tasse Himbeersaft • 1/2 l Sahne

- Den Mürbteig nach Grundrezept zubereiten, in eine Springform legen und im auf 180-200 °C vorgeheizten Backofen 20-25 Minuten ausbacken. Den Teig herausnehmen und erkalten lassen, die Marmelade mit dem Likör glatt rühren und darauf streichen.
- Die gewaschenen Erdbeeren mit dem Zucker und dem Vanillezucker im Mixer pürieren. Die gewässerte weiße und rote Gelatine im erhitzten Himbeersaft auflösen und unter das Püree rühren.
- Die Sahne steif schlagen, etwas Sahne zum Garnieren abnehmen. Die restliche Sahne mit dem Erdbeerpüree vorsichtig vermischen, auf dem Mürbteigboden glatt streichen und im Kühlschrank vollständig erkalten lassen. Mit Sahnetupfern ausgarnieren und servieren.

Saftiger Birnenkuchen

• 1 Grundrezept Mürbteig • 6 vollreife, kleine Birnen • Saft von 1 Zitrone • 4 EL Kirschmarmelade • 2 Becher Sahnequark • 2 Eier • Saft von 1 Zitrone • 2-3 EL Speisestärke • 75 g Zucker • 1 Prise Salz

- Den Mürbteig nach Grundrezept zubereiten, in der Springform auslegen und mit einer Gabel mehrmals einstechen.
- Die Birnen schälen, halbieren, entkernen und mit Zitronensaft beträufeln .
- Jede Birnenhälfte mit etwas Kirschmarmelade füllen und vorsichtig mit der Marmelade nach unten auf den Teig setzen.
- Den Quark mit den Eiern und dem Zitronensaft schaumig schlagen, Speisestärke, Zucker und Salz unterrühren, über die Birnen verteilen.
- Im auf 180-200 °C vorgeheizten Backofen 40-45 Minuten backen.

Johannisbeer-Mandel-Kuchen

• 1 Grundrezept Mürbteig • Kuchenbrösel zum Bestreuen • 6 Eiweiß • 750 g Johannisbeeren • 1 Prise Salz • 250 g Zucker • 2 EL Vanillezucker • 150 g gemahlene Mandeln • 1 TL Zimtpulver • 30 g Speisestärke

- Den Mürbteig nach Grundrezept zubereiten. In der Größe einer Springform ausrollen, in die Form geben und einen Rand hochziehen.
- Den Mürbteig im auf 180-200 °C vorgeheizten Backofen blind 15-20 Minuten backen, herausnehmen und erkalten lassen.
- Das Eiweiß mit dem Salz steif schlagen, den Zucker und den Vanillezucker unter ständigem Schlagen einrieseln lassen. Die Mandeln, das Zimtpulver und die Speisestärke miteinander vermischen und vorsichtig unter den Eischnee ziehen. Die gewaschenen, gut abgetropften Johannisbeeren unterheben und das Ganze auf dem Kuchen verteilen. Glatt streichen und erneut im auf 180-200 °C vorgeheizten Backofen 25-35 Minuten backen, herausnehmen, erkalten lassen und servieren.

Orangentorte

• 250 g Mehl • abgeriebene Schale von 1/2 Orange • 1 Prise Salz • 1 Ei • 125 g Zucker • 125 g Butter • Margarine und Grieß für die Form • 5 Blatt weiße Gelatine • 200 g Butter • 320 g Zucker • 5 Eier • Saft von 2 Orangen • abgeriebene Schale von 1 Orange • 1 Orange • 120 g Zucker • 4 EL Wasser

- Das Mehl mit der Orangenschale, dem Salz, dem Ei, dem Zucker und der Butter zu einem glatten Mürbteig verkneten, in Frischhaltefolie wickeln und eine Stunde kalt stellen.
- Den Teig in eine ausgefettete, mit Grieß ausgestreute Form legen und einen Rand hochziehen. Den Boden mehrmals einstechen und im auf 200 °C vorgeheizten Backofen 20-25 Minuten backen.
- Für die Füllung die Gelatine in kaltem Wasser einweichen. Die Butter mit dem Zucker, den Eiern, dem Orangensaft und der Orangenschale in einer Metallschüssel verrühren und ins heiße, aber nicht kochende Wasserbad stellen. Mit dem elektrischen Rührgerät schaumig schlagen, bis sich der Zucker gelöst hat. Die Gelatine gut ausdrücken und in der heißen Schaummasse auflösen. Unter gelegentlichem Schlagen abkühlen lassen und kurz bevor sie zu gelieren beginnt, in den Mürbteigboden füllen.
- Mindestens vier Stunden im Kühlschrank fest werden lassen.
- Die Orange unter heißem Wasser abbürsten, abtrocknen und in sehr feine Scheiben schneiden.
- Den Zucker mit dem Wasser erhitzen und die Orangenscheiben darin kurz aufkochen, herausnehmen und den Zucker sirupartig einkochen lassen.
- Die Orangenscheiben auf der Torte verteilen und mit dem leicht abgekühlten Guss die ganze Oberfläche gleichmäßig überziehen.

Melonentorte

• 250 g Mehl • abgeriebene Schale von 1/2 Orange • 1 Prise Salz • 1 Ei • 125 g Zucker • 125 g Butter • Margarine und Grieß für die Form • 5 Blatt weiße Gelatine • 200 g Butter • 320 g Zucker • 5 Eier • Saft von 2 Orangen • abgeriebene Schale von 1 Orange • 1 kleine Honigmelone • 120 g Zucker • 4 EL Wasser

- Zubereitung wie Orangentorte

Crème-fraîche-Torte mit Birnen

• 200 g Mehl • 1 TL Backpulver • 75 g Zucker
• 1 Päckchen Vanillezucker • 1 Ei • 75 g Butter
• 2 Päckchen Vanillepuddingpulver • 1/2 l Milch
• 600 g Crème fraîche • 1 kleine Dose Birnen • 150 g Zucker

- Das mit Backpulver vermischte Mehl, den Zucker, den Vanillezucker, das Ei und die Butter rasch zu einem glatten Mürbteig verkneten. In Frischhaltefolie einwickeln und mindestens zwei Stunden im Kühlschrank ruhen lassen.
- Dann den Teig in eine ausgefettete Springform legen und einen Rand hochziehen.
- Aus dem Puddingpulver und der Milch einen Pudding kochen und diesen kalt werden lassen. Die Crème fraîche und den Zucker einrühren, die Birnen in Würfel schneiden und unterheben. Die Masse auf dem Mürbteig verteilen und das Ganze im auf 180-200 °C vorgeheizten Backofen 35-40 Minuten backen. Herausnehmen, erkalten lassen und servieren.

Ananaskuchen mit Kokosbaiser

• 200 g Mehl • 125 g Butter • 100 g Zucker • 4 Eigelb • 1 Prise Salz
• 1 EL geriebene Zitronenschale • 1 EL Vanillezucker
• 1 kleines Glas Ananasmarmelade • 4 cl Kokoslikör
• 1 frische Ananas • 4 Eiweiß • 100 g Zucker • 200 g Kokosflocken

- Aus den Teigzutaten einen Mürbteig herstellen, in ein feuchtes Küchentuch wickeln und im Kühlschrank eine Stunde ruhen lassen. Anschließend den Teig auf einer bemehlten Arbeitsfläche ausrollen, in eine Springform geben, einen Rand hochziehen und den Teigboden mehrmals mit einer Gabel einstechen.
- Im auf 180-200 °C vorgeheizten Backofen 25-35 Minuten backen, herausnehmen und erkalten lassen.
- Die Ananasmarmelade mit dem Kokoslikör glatt rühren und den gebackenen Teig damit bestreichen. Die Ananas schälen, in Scheiben schneiden und das Fruchtfleisch fein würfeln. Gut abtropfen lassen und auf dem Mürbteigboden verteilen.
- Das Eiweiß sehr steif schlagen und den Zucker unter ständigem Weiterschlagen einrieseln lassen. Die Kokosflocken vorsichtig unterheben und den Kuchen damit gleichmäßig bestreichen. Den Ananaskuchen unter dem Grill goldgelb überbacken, herausnehmen, erkalten lassen, anrichten und servieren.

Grundrezept Mürbteig fein

• 250 g Mehl • 1 TL Backpulver • 75 g Zucker • 1 Prise Salz • 1 EL Vanillezucker • 1 EL geriebene Zitronenschale • 2 Eigelb • 1-2 EL saure Sahne • 125 g Butter

- Das Mehl mit dem Backpulver auf eine Arbeitsfläche sieben, den Zucker, das Salz, den Vanillezucker und die Zitronenschale zugeben und eine Mulde eindrücken. Das Eigelb und die saure Sahne in die Mulde geben und die Butter in Flöckchen darauf setzen.
- Das Ganze mit bemehlten Händen von außen nach innen schnell zu einem kompakten Teig verarbeiten. Teig in ein feuchtes Küchentuch wickeln und im Kühlschrank eine Stunde ruhen lassen. Zur weiteren Verarbeitung bereitstellen.

Käsekuchen mit Birnen

• 1 Grundrezept Mürbteig fein • 750 g Sahnequark • 150 g Zucker • 3 Eigelb • 1/4 l kalte Milch • 1 Päckchen Käsekuchenhilfe • 3 Tropfen Zitronenaroma • 4 Eiweiß • 2 süße Birnen • 125 g Rosinen • 1 Eigelb • Zucker zum Bestreuen • 50 g Mandelblättchen

- Das Mehl mit dem Backpulver vermischen und auf eine Arbeitsfläche sieben. Den Zucker, die Butter in Flöckchen und das Eigelb dazugeben. Das Ganze schnell zu einem glatten Teig verarbeiten und eine Stunde kühl stellen.
- Den Teig in eine ausgefettete Springform legen, einen Rand hochziehen, den Boden mehrmals mit einer Gabel einstechen und im auf 200 °C vorgeheizten Backofen 15-20 Minuten backen.
- Den Quark mit dem Zucker und dem Eigelb glatt rühren, die Milch, die Käsekuchenhilfe und das Zitronenaroma dazugeben. Das Eiweiß zu steifem Schnee schlagen und vorsichtig unter die Quarkmasse ziehen. Die Birnen schälen, fein raspeln und mit den Rosinen unter die Quarkmasse ziehen. Das Ganze auf dem vorgebackenen Teig verteilen.
- Den restlichen Teig ausrollen und auf die Quarkmasse legen, mit dem Eigelb bestreichen und mit Zucker und den Mandeln bestreuen. Im auf 150 °C vorgeheizten Backofen 60-70 Minuten backen, herausnehmen und in der Form erkalten lassen.

Kirschpie

• 1 Rezept Mürbteig fein • 2 EL Butter oder Margarine • 2-3 EL Zucker • 1 Glas Multivitaminsaft • 1 kg frische Kirschen • Zucker nach Geschmack • 3-4 EL Speisestärke • 100 g Marzipanrohmasse • 1/2 Tasse Sahne • 2 Eiweiß • 75 g Zucker

- Den Mürbteig nach Grundrezept zubereiten, in eine ausgefettete Pieform geben, einen Rand hochziehen und den Boden mit einer Gabel mehrmals einstechen.
- Die Butter oder Margarine erhitzen und den Zucker darin karamelisieren lassen. Den Zuckerkaramel mit Multivitaminsaft loskochen, die entsteinten und nach Geschmack zerkleinerten Kirschen dazugeben und 4-5 Minuten köcheln lassen. Je nach Geschmack mit Zucker süßen und mit angerührter Speisestärke binden. Die erkaltete Füllung gleich mäßig auf dem Mürbteig verteilen und im auf 180-200 °C vorgeheizten Backofen 30-40 Minuten backen.
- Die Marzipanrohmasse mit der Sahne glatt rühren. Das Eiweiß sehr steif schlagen, den Zucker unter ständigem Schlagen einrieseln lassen, mit der Marzipanrohmasse vermischen und in einen Spritzbeutel füllen.
- Auf den Pie ein Gitter aufspritzen, unter dem Grill goldgelb überbacken, erkalten lassen und servieren.

Quarktörtchen

• 1 Rezept Mürbteig fein • Margarine und Semmelbrösel für die Förmchen • 2 Eier • 75 g Zucker • 1 EL Vanillezucker • 250 g Sahnequark • abgeriebene Schale von 1/2 Zitrone • 1 Schuss Sahne • 1/2 Päckchen Vanillepuddingpulver • 75 g gehackte Pistazien

- Den Mürbteig nach Grundrezept zubereiten und ruhen lassen. Anschließend auf einer bemehlten Arbeitsfläche ausrollen, Kreise von 7-10 cm ausstechen und diese in kleine, ausgefettete und mit Semmelbröseln bestreute Förmchen setzen.
- Die Eier in einer feuerfesten Form mit dem Zucker und dem Vanillezucker im Wasserbad schaumig schlagen. Vom Feuer nehmen und kalt schlagen. Den Quark mit der Zitronenschale, der Sahne, dem Vanillepuddingpulver und den Pistazien glatt rühren, unter die Schaummasse heben und alles in die Förmchen füllen.
- Die Törtchen im auf 180-200 °C vorgeheizten Backofen 20-30 Minuten backen, herausnehmen, ausgarnieren und servieren.

Brombeerstreifen

• 1 Rezept Mürbteig fein • 1 kleines Glas Brombeermarmelade • 4 cl Brombeerlikör • 500 g Brombeeren • 50 g gehackte Mandeln • 50 g Haselnusskrokant • 3-4 EL Zucker • 500 g Speisequark • Saft von 1 Zitrone • 1 geriebene Zitronenschale • 8 Blatt weiße Gelatine • 1 Tasse Kirschsaft • 1 1/2 Becher Schlagsahne • 2 Päckchen Sahnesteif • 2 EL Vanillezucker • Zucker nach Geschmack

- Den Mürbteig nach Grundrezept zubereiten, den Teig auf einer Arbeitsfläche ausrollen und ein kleines Backblech damit auslegen. Den Teig mit einer Gabel einstechen und im auf 180-200 °C vorgeheizten Backofen 25-35 Minuten abbacken.
- Die Marmelade mit dem Brombeerlikör glatt rühren und den erkalteten Teig damit bestreichen.
- Einige schöne Brombeeren zurücklegen, die restlichen mit den Mandeln und dem Haselnusskrokant vermischen, mit Zucker bestreuen und 15 Minuten ziehen lassen.
- Den Quark mit dem Zitronensaft und der -schale glatt rühren. Die im Wasser eingeweichte und im erhitzten Kirschsaft aufgelöste Gelatine unter den Quark ziehen.
- Die Früchte und die mit dem Sahnesteif geschlagene Sahne unter den Quark heben. Den Kuchen in Streifen schneiden, mit Brombeeren und Zitronenmelisseblättchen ausgarnieren und servieren.

Mandarinenstreifen

• 1 Grundrezept Mürbteig fein • 2-3 kleine Dosen Mandarinen • 2 Päckchen klaren Tortenguss • 1 Becher Sahne • 1 EL Vanillezucker • 1 Päckchen Sahnesteif • Zitronenmelisseblättchen zum Garnieren

- Den Mürbteig nach Grundrezept zubereiten und ruhen lassen. Anschließend auf einer Arbeitsfläche ausrollen, auf ein kleines, ausgefettetes Backblech legen und im auf 180-200 °C vorgeheizten Backofen 10-15 Minuten backen, herausnehmen, erkalten lassen.
- Die Mandarinen gut abtropfen lassen und mit einer Gabel zerdrücken. Den Tortenguss nach Anweisung mit Mandarinensaft und Wasser kochen und etwas abkühlen lassen. Das Mandarinenpüree unter den Tortenguss ziehen, das Ganze auf dem Boden verteilen und vollständig erkalten lassen.
- Die Sahne mit dem Vanillezucker und dem Sahnesteif steif schlagen, in einen Spritzbeutel füllen und den Kuchen damit verzieren. In Streifen schneiden, mit Mandarinenspalten und Zitronenmelisseblättchen ausgarnieren und servieren.

Himbeerschnitten

*• 1 Rezept Mürbteig fein • 50 g gemahlene Haselnüsse
• 1 kleines Glas Himbeermarmelade • 4 cl Himbeergeist
• 500 g Himbeeren • 50 g Kokosflocken • 50 g Mandelblättchen
• 3-4 EL Zucker • 500 g Sahnequark • Saft von 2 Zitronen
• 1-2 EL geriebene Zitronenschale • 8 Blatt rote Gelatine
• 1 Tasse Himbeersaft • 1 1/2 Becher Schlagsahne
• 2 Päckchen Sahnesteif • 2 EL Vanillezucker
• Zucker nach Geschmack • 1/4 l roten Tortenguss*

- Den Mürbteig mit den Haselnüssen nach Grundrezept zubereiten, den Teig ausrollen und ein Backblech damit auslegen. Den Teig mit einer Gabel einstechen und im auf 180-200 °C vorgeheizten Backofen 25-35 Minuten abbacken.
- Die Marmelade mit dem Himbeergeist glatt rühren und den erkalteten Teig damit bestreichen. Einige schöne Himbeeren zurücklegen, die restlichen mit den Kokosflocken und den Mandelblättchen vermischen, mit Zucker bestreuen und 10-15 Minuten ziehen lassen.
- Den Quark mit dem Zitronensaft und der Zitronenschale glatt rühren. Die im Wasser eingeweichte und im erhitzten Himbeersaft aufgelöste Gelatine unter den Quark ziehen.
- Die Früchte und die mit dem Sahnesteif geschlagene Sahne unter den Quark heben. Mit Vanillezucker und Zucker süßen, die Masse auf den Teig streichen und erkalten lassen.
- Den Tortenguss nach Rezept zubereiten, die Quarkmasse damit überziehen und erkalten lassen. Das Ganze zu Rechtecken schneiden, mit der Sahne und den zurückgelassenen Beeren garnieren und servieren.

Erdbeer-Mandel-Schnitten

*• 1 Rezept Mürbteig fein • 50 g gemahlene Mandeln
• 1 kleines Glas Erdbeermarmelade • 4 cl Himbeergeist
• 500 g Erdbeeren • 50 g Kokosflocken • 50 g Mandelblättchen
• 3-4 EL Zucker • 500 g Sahnequark • Saft von 2 Zitronen
• 1-2 EL geriebene Zitronenschale • 8 Blatt rote Gelatine
• 1 Tasse Himbeersaft • 1 1/2 Becher Schlagsahne
• 2 Päckchen Sahnesteif • 2 EL Vanillezucker
• Zucker nach Geschmack • 1/4 l roten Tortenguss*

- Zubereitung wie Himbeerschnitten

Beschwipster Apfelkuchen

• 1 1/2 Rezepte Mürbteig fein • 2 EL Butter oder Margarine • 2-3 EL Zucker • 1/4 l Apfelsaft • 1/4 l Apfelwein • 1/2 Tasse Apfelschnaps • 2 kg Äpfel • 125 g Rumrosinen • 2 EL Vanillezucker • Zucker nach Geschmack • 3-4 EL Speisestärke • 30 g Sonnenblumenkerne • 30 g Mandelstifte • 200 g Puderzucker • 4 cl Apfelschnaps • 30 g Kokosfett

- Den Mürbteig fein nach Grundrezept zubereiten, zwei Drittel des Teiges ausrollen, eine Springform damit auslegen, mit einer Gabel mehrmals einstechen und in den Kühlschrank stellen.
- Die Butter oder Margarine erhitzen, den Zucker darin karamelisieren lassen, den Karamel mit dem Apfelsaft und dem Apfelwein loskochen und mit Apfelschnaps aromatisieren.
- Die Äpfel schälen, in Scheiben schneiden und im Apfelsud kurz blanchieren. Die Rumrosinen und den Vanillezucker dazugeben und mit Zucker süßen. Den Saft mit angerührter Speisestärke eindicken. Den Teig mit den Apfelscheiben belegen, den erkalteten und eingedickten Saft gleichmäßig darauf geben, mit Sonnenblumenkernen und Mandelstiften bestreuen.
- Den restlichen Mürbteig ausrollen, die Torte damit bedecken und im auf 180-200 °C vorgeheizten Backofen 40-50 Minuten backen. Den Puderzucker mit dem Apfelschnaps und dem flüssigen Kokosfett glatt rühren .
- Den noch warmen Kuchen aus der Form nehmen, mit der Glasur überziehen, abtrocknen und auskühlen lassen, in Stücke schneiden und servieren.

Apfelküchlein

- Zutaten und Zubereitung wie beschwipster Apfelkuchen.
- Mehrere kleine Obstkuchenförmchen ausfetten, mit dem Teig auslegen und die Küchlein wie oben beschrieben fertig stellen.

Linzer Torte

• 250 g Mehl • 1 Ei • 100 g Zucker • 100 g gemahlene Mandeln • 180 g Butter • 1 Glas rote Marmelade • Margarine und Grieß für die Form • Milch zum Bestreichen • Puderzucker zum Bestäuben

- Das Mehl in eine Schüssel sieben, in die Mitte eine Mulde eindrücken, das Ei, den Zucker, das Lebkuchengewürz, das Zitronen- oder Vanillearoma, die Mandeln und die Butter in Flöckchen hineingeben.
- Alle Zutaten schnell zu einem Mürbteig verarbeiten, in Frischhaltefolie wickeln und eine Stunde im Kühlschrank ruhen lassen.
- Zwei Drittel des Teiges auf einer bemehlten Arbeitsfläche ausrollen, in eine gefettete und mit Grieß ausgestreute Springform legen und dabei einen Rand hochziehen. Die Marmelade einfüllen und den restlichen Teig in Streifen radeln. Mit den Streifen ein Gitter auf die Marmelade legen und dieses mit der Milch bestreichen.
- Im auf 180-200 °C vorgeheizten Backofen 60-70 Minuten abbacken, herausnehmen, auskühlen lassen und mit Puderzucker bestreut servieren.

Apfel-Gittertorte

- Teig wie Linzer Torte, als Füllung 500-600 g Äpfel in wenig Zuckerwasser mit einer Zimtstange dünsten. Nach Geschmack eine Hand voll Rosinen untermischen.
- Die Äpfel auf dem Teig verteilen und wie bei der Linzer Torte mit einem Gitter abdecken.
- Das Gitter mit Milch bestreichen und die Apfeltorte in dem auf 180-200 °C vorgeheizten Backofen 60 Minuten backen. Herausnehmen und erkalten lassen, nach Geschmack mit Puderzucker bestäuben und servieren.

Quarktorte

- Teig wie Linzer Torte
- 1 Grundrezept Quarkfüllung nach Grundrezept herstellen, nach Geschmack 2-3 EL eingeweichte Rosinen unterheben und die Masse auf dem vorgebackenen Teig verteilen. Aus dem restlichen Teig ein Gitter formen, dieses wie bei der Linzer Torte beschrieben auf den Quark legen und die Quarktorte im auf 180-200 °C vorgeheizten Backofen 70 Minuten backen. Unbedingt in der Form erkalten lassen!

Mandarinentorte mit Quark

• 200 g Mehl • 1/2 Päckchen Backpulver • 75 g Zucker • 1 Prise Salz • 1 Ei • 125 g Butter • Mehl zum Ausrollen • Margarine und Semmelbrösel für die Form • 500 g Sahnequark • Saft von 1 Orange • 6 cl Orangenlikör • 2 Päckchen Vanillezucker • 1 Tasse Weißwein • 12 Blatt weiße Gelatine • 2 Becher Sahne • 2 Päckchen Sahnesteif • 2 Dosen Mandarinenfilets • Sahne zum Garnieren • Schokoraspeln zum Bestreuen

- Mehl und Backpulver auf eine Arbeitsfläche sieben. Zucker und Salz dazugeben, eine Mulde eindrücken, das Ei hineingeben, die Butter in Flöckchen darauf setzen, alles von außen nach innen rasch zu einem glatten, kompakten Teig verkneten und im Kühlschrank mindestens eine Stunde ruhen lassen.
- Den Teig in eine ausgefettete und mit Semmelbröseln ausgestreute Springform geben, mit einer Gabel mehrmals einstechen und im auf 180-200 °C vorgeheizten Backofen 25-35 Minuten backen.
- Den Quark mit dem Orangensaft, dem Orangenlikör und dem Vanillezucker glatt rühren. Den Weißwein erhitzen, die gewässerte, gut ausgedrückte Gelatine darin auflösen lassen und tropfenweise unter den Quark ziehen.
- Die Sahne mit dem Sahnesteif steif schlagen und mit den gut abgetropften Mandarinen unter den Quark heben. Einen Tortenrand um den Mürbteig legen, die Masse einfüllen, glatt streichen, im Kühlschrank vollständig erstarren lassen.
- Vorsichtig aus der Form lösen, mit geschlagener, gesüßter Sahne, Mandarinenfilets und Schokoraspeln ausgarnieren und bis zum Verzehr kalt stellen.

Orangentorte mit Quark

- Zubereitung wie Mandarinentorte
- Anstelle der Mandarinen aus der Dose 2-3 frische Orangen verwenden. Die weiße Haut abschneiden, die Filets aus der Haut lösen und in Stücke schneiden. Die Hälfte davon in die Quarkmasse geben, die andere zum Garnieren bereitstellen.

Käsekuchen mit Sauerkirschen

• 250 g Mehl • 150 g Margarine • 100 g Zucker • 2 Eigelb • abgeriebene Schale von 1/2 Zitrone • 2-3 EL Rum • 1 Prise Salz • 80 g gemahlene Mandeln • 750 g Magerquark • 3 Eigelb • 100 g Zucker • 1 Päckchen Vanillezucker • abgeriebene Schale von 1/2 Zitrone • 2-3 Tropfen Bittermandelöl • 40 g Speisestärke • 3 Eiweiß • 1/2 l Sahne • 1 Glas Sauerkirschen

- Aus dem Mehl, der Margarine, dem Zucker, dem Eigelb, der Zitronenschale, dem Rum und dem Salz einen glatten Teig zubereiten und diesen eine Stunde kalt stellen.
- Eine ausgefettete Springform (Durchmesser 26 cm) mit dem Teig auslegen und die Hälfte der Mandeln darauf streuen.
- Für die Füllung die restlichen Mandeln mit dem Quark vermischen. Das Eigelb mit dem Zucker und dem Vanillezucker schaumig schlagen, mit der Zitronenschale und dem Bittermandelöl zum Quark geben. Die Speisestärke darüber sieben und unterheben.
- Das Eiweiß zu steifem Schnee schlagen, die Sahne steif schlagen und beides vorsichtig unter die Quarkmasse heben.
- Die gut abgetropften Kirschen auf dem Teig verteilen, die Quarkmasse darüber gießen und glatt streichen.
- Im auf 230 °C vorgeheizten Backofen in 60-70 Minuten goldbraun abbacken. In der Form erkalten lassen, nach Geschmack mit Puderzucker bestäuben und servieren.

Variation:

- Zur Abwechslung aus einem kleinen Teigrest Rollen oder Streifen formen und diese vor dem Backen gitterförmig auf den Kuchen legen.

Käsekuchen mit Pfirsichen oder Aprikosen

- Zubereitung wie Käsekuchen mit Sauerkirschen
- Anstelle der Sauerkirschen 1 große Dose Pfirsiche oder Aprikosen verwenden. Die Früchte gut abtropfen lassen, auf den Teig legen und die Quarkmasse darüber füllen. Oder die Früchte klein schneiden und unter die Quarkmasse heben.

Orangen-Sahne-Torte

30 g fein geriebene Sonnenblumenkerne • 120 g fein gemahlenen Dinkel • 1 EL braunen Zucker • 80 g kalte Butter • 1 Eigelb • 3 EL Orangenmarmelade • 4 Eiweiß • 3 EL frisch gepressten Orangensaft • 2 1/2 EL Akazienhonig • 4 Eigelb • 120 g Dinkelmehl • 60 g fein geriebene Sonnenblumenkerne • 5 Blatt weiße Gelatine • 1 Orange • 180 ml frisch gepressten Orangensaft • 1 Becher Sahne • 2 Eigelb • 1 1/2 EL Akazienhonig • 1 TL geriebene Orangenschale • 50 g gehackte Sonnenblumenkerne • 1 Becher Sahne • Orangenfilets, Orangenschalenstreifen und Sonnenblumenkerne zum Garnieren

- Aus den Sonnenblumenkernen, dem Dinkel, dem Zucker, der Butter und dem Eigelb einen Mürbteig kneten, den Boden einer Springform damit auslegen, mit einer Gabel mehrmals einstechen im auf 180° vorgeheizten Backofen 12-15 Minuten backen, herausnehmen und erkalten lassen. Mit der Orangenmarmelade bestreichen.
- Das Eiweiß mit dem Orangensaft sehr steif schlagen, den Honig und das Eigelb nach und nach unterrühren und weiter schlagen, bis eine cremige Masse entstanden ist. Das Mehl mit den Sonnenblumenkernen vermischen und unter den Eischaum heben. Eine Springform mit Backtrennpapier auslegen, den Teig einfüllen und im auf 180 °C vorgeheizten Backofen 25-30 Minuten backen. Herausnehmen, stürzen und das Backtrennpapier abziehen.
- Vollständig erkalten lassen, quer halbieren und eine Hälfte auf den Mürbteig setzen.
- Die Gelatine einweichen, die Orange filieren und in kleine Stücke schneiden. Die Sahne steif schlagen. Das Eigelb mit dem Honig cremig schlagen und die Orangenschale unterheben. Die Gelatine ausdrücken, im erhitzten Orangensaft auflösen lassen, den restlichen Orangensaft unterrühren und unter den Eischaum ziehen. Die Sahne unterheben, die Sonnenblumenkerne unterziehen und die Masse auf den Biskuitboden streichen. Die Orangenstückchen darauf verteilen. Den zweiten Boden darauf setzen und das Ganze mindestens drei Stunden kühl stellen
- Mit Orangenfilets, Orangenschalenstreifen und Sonnenblumenkernen verzieren.

Grundrezept Biskuit mit Rum

• 6 Eier • 180 g Zucker • 1 Prise Salz • 150 g Mehl • 1 TL Backpulver • einige Tropfen Rum

- Die Eier mit dem Zucker und dem Salz weiß-schaumig aufschlagen.
- Das Mehl mit dem Backpulver vermischen, löffelweise vorsichtig unter den Eischaum heben und den Teig mit Rum aromatisieren.
- Eine Springform (Durchmesser 26 cm) mit Backtrennpapier auslegen, den Teig einfüllen und im auf 180-200 °C vorgeheizten Backofen 20 Minuten backen.
- Nach Ende der Backzeit auf ein Kuchengitter stürzen, das Backtrennpapier vorsichtig abziehen, den Kuchen erkalten lassen und einmal waagerecht durchschneiden.

Ananas-Sahne-Torte

• 1 fertig gebackenen Mürbteigboden • 3 EL Ananasmarmelade • 1 Rezept Biskuit mit Rum • 5 Blatt weiße Gelatine • 2 Scheiben Ananas aus der Dose • 180 ml Ananassaft • 1 Becher Sahne • 2 Eigelb • Zucker nach Geschmack • abgeriebene Schale von 1/2 Zitrone • 50 g gehackte Sonnenblumenkerne • 1 Becher Sahne • Ananasscheiben und Pistazienkerne zum Garnieren

- Den fertigen Mürbteigboden auf eine Tortenplatte legen und mit der Ananasmarmelade bestreichen.
- Nach Grundrezept Biskuit mit Rum einen Teig zubereiten, in eine Springform mit Backtrennpapier ausgelegte Springform füllen und im auf 180 °C vorgeheizten Backofen 25-30 Minuten backen. Herausnehmen, stürzen und das Backtrennpapier abziehen.
- Vollständig erkalten lassen, quer halbieren und eine Hälfte auf den Mürbeteig setzen.
- Die Gelatine einweichen, die gut abgetropften Ananas in kleine Stücke schneiden. Die Sahne steif schlagen. Das Eigelb mit dem Zucker cremig schlagen und die Zitronenschale unterheben. Die Gelatine ausdrücken, in etwas erhitztem Ananassaft auflösen lassen, den restlichen Orangensaft unterrühren und unter den Eischaum ziehen. Die Sahne unterheben und die Masse auf den Biskuitboden streichen. Die Ananasstückchen darauf verteilen. Den zweiten Boden darauf setzen und das Ganze mindestens drei Stunden kühl stellen.
- Die restliche Sahne steif schlagen, die Torte damit bestreichen, mit Ananasscheiben oder -stücken und gehackten Pistazien verzieren.

Waldbeeren-Milchreis-Torte

• 1 Becher Milchreis natur • 1 EL Vanillezucker • einige Tropfen Zitronensaft • 1 Becher Sahne • 1 Päckchen Sahnesteif • 3 Blatt weiße Gelatine • 1 fertigen Boden aus Grundrezept Biskuit mit Rum • 500 g frische Waldfrüchte (Walderdbeeren, Himbeeren, Brombeeren, Heidelbeeren) • 1 Päckchen roten Tortenguss • 2 EL Zucker

- Den Milchreis mit dem Vanillezucker und dem Zitronensaft abschmecken, die Sahne mit Sahnesteif steif schlagen und vorsichtig unter den Milchreis heben. Sahne zum Verzieren beiseite stellen.
- Die Gelatine einweichen, gut ausdrücken und in wenig heißem Wasser auflösen.
- Tropfenweise die Gelatine unter die Reismischung heben.
- Einen Tortenring um den Biskuit legen, die Reismasse einfüllen und auf dem Biskuit glatt streichen.
- Die Früchte dekorativ auf dem Reis anrichten.
- Den Tortenguss nach Anweisung zubereiten, mit Zucker süßen, auf den Früchten verteilen und vollständig abtrocknen lassen.
- Den Tortenring ablösen, die Torte mit der restlichen Sahne ausgarnieren und zum Verzehr bereitstellen.

Kiwi-Milchreis-Torte

• 1 Becher Milchreis natur • 1 Päckchen Vanillezucker • einige Tropfen Zitronensaft • 1 Becher Sahne • 1 Päckchen Sahnesteif • 3 Blatt weiße Gelatine • 1 fertigen Boden aus Grundrezept Biskuit mit Rum • 500 g Kiwis • 1 Päckchen klaren Tortenguss • 2 EL Zucker • Mandelblättchen

- Den Milchreis mit dem Vanillezucker abschmecken, mit Zitronensaft aromatisieren, die Sahne mit Sahnesteif steif schlagen und vorsichtig unter den Milchreis heben. Etwas Sahne zum Verzieren beiseite stellen.
- Die Gelatine einweichen, gut ausdrücken und in wenig heißem Wasser auflösen.
- Die Gelatine tropfenweise unter die Reismischung heben.
- Einen Tortenring um den Biskuit legen, die Reismasse einfüllen und auf dem Biskuit verteilen.
- Die Kiwis schälen, in Scheiben schneiden und dekorativ auf den Reis legen.
- Den Tortenguss nach Anweisung zubereiten, esslöffelweise auf den Kiwis verteilen und vollständig abtrocknen lassen.
- Den Springformrand ablösen und die Torte mit Mandelblättchen und Sahne ausgarnieren.

Erdbeer-Joghurt-Torte

• 600 g Sahnejoghurt mit Erdbeeren • 6 Blatt weiße Gelatine • 1 fertigen Boden von Grundrezept Biskuit mit Rum • 500 g frische Erdbeeren • 1 Päckchen klaren oder roten Tortenguss • 4 EL Zucker • geschlagene, gesüßte Sahne und gehackte Nüsse zum Garnieren

- Den Joghurt in einer Schüssel glatt rühren. Die eingeweichte, gut ausgedrückte Gelatine in wenig heißem Wasser auflösen und unter den Joghurt ziehen.
- Einen Tortenring um den Biskuitboden legen, die Joghurtmasse darauf verteilen und die Erdbeeren dekorativ darauf anrichten.
- Den Tortenguss nach Anweisung zubereiten und über die Erdbeeren ziehen.
- Abtrocknen lassen, mit geschlagener, gesüßter Sahne verzieren, mit gehackten Nüssen bestreuen und servieren.

Schnelle Ananastorte

• 1 fertigen Biskuitboden von Grundrezept Biskuit mit Rum • 4 Becher Ananasjoghurt • 6 Blatt weiße Gelatine • 1 kleine Dose Ananas • 1-2 Blättchen Zitronenmelisse • 1 Päckchen klaren Tortenguss • geschlagene, gesüßte Sahne

- Einen Tortenring um den fertigen Biskuitboden legen.
- Den Ananasjoghurt in einer Schüssel glatt rühren. Die eingeweichte, gut ausgedrückte Gelatine in heißem Wasser auflösen und unter den Joghurt ziehen.
- Den Joghurt auf dem Boden verteilen, mit Ananasscheiben oder -stückchen belegen und nach Geschmack mit ganz fein geschnittener Zitronenmelisse bestreuen.
- Den Tortenguss nach Anweisung zubereiten und über die Ananas ziehen.
- Abtrocknen lassen, mit der Sahne ausgarnieren und servieren.

Kuppeltorte

• 1 Grundrezept Biskuit mit Rum • 1 Grundrezept Schokoladen-Buttercreme • 1 kleines Glas Marmelade • Kuchenreste oder Löffelbiskuits • Rum zum Beträufeln • 1 Grundrezept Schokoladenglasur • 50 g gehobelte Mandeln

- Den Biskuitboden nach Grundrezept zubereiten, abbacken, erkalten lassen und einen dünnen Deckel abschneiden.
- Den restlichen Kuchen nochmals durchschneiden, mit glatt gerührter Marmelade bestreichen und zusammensetzen.
- Die Schokoladencreme nach Vorschrift bereiten und in Stücke gebrochene Kuchenreste oder Löffelbiskuits, die mit Rum beträufelt wurden, kuppelförmig auf den Mittelpunkt streichen.
- Den zurückgelegten, dünnen Tortendeckel obenauf setzen, fest andrücken, so dass eine kuppelförmige Torte entsteht.
- Die Schokoladenglasur zubereiten, den Kuchen damit überziehen, glatt streichen, den Rand mit gehobelten Mandeln bestreuen, ggf. mit einem Rest der Creme ausgarnieren, vollständig erkalten lassen und zum Verzehr bereitstellen.

Erdbeerkuppel

• 1 Grundrezept Biskuit mit Rum • 1 Rezept Französische Tortencreme • 500 g frische Erdbeeren • Löffelbiskuits • Rum zum Beträufeln • 1 Rezept Eiweißglasur • einige Tropfen roten Fruchtsaft

- Den Biskuitboden nach Grundrezept zubereiten, abbacken, erkalten lassen und einen dünnen Deckel abschneiden.
- Den restlichen Kuchen nochmals durchschneiden, mit den verlesenen, gewaschenen und nach Bedarf klein geschnittenen Erdbeeren belegen und zusammensetzen.
- Die Tortencreme nach Vorschrift bereiten und in Stücke gebrochene Löffelbiskuits, die mit Rum beträufelt wurden, kuppelförmig auf den Mittelpunkt streichen.
- Den zurückgelegten, dünnen Tortendeckel obenauf setzen, fest andrücken, so dass eine kuppelförmige Torte entsteht.
- Die Eiweißglasur statt mit Wasser mit rotem Fruchtsaft zubereiten, den Kuchen damit überziehen, glatt streichen, vollständig erkalten lassen und zum Verzehr bereitstellen.

Grundrezept Butter-Biskuitboden

• 4 Eier • 8 EL kaltes Wasser • 1 Beutel biskuit apart • 200 g Zucker • 150 g Mehl • 75 g Speisestärke • 1 leicht geh. TL Backpulver • 50 g flüssige Butter

- Die Eier mit dem Wasser, dem biskuit apart und dem Zucker in eine hohe Rührschüssel füllen.
- Mit dem Handrührgerät auf höchster Stufe fünf Minuten luftig aufschlagen, das mit Speisestärke und Backpulver vermischte Mehl sowie die zerlassene Butter dazugeben und mit dem Handrührgerät auf kleinster Stufe unterrühren.
- Die Masse in eine ausgefettete Springform füllen, glatt streichen und im auf 200 °C vorgeheizten Backofen 30-35 Minuten backen.
- Den Boden auf ein Kuchengitter stürzen und vollständig erkalten lassen.

Kuppeltorte mit Vanillecreme

• 1 Grundrezept Butter-Biskuitboden • 1 kleines Glas Ananasmarmelade • 1 Grundrezept Vanille-Buttercreme • Kuchenreste oder Löffelbiskuits • Rum zum Beträufeln • 1 Grundrezept Eiweißglasur • 50 g gehackte Pistazien

- Den Biskuitboden nach Grundrezept zubereiten, abbacken, erkalten lassen und einen dünnen Deckel abschneiden.
- Den restlichen Kuchen nochmals durchschneiden, mit glatt gerührter Marmelade bestreichen und zusammensetzen.
- Die Vanille-Buttercreme nach Vorschrift bereiten und in Stücke gebrochene Kuchenreste oder Löffelbiskuits, die mit Rum beträufelt wurden, kuppelförmig auf den Mittelpunkt streichen.
- Den zurückgelegten, dünnen Tortendeckel obenauf setzen, fest andrücken, so dass eine kuppelförmige Torte entsteht.
- Die Eiweißglasur zubereiten, den Kuchen damit überziehen, glatt streichen, den Rand mit gehackten Pistazien bestreuen, ggf. mit einem Rest der Creme ausgarnieren, vollständig erkalten lassen und zum Verzehr bereitstellen.

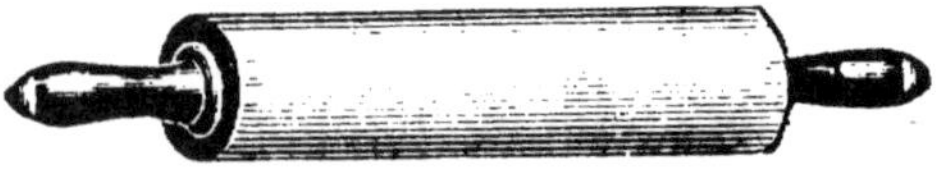

Weincremetorte

• 1 Grundrezept Butter-Biskuitboden • 1/2 l süße Sahne • 1 Päckchen sanapart • 2 EL Zucker • 1 Päckchen Vanillezucker • 200 g Weißwein • Saft von 2 Zitronen • etwas abgeriebene Zitronenschale

- Den Biskuit nach Grundrezept zubereiten, auskühlen lassen und waagerecht einen 2 cm dicken Deckel abschneiden. Das untere Teil mit dem Rand einer Springform umstellen.
- Die Schlagsahne mit 2 TL sanapart und Zucker sowie Vanillezucker steif schlagen.
- Den restlichen Packungsinhalt sanapart mit Weißwein, Zitronensaft und Zitronenschale zu einem glatten Pudding anrühren und die geschlagene Sahne unterheben.
- Die Creme auf das Unterteil des Biskuitbodens füllen und den Deckel fest darauf drücken. Kalt stellen, anschließend den Springformrand mit einem Messer lösen und abnehmen.
- Je nach Geschmack den Rand der Torte mit einem heißen, nassen Messer etwas glatt streichen. Die Weincremetorte mit Puderzucker bestäuben, Tortenstücke einteilen, ausgarnieren und zum Verzehr bereitstellen.

Käsesahnetorte

• 1 Grundrezept Butter-Biskuitboden • 500 g Speisequark • 1 EL Zucker • 1 Päckchen Vanillezucker • 1/2 l süße Sahne • 4 geh. TL sanapart • 6 geh. TL sanapart • Konfitüre zum Bestreichen • frische Beeren • Puderzucker zum Bestäuben

- Den Butter-Biskuitboden nach Grundrezept zubereiten. Nach dem Abbacken oben einen 1 cm dicken Tortendeckel abschneiden und diesen in 16 Stückchen teilen.
- Den Speisequark mit Zucker und Vanillezucker glatt rühren. Die Schlagsahne mit 4 TL sanapart steif schlagen und mit weiteren 6 TL sanapart zum Quark geben. Das Ganze gut verrühren.
- Den Biskuittortenboden mit der glatt gerührten Konfitüre bestreichen, mit vorbereitetem Obst belegen und einem Tortenrand umlegen.
- Die Creme einfüllen, gleichmäßig darin verteilen, glatt streichen, die Deckelstücke dekorativ darauf legen und fest andrücken.
- Die Käsesahnetorte mit Puderzucker bestäuben, vollständig auskühlen lassen, den Tortenring abnehmen, mit einem heißen, nassen Messer glatt streichen, ausgarnieren und zum Verzehr bereitstellen.

Himbeertorte

• 1 Grundrezept Butter-Biskuitboden • 3/4 l süße Sahne • 1 Packung sanapart • 1 Päckchen Vanillezucker • 500 g frische Himbeeren • 1 kleines Stück Blockschokolade

- Den Butter-Biskuitboden nach Grundrezept zubereiten, abbacken, erkalten lassen und zweimal durchschneiden.
- Die Schlagsahne mit 6 leicht geh. TL sanapart und dem Vanillezucker steif schlagen.
- Den Unterboden mit einem Drittel der Schlagsahne bestreichen. 2 TL sanapart gleichmäßig darüber streuen.
- Die verlesenen, gewaschenen und gut abgetropften Himbeeren dicht auflegen.
- Den Mittelboden darauf setzen, gleichermaßen füllen und mit dem Deckel abschließen.
- Die Torte mit der restlichen Schlagsahne einstreichen, ausgarnieren, mit der geraspelten Blockschokolade bestreuen, einige Sahnerosetten obenauf spritzen, Himbeeren einsetzen, ausgarnieren, vollständig erkalten lassen und zum Verzehr bereitstellen.

Schnelle Heidelbeertorte

• 1 fertig gebackenen Mürbteigboden • 3-4 EL Heidelbeermarmelade • 1 Grundrezept Butter-Biskuitboden • 3/4 l süße Sahne • 1 Packung sanapart • 1 Päckchen Vanillezucker • 500 g frische Heidelbeeren

- Den Mürbteigboden auf eine Tortenplatte setzen und mit der Heidelbeermarmelade bestreichen.
- Den Butter-Biskuitboden nach Grundrezept zubereiten, abbacken, erkalten lassen und zweimal durchschneiden. Den untersten Boden auf den Mürbteigboden legen.
- Die Schlagsahne mit 6 leicht geh. TL sanapart und dem Vanillezucker steif schlagen.
- Den Unterboden mit einem Drittel der Schlagsahne bestreichen. 2 TL sanapart gleichmäßig darüber streuen.
- Die verlesenen, gewaschenen und gut abgetropften Heidelbeeren dicht auflegen.
- Den Mittelboden darauf setzen, gleichermaßen füllen und mit dem Deckel abschließen.
- Die Torte mit der restlichen Schlagsahne einstreichen, ausgarnieren, einige Sahnerosetten obenauf spritzen, Heidelbeeren einsetzen, ausgarnieren, vollständig erkalten lassen und zum Verzehr bereitstellen.

Schnelle Erdbeer-Sahne-Torte

• 1 Grundrezept Butter-Biskuitboden • 3/4 l süße Sahne • 1 Packung sanapart • 1 Päckchen Vanillezucker • 500 g Erdbeeren • Schokostreusel zum Garnieren

- Den Butter-Biskuitboden nach Grundrezept zubereiten, abbacken, erkalten lassen und zweimal durchschneiden.
- Die Schlagsahne mit 6 leicht geh. Teelöffeln sanapart und dem Vanillezucker steif schlagen.
- Den Unterboden mit einem Drittel der Schlagsahne bestreichen. 2 TL sanapart gleichmäßig darüber streuen.
- Die verlesenen, gewaschenen, gut abgetropften und halbierten Erdbeeren dicht auflegen.
- Den Mittelboden darauf setzen, gleichermaßen füllen und mit dem Deckel abschließen.
- Die Torte mit der restlichen Schlagsahne einstreichen, ausgarnieren, mit Schokostreuseln bestreuen, einige Sahnerosetten obenauf spritzen, halbierte Erdbeeren einsetzen, ausgarnieren, vollständig erkalten lassen und zum Verzehr bereitstellen.

Brombeertorte

• 1 Grundrezept Butter-Biskuitboden • 3/4 l süße Sahne • 1 Packung sanapart • 1 Päckchen Vanillezucker • 500 g frische Himbeeren • Raspelschokolade

- Zubereitung wie Erdbeertorte

Bananentorte

• 1 Grundrezept Butter-Biskuitboden • 3/4 l süße Sahne • 1 Packung sanapart • 1 Päckchen Vanillezucker • 2-3 Bananen • Saft von 1/2 Zitrone • Schokostreusel zum Garnieren

- Zubereitung wie Himbeertorte
- Die Bananen mit einer Gabel zerdrücken und sofort mit Zitronensaft beträufeln.

Grundrezept Schokoladenbiskuitboden

• 4 Eier • 8 EL kaltes Wasser • 1 Beutel biskuit apart • 200 g Zucker • 125 g Mehl • 25 g dunkles Kakaopulver • 75 g Speisestärke • 1 leicht geh. TL Backpulver • 50 g flüssige Butter

- Die Eier mit dem Wasser, dem biskuit apart und dem Zucker in eine hohe Rührschüssel füllen.
- Mit dem Handrührgerät auf höchster Stufe fünf Minuten luftig aufschlagen, das mit Kakao, Speisestärke und Backpulver vermischte Mehl sowie die zerlassene Butter dazugeben und mit dem Handrührgerät auf kleinster Stufe unterrühren.
- Die Masse in eine ausgefettete Springform füllen, glatt streichen und im auf 200 °C vorgeheizten Backofen 30-35 Minuten backen.
- Den Boden auf ein Kuchengitter stürzen und vollständig erkalten lassen.

Dunkle Himbeertorte

• 1 Grundrezept Schokoladenbiskuitboden • 1/2 l Schlagsahne • 4 TL sanapart • 250 g frische, gezuckerte Himbeeren • 2 EL Weinbrand • 3 TL sanapart

- Den Schokoladenbiskuitboden nach Grundrezept zubereiten und nach dem Abbacken und Erkalten zweimal waagerecht durchschneiden.
- Die Sahne mit sanapart steif schlagen, die gezuckerten Himbeeren mit dem Weinbrand und dem restlichen sanapart unter die Creme ziehen.
- Um den untersten Biskuitboden einen Tortenrand legen und die Himbeersahne darauf verteilen. Glatt streichen, mit dem zweiten Boden abdecken, nochmals Himbeersahne darauf geben und mit dem restlichen Boden abdecken.
- Die Torte mit der Schlagsahne überziehen, glatt streichen, mit frischen Himbeeren ausgarnieren und vollständig erkalten lassen.
- Den Springformrand entfernen und den Rand mit einem heißen, nassen Messer glätten. Bis zum Verzehr kalt stellen.

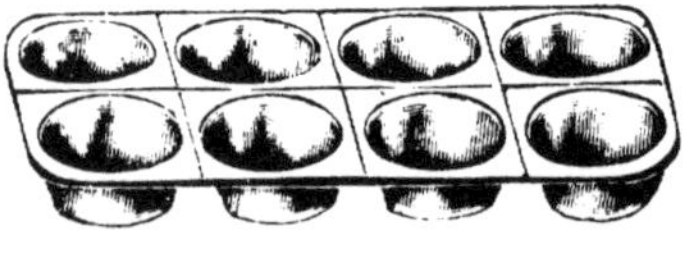

Schwarzwälder Kirschtorte

• 1 Grundrezept Schokoladenbiskuit • 1 Gläschen Kirschwasser • 1 EL sanapart • 3/4 l Schlagsahne • 6 leicht geh. TL sanapart • 750 g entsteinte Sauerkirschen • 50 g geraspelte Schokolade

- Den Schokoladenbiskuitboden nach Grundrezept zubereiten, nach dem Erkalten zweimal durchschneiden.
- Die Böden mit Kirschwasser beträufeln und den unteren Boden mit 1 EL sanapart bestreuen.
- Die Schlagsahne mit 6 leicht geh. TL sanapart steif schlagen. Die Kirschen gut abtropfen lassen und gleichmäßig auf dem Boden verteilen. Ein Drittel der geschlagenen Sahne darauf geben und glatt streichen. Darauf den mittleren Boden setzen und mit der restlichen Schlagsahne einstreichen.
- Den Deckelboden obenauf legen, mit der übrigen Sahne gleichmäßig und dünn bestreichen, mit geraspelter Schokolade bestreuen und Sahnerosetten aufspritzen. Jeweils eine Sauerkirsche in die Rosetten drücken, die Schwarzwälder Kirschtorte vollständig ausgarnieren und zum Verzehr bereitstellen.

Schoko-Nuss-Torte mit Marzipan

• 8 Eigelb • 250 g Zucker • 1 Prise Salz • 250 g gemahlene Haselnüsse • 8 Eiweiß • 100 g geriebene Schokolade • 1/2 l Sahne • 1 EL Puderzucker • 150 g Kuvertüre • 100 g Marzipanrohmasse • 50 g Puderzucker • Liebesperlen

- Das Eigelb mit dem Zucker sowie dem Salz schaumig schlagen und die Haselnüsse unterziehen.
- Das Eiweiß zu steifem Schnee schlagen, die Hälfte davon unter die Nussmasse ziehen und dann die Schokolade und den restlichen Eischnee unterheben.
- Jeweils ein Drittel der Masse auf einen gefetteten Springformboden streichen und im auf 180 °C vorgeheizten Backofen 15 Minuten backen. Herausnehmen und auf einem Kuchengitter erkalten lassen.
- Für die Füllung die Sahne mit dem Puderzucker steif schlagen, zwei Tortenböden damit bestreichen, aufeinander setzen und mit dem dritten Boden abdecken. Die Kuvertüre im Wasserbad erhitzen, die Torte rundherum damit bestreichen und im Kühlschrank fest werden lassen.
- Die Marzipanrohmasse mit dem Puderzucker verkneten, ausrollen und beliebige Motive ausstechen
- Die Marzipanmotive auf die Torte setzen und nach Geschmack mit Liebesperlen verzieren.

Grundrezept hoher Biskuitboden

• 5 Eier • 250 g Zucker • 100 ml lauwarmes Wasser • 1 Beutel biskuit apart • 150 g Mehl • 125 g Speisestärke • 1 leicht geh. TL Backpulver • Fett für die Form

- Die Eier in eine hohe Rührschüssel geben. Den Zucker mit dem lauwarmen Wasser und dem biskuit apart dazugeben und das Ganze mit dem Handrührgerät auf höchster Stufe fünf Minuten luftig aufschlagen.
- Das Mehl mit der Speisestärke und dem Backpulver vermischen, auf die Schaummasse sieben und mit dem Handrührgerät auf kleinster Stufe schnell unterrühren.
- Den Teig in eine nur am Boden eingefettete Springform füllen, glatt streichen und im auf 200 °C vorgeheizten Backofen 35 Minuten backen.
- Den Boden mit der Oberseite nach unten auf ein Kuchengitter legen und nach 10 Minuten den Springformboden abnehmen.
- Den Boden je nach Rezept weiter verarbeiten.

Ananastorte

• 1 Grundrezept hoher Biskuitboden • 1 Dose Ananasstücke • 250 g Butter oder Margarine • 100 g sanapart • 1 Ei • 1 Päckchen Vanillezucker

- Den Biskuitboden nach Grundrezept zubereiten und nach dem Abbacken erkalten lassen. Einmal durchschneiden.
- Die Butter oder Margarine schaumig schlagen, das sanapart, 150 ml Ananassaft, das Ei und den Vanillezucker dazugeben und alles zu einer leichten Creme aufschlagen.
- Die Ananasstückchen gut abtropfen lassen, nach Bedarf klein schneiden und auf dem unteren Tortenboden verteilen. Die Hälfte der Creme darauf geben und glatt streichen.
- Die Torte wieder zusammensetzen, mit der restlichen Creme einstreichen und 12-16 Cremetupfer als Garnitur obenauf geben. Mit Ananasstückchen ausgarnieren, vollständig erkalten und zum Verzehr bereitstellen.

Grundrezept hoher Schokoladenbiskuitboden

• 5 Eier • 250 g Zucker • 100 ml lauwarmes Wasser
• 1 Beutel biskuit apart • 125 g Mehl • 125 g Speisestärke
• 1 geh. EL dunkles Kakaopulver • 1 leicht geh. TL Backpulver
Fett für die Form

- Die Eier in eine hohe Rührschüssel geben. Den Zucker mit dem lauwarmen Wasser und dem biskuit apart dazugeben und das Ganze mit dem Handrührgerät auf höchster Stufe fünf Minuten luftig aufschlagen.
- Das Mehl mit der Speisestärke, dem Kakaopulver und dem Backpulver vermischen, auf die Schaummasse sieben und mit dem Handrührgerät auf kleinster Stufe schnell unterrühren.
- Den Teig in eine nur am Boden eingefettete Springform füllen, glatt streichen und im auf 200 °C vorgeheizten Backofen 35 Minuten backen.
- Den Boden mit der Oberseite nach unten auf ein Kuchengitter legen und nach 10 Minuten den Springformboden abnehmen.
- Den Boden je nach Rezept weiter verarbeiten.

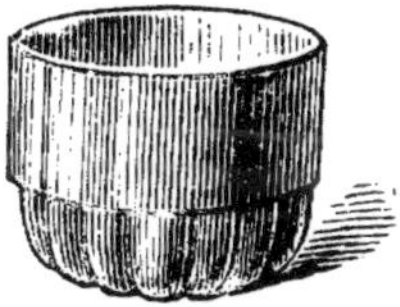

Schokoladentorte mit Buttercreme

• 1 Grundrezept hohen Schokoladenbiskuitboden
• 1 Tasse Sauerkirschkonfitüre • 1 Rezept Schokoladen-Buttercreme
• 1 Rezept Schokoladenglasur

- Die Biskuitmasse nach Grundrezept zubereiten, ausbacken und zweimal waagerecht durchschneiden.
- Den unteren Boden mit der glatt gerührten Sauerkirschkonfitüre bestreichen.
- Den mittleren Boden mit der Schokoladencreme bestreichen, von der Creme ein wenig für die Garnitur aufheben.
- Die Torte zusammensetzen und eine Stunde kalt stellen.
- Inzwischen die Schokoladenglasur zubereiten, die ausgekühlte Torte damit überziehen, mit der restlichen Schokocreme ausgarnieren, verzieren und zum Verzehr bereitstellen.

Grundrezept Blitzbiskuit für Rouladen

• 5 Eier • 6 EL kaltes Wasser • 150 g Zucker • 1 Päckchen Vanillezucker • 1 Prise Salz • 1 Beutel biskuit apart • 100 g Mehl • 50 g Speisestärke • 1 leicht gehäuften TL Backpulver

- Die Eier aufschlagen, mit dem Wasser, dem Zucker, dem Vanillezucker, dem Salz und dem biskuit apart in ein hohes Schlaggefäß geben und in fünf Minuten bei höchster Stufe mit dem elektrischen Rührgerät luftig aufschlagen.
- Das Mehl mit der Speisestärke und dem Backpulver vermischen, auf die Eimasse sieben und auf kleinster Stufe mit dem Rührgerät in kürzester Zeit unterheben.
- Den Teig auf ein mit Backtrennpapier ausgelegtes Backblech streichen und im auf 220 °C vorgeheizten Backofen in 12-15 Minuten ausbacken. Nach dem Backen den Teig auf ein mit Zucker bestreutes, sauberes Küchentuch stürzen, das Backtrennpapier mit etwas Wasser einstreichen, leicht erkalten lassen und vorsichtig abziehen.
- Die Roulade mit einem Tuch aufrollen und so erkalten lassen. Zur Füllung wieder entrollen und mit Konfitüre oder Creme bestreichen. Ohne Tuch wieder aufrollen, anrichten, ausgarnieren, mit Puderzucker bestäuben und servieren.

Mokka-Igel

• 1 Grundrezept Blitzbiskuit für Rouladen • 1 Grundrezept Mokkacreme • 2 Tassen geröstete Mandelstifte • 2 Rosinen • 1 Dörrpflaume

- Die Blitz-Biskuitroulade nach Grundrezept zubereiten, den Teig in einen Spritzbeutel mit glatter Lochtülle füllen und auf ein gefettetes, mit Pergamentpapier ausgelegtes Backblech 10 cm lange Stangen spritzen.
- Die Löffelbiskuits im auf 180-200 °C vorgeheizten Backofen hellgelb ausbacken.
- Die Mokkacreme nach Grundrezept zubereiten, auf einer Platte abwechselnd Löffelbiskuits und Mokkacreme in Form eines großen Igels schichten.
- Zum Schluss rundherum dick mit Mokkacreme bestreichen und in gleichmäßigen Abständen in Stifte geschnittene, in Zucker braun geröstete Mandeln hineinstecken.
- Dem Igel als Augen zwei Rosinen und als Nase eine Dörrpflaume anstecken.

Pflaumenrolle mit Schokosahne

• 100 g Vollmilchschokolade • 100 g Zartbitterschokolade • 2 Becher Sahne • 100 g Trockenpflaumen • 20 g Sesamsamen • 20 g Leinsamen • 100 g gehackte Wal- oder Haselnüsse • 4 Eier • 4 EL kaltes Wasser • 1 Prise Salz • 80 g Zucker • 1 Beutel biskuit apart • 50 g Mehl • 2 EL Weinbrand • 2 EL sanapart • Puderzucker oder Kakaopulver zum Bestäuben

- Die Schokolade zerbrechen und in der Sahne unter ständigem Rühren erwärmen, bis sie geschmolzen ist.
- Die Schokoladensahne mehrere Stunden in den Kühlschrank stellen und vollständig auskühlen lassen.
- Die Trockenpflaumen sehr fein würfeln, mit dem Sesam, dem Leinsamen und den Nüssen vermischen.
- Aus den Teigzutaten nach Grundrezept Blitzbiskuit für Rouladen einen Biskuitteig zubereiten. Die Pflaumen-Nuss-Mischung vor dem Mehl zufügen und auf höchster Stufe knapp 1/2 Minute darunter schlagen.
- Das Mehl zugeben und mit dem Schneebesen untermischen.
- Die Masse auf ein mit Backtrennpapier ausgelegtes Backblech streichen und im auf 200 °C vorgeheizten Backofen in 10-15 Minuten backen.
- Nach Ende der Backzeit fünf Minuten ausdampfen lassen und auf mit Zucker bestreutes Küchentuch stürzen.
- Das Papier abziehen, den Biskuit samt dem Tuch zur Rolle zusammenrollen und auskühlen lassen.
- Die Schokoladensahne mit dem elektrischen Rührgerät in etwa 30 Sekunden schlagen, den Weinbrand und das sanapart zufügen und alles zu steifem Schnee schlagen.
- Die Biskuitrolle mit der Schokosahne füllen, zusammenrollen, mit der restlichen Schokosahne überziehen, mit Puderzucker oder Kakaopulver bestäuben und vollständig auskühlen lassen.

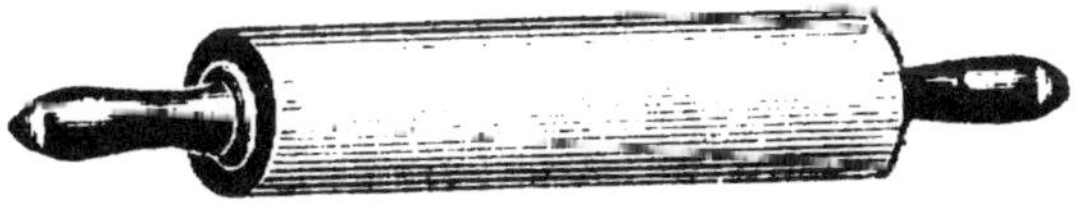

VOLLKORN-PFIRSICH-ROLLE

• 5 Eier • 6 EL Wasser • 150 g Zucker • 1 Päckchen Vanillezucker • 1 Beutel biskuit apart • 1 Prise Salz • 100 g Weizenvollkornmehl • 1 TL Weinsteinbackpulver • 250 g Pfirsiche • 50 g sanapart • 2 EL Amarettolikör • 1 Becher Sahne • 2 TL sanapart

- Aus den Teigzutaten nach dem Grundrezept Blitzbiskuit für Rouladen den Teig zubereiten, auf ein mit Backtrennpapier ausgelegtes Backblech geben, glatt streichen und im auf 220 °C vorgeheizten Backofen 10-15 Minuten backen.
- Nach dem Backen den Rand mit einem spitzen Messer lösen, fünf Minuten ausdampfen lassen.
- Anschließend den Kuchen dünn mit sanapart bestreuen, auf ein Backtrennpapier stürzen und das alte abziehen.
- Den Biskuit nochmals mit etwas sanapart bestreuen und samt Papier zur Rolle aufwickeln. Auskühlen lassen.
- Für die Füllung die Pfirsiche waschen, halbieren, entkernen und musartig hacken. Mit Amaretto und sanapart verrühren.
- Die Sahne mit sanapart steif schlagen und unter die Pfirsichmasse geben. Den Biskuitboden damit bestreichen, zusammenrollen, dekorativ anrichten, mit der restlichen Sahne überziehen, mit Sahnetupfern und Pfirsichstückchen sowie Pistazienkernen ausgarnieren, vollständig auskühlen lassen und servieren.

APFEL-SAHNE-ROULADE

• 1 Grundrezept Blitzbiskuit für Rouladen • 1 kg säuerliche Äpfel • Saft von 1 Zitrone • 150 g Zucker • 1 TL Zimtpulver • 100 g gehackte Haselnüsse • 1/2 Tasse Rumrosinen • 1 Becher Sahne • 1 Päckchen Sahnesteif

- Den Teig nach Grundrezept Blitzbiskuit für Rouladen zubereiten.
- Die Äpfel schälen, raspeln, mit Zitronensaft beträufeln, mit dem Zucker, dem Zimt, den Haselnüssen und den gut abgetropften Rumrosinen vermischen. Die Sahne mit dem Sahnesteif steif schlagen und auf die Biskuitroulade streichen.
- Die Apfelmischung darauf verteilen, die Roulade zusammenrollen, nach Geschmack mit Sahne einstreichen, mit Apfelstückchen ausgarnieren und servieren.

Grundrezept Schoko-Blitzbiskuit

• 5 Eier • 6 EL kaltes Wasser • 150 g Zucker • 1 Päckchen Vanillezucker • 1 Prise Salz • 1 Beutel biskuit apart • 90 g Mehl • 50 g Speisestärke • 1 leicht gehäuften TL Backpulver • 1 EL dunkles Kakaopulver

- Die Eier mit dem Wasser, dem Zucker, dem Vanillezucker, dem Salz und dem biskuit apart in eine hohe Rührschüssel geben und in fünf Minuten bei höchster Stufe mit dem Rührgerät luftig aufschlagen.
- Das Mehl mit der Speisestärke und dem Backpulver sowie das Kakaopulver vermischen, auf die Eimasse sieben und auf kleinster Stufe mit dem Rührgerät in kürzester Zeit unterheben.
- Den Teig auf ein mit Backtrennpapier ausgelegtes Backblech streichen und im auf 220 °C vorgeheizten Backofen in 12-15 Minuten ausbacken. Nach dem Backen den Teig auf ein mit Zucker bestreutes, sauberes Küchentuch stürzen, das Backtrennpapier mit etwas Wasser einstreichen, leicht erkalten lassen und vorsichtig abziehen.
- Die Roulade mit einem Tuch aufrollen und so erkalten lassen. Zur Füllung wieder entrollen und mit Konfitüre oder Creme bestreichen. Ohne Tuch wieder aufrollen, mit Puderzucker bestäuben.

Dunkle Biskuitrolle

• 4 Eigelb • 100 g Zucker • 150 g Nutella • 4 Eiweiß • 300 g Weizenmehl • 1 Päckchen Vanillepuddingpulver• 1/2 l Milch • 100 g Nussnougatcreme • 250 g Butter • 4-5 kandierte Kirschen

- Das Eigelb mit dem Zucker zu einer cremigen Masse verrühren und die Nussnougatcreme unterheben. Das Eiweiß sehr steif schlagen und abwechselnd mit dem Mehl unter die Eimasse heben.
- Ein Backblech mit Backtrennpapier auslegen, den Teig darauf verteilen und im auf 200 °C vorgeheizten Backofen ungefähr zehn Minuten backen. Dann ein Stück Pergamentpapier auf ein feuchtes Küchenhandtuch legen, den fertig gebackenen Kuchen darauf stürzen, das Backtrennpapier abziehen und den Kuchen mit Hilfe des Küchenhandtuches aufrollen.
- Die Rolle mit dem Tuch bedecken, bis sie abgekühlt ist. Aus dem Vanillepuddingpulver und der Milch einen Pudding kochen, vom Herd nehmen und die Nussnougatcreme einrühren.
- Abkühlen lassen, dann mit dem Handrührgerät die weiche Butter schaumig rühren und nach und nach den Pudding hinzufügen.
- Die abgekühlte Roulade wieder aufrollen, die Hälfte der Buttercreme darauf streichen und die Roulade wieder zusammenrollen.
- Zum Schluss mit der restlichen Buttercreme und den kandierten Kirschen verzieren und bis zum Verzehr in den Kühlschrank stellen.

Grundrezept Mandelrolle

• 5 Eier • 6 EL kaltes Wasser • 200 g Zucker
• 1 Päckchen Vanillezucker • 1 Prise Salz • 1 Beutel biskuit apart
• 100 g Mehl • 100 g gemahlene Mandeln • 1 TL Backpulver

- Aus den Teigzutaten nach Grundrezept Blitzbiskuit für Rouladen einen Biskuitteig herstellen. Die Mandeln dabei mit dem Mehl und dem Backpulver sehr kurz in ca. 30 Sekunden einrühren.
- Den Teig gleichmäßig auf ein mit Backtrennpapier ausgelegtes Backblech streichen und in dem auf 220 °C vorgeheizten Backofen in 12-15 Minuten abbacken.
- Nach dem Backen die Roulade mit einem spitzen Messer vom Blechrand lösen, fünf Minuten abkühlen lassen und erst dann auf ein mit Zucker bestreutes, sauberes Küchentuch stürzen.
- Das Backtrennpapier mit Wasser bestreichen, kurz einwirken lassen und abziehen.
- Die Roulade mit Hilfe des Küchentuchs zusammenrollen und so erkalten lassen. Zum Füllen wieder entrollen, füllen und ohne Tuch wieder aufrollen.

Mandelrolle mit französischer Creme

• 1 Grundrezept Mandelrolle
• 1 Grundrezept französische Tortencreme
• 1 kleine Dose Mandarinenfilets
• Zitronenmelisseblättchen zum Garnieren

- Nach Grundrezept Mandelrolle eine Roulade backen und erkalten lassen.
- Die französische Tortencreme ebenfalls nach Grundrezept zubereiten, auf die Roulade streichen (dabei etwas zum Garnieren beiseite stellen) und die gut abgetropften Mandarinenfilets darauf verteilen.
- Die Mandelrolle wieder aufrollen, mit der restlichen Creme bestreichen, mit Mandarinenstückchen und Zitronenmelisseblättchen ausgarnieren und bis zum Verzehr kalt stellen.

Nussrolle mit Quarkcreme

- Zubereitung wie Mandelrolle
- Anstelle der Mandeln Nüsse verwenden und die Rolle mit Quarkcreme (nach Grundrezept) füllen.

Bananen-Kokos-Kuchen

•125 g Butter • 150 g Zucker • 2 Eier • 1 Päckchen Vanillezucker • 250 g Mehl • 1/2 Päckchen Backpulver • 2 EL Kakao • 1/8 l Milch • Margarine für die Form • 1 1/2 Becher Sahne • 3 Blatt weiße Gelatine • 3-4 Bananen • Saft von 1 Zitrone • 2 EL Zucker • 150 g Kokosraspel • Belegkirschen

- Die Butter mit dem Zucker schaumig schlagen. Die Eier, den Vanillezucker, das Mehl, das Backpulver und den Kakao unterrühren und zum Schluss die Milch dazugeben.
- Eine Kastenform ausfetten, den Teig einfüllen, glatt streichen und im auf 175 °C vorgeheizten Backofen 60-70 Minuten backen.
- Den Kuchen in der Form auskühlen lassen und anschließend auf ein Kuchengitter stürzen.
- Die Sahne steif schlagen, ein Drittel zum Garnieren beiseite stellen.
- Die Gelatine einweichen, gut ausdrücken und in wenig heißem Wasser auflösen lassen. Vorsichtig in die Sahne einrühren.
- Die Bananen schälen, fein würfeln oder mit einer Gabel zerdrücken, mit Zitronensaft beträufeln, unter die Sahne heben und mit Zucker süßen.
- Den Kuchen zweimal quer durchschneiden. Den unteren Boden mit der Sahne bestreichen und im Kühlschrank erstarren lassen. Dann die zweite Platte darauf setzen, mit der restlichen Sahne bestreichen und den dritten Boden darauf setzen. Den Kuchen mit der Sahne bestreichen, mit den gerösteten Kokosraspeln bestreuen und mit Belegkirschen garnieren, mit einigen Sahnetupfern ausgarnieren

Quark-Streuselkuchen

• 2 Grundrezepte Streusel • Margarine und Paniermehl für die Form • 500 g Quark • 25 g flüssige Butter • 70 g Zucker • 1 Päckchen Vanillezucker • 2 Eier • etwas Rum • 15 g Speisestärke • Puderzucker zum Bestäuben

- Den Streuselteig nach Anweisung herstellen, zwei Drittel davon verkneten und in eine gefettete und mit Paniermehl ausgestreute Springform (26 cm Durchmesser) füllen.
- Den Quark mit der Butter, dem Zucker, dem Vanillezucker, den Eiern, dem Rum und der Speisestärke vermischen und auf den Teig geben. Die restlichen Streusel darüber verteilen und das Ganze im auf 200 °C vorgeheizten Backofen 45 Minuten backen. Herausnehmen, in der Form abkühlen lassen und vor dem Servieren mit Puderzucker bestäuben.

Grundrezept Waffelteig

• 250 g Butter • 80 g Zucker • 6 Eier • 1 kräftige Prise Salz • 500 g Mehl • 1 TL Backpulver • 1/4 l Milch • 1/4 l Wasser

- Die flüssige Butter mit dem Zucker in eine Schüssel geben und mit dem Handrührgerät fünf Minuten schaumig rühren.
- Die Eier trennen, das Eigelb nach und nach dazugeben und weitere fünf Minuten rühren.
- Das Salz mit dem Mehl und dem Backpulver vermischen, unter die Schaummasse heben und nach und nach auch die Milch und das Wasser dazugeben.
- Das Ganze zu einem glatten Teig verrühren und 30 Minuten ruhen lassen. Anschließend das Eiweiß mit etwas Salz steif schlagen und vorsichtig unter den Teig heben.
- Ein Waffeleisen erhitzen, leicht einfetten und portionsweise den Waffelteig hineingeben. Goldgelbe Waffeln ausbacken und nach Geschmack mit Puderzucker bestäuben.

Waffeln

• 1 Grundrezept Waffelteig • Puderzucker zum Bestäuben • je 1/2 Glas Erdbeer- und Pfirsich-Maracuja-Marmelade • frisches Obst

- Den Teig nach Grundrezept Waffelteig zubereiten und Waffeln ausbacken.
- Die Waffeln dekorativ anrichten, mit Puderzucker bestäuben und mit Erdbeer- und Pfirsich-Maracuja-Marmelade und frischen Früchten servieren.

Gefüllte Waffeln

• 1/2 Grundrezept Waffelteig • 4 EL Nussnougatcreme • 1/8 l Milch • 4 cl Curacao-Likör • 3 Orangen • Puderzucker zum Bestäuben • Kirschen zum Garnieren

- Den Teig nach Grundrezept Waffelteig zubereiten und Waffeln ausbacken.
- Die Nussnougatcreme mit der Milch glatt rühren und mit dem Curacao-Likör aromatisieren. Die Creme auf die Waffeln streichen.
- Die Orangen schälen und filieren, die Orangenfilets auf der Nussnougatcreme verteilen und die Waffeln zusammenklappen. Mit Puderzucker bestäuben und mit Kirschen servieren.

Grundrezept Quark-Öl-Teig

• 150 g Magerquark • 6 EL Milch • 6 EL Öl • 75 g Zucker • 1 Vanillezucker • 1 Prise Salz • 300 g Mehl • 1 Päckchen Backpulver

- Den Quark ausdrücken und mit der Milch, dem Öl, dem Zucker, dem Vanillezucker und dem Salz verrühren. Danach gut die Hälfte des mit Backpulver gemischten und gesiebten Mehls esslöffelweise dazugeben, den Rest des Mehls unterkneten.
- Den Teig auf einer bemehlten Arbeitsfläche ausrollen und je nach Rezept weiter verarbeiten.

Sauerkirschtaschen

• 1 Grundrezept Quark-Öl-Teig • 450 g Sauerkirschen aus dem Glas • Kondensmilch zum Bestreichen • 1 Prise Zimtpulver • 1 EL Zucker • 50 g Mandelstifte

- Nach Grundrezept für Quark-Öl-Teig einen Teig herstellen, auf einer bemehlten Arbeitsfläche ausrollen und in 12 x 12 cm große Quadrate schneiden.
- Die Kirschen abtropfen lassen, in die Mitte der Teigstücke legen, die Teigtaschen zusammenklappen und die Ränder gut festdrücken. Die Sauerkirschtaschen mit Kondensmilch bestreichen.
- Das Zimtpulver mit dem Zucker vermischen, die Teilchen damit und mit den Mandelstiften bestreuen und im auf 200 °C vorgeheizten Backofen 20 Minuten backen. Herausnehmen, erkalten lassen und servieren.

Apfeltaschen mit Zitronenglasur

•1 Grundrezept Quark-Öl-Teig • 500 g Äpfel • 1 Hand voll Rosinen • Zuckerwasser • 1 Zimtstange • Kondensmilch zum Bestreichen • 1 Prise Zimtpulver • Zitronenglasur

- Nach Grundrezept für Quark-Öl-Teig einen Teig herstellen, auf einer bemehlten Arbeitsfläche ausrollen und in 12 x 12 cm große Quadrate schneiden.
- Die Äpfel schälen, entkernen, in Spalten schneiden und mit den Rosinen in Zuckerwasser dünsten. Abtropfen lassen, in die Mitte der Teigstücke legen, die Teigtaschen zusammenklappen und die Ränder gut festdrücken. Die Apfeltaschen mit Kondensmilch bestreichen und im auf 200 °C vorgeheizten Backofen 20 Minuten backen. Herausnehmen, erkalten lassen, nach Geschmack mit Zitronenglasur bestreichen und servieren.

Pflaumenkuchen

• 1 Grundrezept Quark-Öl-Teig • Margarine für das Blech • 1 1/2 kg Zwetschgen • Zimtzucker zum Bestreuen • Zitronenmelisseblättchen zum Garnieren

- Den Teig nach Grundrezept Quark-Öl-Teig zubereiten, auf einem gefetteten Backblech ausrollen, die Zwetschgen waschen, halbieren, entsteinen und mit der Innenseite nach oben auf den Teig legen.
- Im auf 200 °C vorgeheizten Backofen 20 Minuten backen, herausnehmen, abkühlen lassen, mit Zimtzucker bestreuen und mit Zitronenmelisseblättchen ausgarnieren.

Stachelbeerkuchen mit Streuseln

• 1 Grundrezept Quark-Öl-Teig • Margarine für das Blech • 2-3 Gläser Stachelbeeren • 100 g Butter • 100 g Zucker • 1 Päckchen Vanillezucker • 200 g Mehl • 1/2 TL Backpulver • 1 Eigelb • 50 g Mandelsplitter • Puderzucker zum Bestäuben • 1 Becher Sahne • Zucker zum Süßen

- Nach Grundrezept Quark-Öl-Teig einen Teig herstellen und 30 Minuten im Kühlschrank ruhen lassen, anschließend auf einer bemehlten Arbeitsfläche ausrollen und auf ein gefettetes Backblech legen. Die Stachelbeeren gut abtropfen lassen und darauf verteilen.
- Aus der Butter, dem Zucker, dem Vanillezucker, dem Mehl, dem Backpulver und dem Eigelb Streusel herstellen und auf den Stachelbeeren verteilen. Mit den Mandelsplittern bestreuen und in dem auf 180-200 °C vorgeheizten Backofen 40-35 Minuten backen.
- Herausnehmen, auskühlen lassen, mit Puderzucker bestäuben und mit der geschlagenen, gesüßten Sahne servieren.

Birnenkuchen mit Nussfüllung und Streuseln

- Zubereitung wie Stachelbeerkuchen mit Streuseln
- Anstelle der Stachelbeeren 2 Dosen Birnen verwenden, nach Geschmack mit Nussfüllung (nach Grundrezept) überziehen, mit den Streuseln abdecken und wie oben beschrieben weiter verarbeiten.

Quarkkuchen mit Birnen

• 200 g Magerquark • 1 Schuss Sahne • 1 Ei • 2-3 EL Öl • 75-100 g Zucker • 1 Päckchen Vanillezucker • 1 Prise Salz • 1 EL geriebene Zitronenschale • 400 g Mehl • 1 Päckchen Backpulver • 1 kg saftige Birnen • Saft von 2 Zitronen • 50 g flüssige Butter • 3-4 EL Zimtzucker • 100 g Vollmilchschokolade • etwas Kokosfett

- Den Quark mit der Sahne, dem Ei, dem Öl, dem Zucker, dem Vanillezucker, dem Salz und der Zitronenschale so lange schlagen, bis sich der Zucker vollständig aufgelöst hat.
- Das Mehl mit dem Backpulver vermischen und unter den Teig arbeiten.
- Den Teig gut durchkneten, ausrollen und auf ein ausgefettetes Backblech legen, dabei den Rand hochdrücken.
- Die Birnen schälen, entkernen, in Schnitze schneiden, mit Zitronensaft beträufeln und gleichmäßig auf den Teig setzen. Mit der flüssigen Butter beträufeln, mit Zimtzucker bestreuen und in dem auf 180-200 °C vorgeheizten Backofen in 30-40 Minuten abbacken. Herausnehmen und erkalten lassen.
- Die Schokolade mit dem Kokosfett schmelzen lassen, in einen Spritzbeutel füllen, ein Muster auf den Kuchen zeichnen, vollständig erkalten lassen und servieren.

Quarkkuchen mit Bananen

• 200 g Magerquark • 1 Schuss Sahne • 1 Ei • 2-3 EL Öl • 75-100 g Zucker • 1 Päckchen Vanillezucker • 1 Prise Salz • 1 EL geriebene Zitronenschale • 400 g Mehl • 1 Päckchen Backpulver • 1 kg Bananen • 50 g flüssige Butter • 3-4 EL Hagelzucker • 100 g Vollmilchschokolade • etwas Kokosfett

- Den Quark mit der Sahne, dem Ei, dem Öl, dem Zucker, dem Vanillezucker, dem Salz und der Zitronenschale so lange schlagen, bis sich der Zucker vollständig aufgelöst hat.
- Das Mehl mit dem Backpulver vermischen und unter den Teig arbeiten.
- Den Teig gut durchkneten, ausrollen und auf ein ausgefettetes Backblech legen, dabei den Rand hochdrücken.
- Die Bananen schälen, in Scheiben schneiden, mit Zitronensaft beträufeln und auf dem Teig verteilen. Mit der flüssigen Butter beträufeln, mit Hagelzucker bestreuen und im auf 180-200 °C vorgeheizten Backofen in 30-40 Minuten abbacken. Herausnehmen und erkalten lassen.
- Die Schokolade mit dem Kokosfett schmelzen lassen, in einen Spritzbeutel füllen, ein Muster auf den Kuchen zeichnen, vollständig erkalten lassen und servieren.

Grundrezept Brandteig I

• 1/4 l Wasser • 100 g Butter • 1 Prise Salz • 150 g Mehl • 4 Eier • Mehl für das Blech • Schlagsahne oder Creme • Puderzucker oder Guss

- Das Wasser mit der Butter und dem Salz in einen Topf geben und zum Kochen bringen.
- Das Mehl auf einmal dazugeben und so lange rühren, bis sich der Teig vom Topfboden löst.
- Den Teig in eine Rührschüssel geben, die Eier nach und nach kräftig darunter rühren.
- Den Teig in einen Spritzbeutel mit großer Sterntülle füllen und auf ein bemehltes Backblech verschiedene Formen aufspritzen.
- Das Gebäck im auf 200 °C vorgeheizten Backofen in 30-35 Minuten abbacken.
- Nach dem Abbacken das Gebäck mit einer Schere aufschneiden und nach dem Erkalten mit Schlagsahne oder Creme füllen, mit Puderzucker bestäuben oder mit Wasserglasur bestreichen.

Windbeutel mit Nussnougatcreme

•0,2 l Wasser • 75 g Butter • 150 g Weizenmehl • 2 EL gemahlene Mandeln • 4 Eier • 75 g Nutella • 3/8 l Sahne • 3 EL Aprikosenmarmelade • Puderzucker zum Bestäuben

- Das Wasser mit der Butter in einem Topf aufkochen, vom Herd nehmen und das Mehl einrühren. Den Topf wieder auf den Herd stellen und solange rühren, bis ein Teigkloß entsteht und sich am Topfboden eine weiße Haut bildet.
- Den Teig in eine Schüssel geben, die gemahlenen Mandeln dazugeben und nach und nach die Eier unterrühren. Der Teig muss schwer reißend vom Löffel fallen.
- Den Teig in einen Spritzbeutel mit Sterntülle füllen und auf ein ausgefettetes, mit Mehl bestreutes Backblech kleine Häufchen spritzen.
- Die Windbeutel im auf 220° vorgeheizten Backofen 20-25 Minuten backen, herausnehmen, erkalten lassen und mit einem scharfen Messer durchschneiden.
- Die unteren Hälften mit Nussnougatcreme bestreichen. Die Sahne steif schlagen und die glatt gerührte Aprikosenmarmelade unterheben.
- Die Windbeutel mit der Aprikosensahne füllen und mit Puderzucker bestäuben.

Sahne-Windbeutel

• 1 Grundrezept Brandteig I oder II • Mehl für das Blech • 1/2 l Schlagsahne • Puderzucker

- Den Brandteig nach Grundrezept zubereiten.
- Den Teig in einen Spritzbeutel mit Sterntülle füllen und eigroße Häufchen in größeren Abständen auf das Backblech setzen.
- Das Gebäck im auf 175-180 °C vorgeheizten Backofen abbacken. Während der Backzeit den Herd nicht öffnen.
- Die Windbeutel aufschneiden, auskühlen lassen und mit steif geschlagener, gesüßter Sahne füllen. Zusammensetzen, mit Puderzucker bestäuben und zum Verzehr bereitstellen.

Grundrezept Brandteig II

• 1/8 l Milch • 1/8 l Wasser • 65 g Butter • 1 Prise Salz • 125 g Mehl • 4 Eier

- Den Brandteig wie bei Grundrezept Brandteig I beschrieben herstellen und zubereiten.

Erdbeer-Windbeutel

• 1 Rezept Sahne-Windbeutel • 1 Päckchen Sahnesteif • 400 g frische Erdbeeren

- Die Windbeutel wie in Rezept Sahne-Windbeutel beschrieben zubereiten. Die Sahne mit dem Sahnesteif steif schlagen. Die Erdbeeren verlesen, waschen, gut abtropfen lassen, klein schneiden und unter die Sahne heben. Die Windbeutel damit füllen, zusammensetzen und mit Puderzucker bestreut servieren.

Kirsch-Windbeutel

• 1 Grundrezept Brandteig I oder II • Mehl für das Blech • 1 Glas Sauerkirschen • 1/2 l Schlagsahne • 2 Päckchen Vanillezucker • 1 Rezept Wasserglasur

- Zubereitung wie Erdbeer-Windbeutel
- Zum Schluss die Oberteile der Windbeutel mit Wasserglasur überziehen.

Liebesknochen

• 1 Grundrezept Brandteig I oder II • Mehl für das Backblech
• 1 Rezept Mokkabuttercreme
• 1 Rezept Wasserglasur mit 1 EL Mokka

- Den Brandteig nach Grundrezept Brandteig I oder II zubereiten.
- Die Masse in einen Spritzbeutel füllen und auf ein bemehltes Backblech immer zwei 10 cm lange Streifen dicht nebeneinander und einen dritten obenauf spritzen.
- Das Gebäck im auf 175-180 °C vorgeheizten Backofen abbacken. Herausnehmen und die Liebesknochen aufschneiden.
- Die Mokkabuttercreme nach Anweisung zubereiten, die Liebesknochen damit füllen.
- Die Wasserglasur nach Rezept zubereiten, mit heißem Mokka anrühren, die Liebesknochen damit bestreichen, vollständig abtrocknen lassen und servieren.

Gefüllte Schwäne

• 1 Grundrezept Brandteig I oder II • 1/2 l Schlagsahne
• 2 TL sanapart • Puderzucker zum Bestäuben

- Den Brandteig nach Grundrezept Brandteig I oder II zubereiten, in einen Spritzbeutel mit großer Sterntülle füllen und auf ein bemehltes Backblech ca. 6 cm lange, dicke Stangen aufspritzen.
- Das Gebäck im auf 175-180 °C vorgeheizten Backofen in 20-30 Minuten schön hellbraun ausbacken.
- Mit sehr kleiner Lochtülle genau so viele kleine „Schwanenhälse" auf das Blech dressieren, und das Gebäck im vorgeheizten Backofen ca. 6 Minuten abbacken.
- Die erkalteten großen Stücke durchschneiden und die Unterteile mit Himbeeren füllen.
- Die Schlagsahne mit sanapart steif schlagen und kranzförmig auftragen.
- Die Oberteile aufsetzen, die „Spazierstöckchen" als Schwanenhals in die Schlagsahne stecken. Das Ganze mit Puderzucker bestäuben, vollständig auskühlen lassen, anrichten und zum Verzehr bereitstellen.

Spritzgebackenes

• 1 Grundrezept Brandteig I oder II • 750 g Kokosfett • Zimt-Zucker-Mischung

- Den Brandteig nach Grundrezept Brandteig I oder II zubereiten, die Masse in einen Spritzbeutel mit Sterntülle füllen und auf ein ausgefettetes Backtrennpapier Ringe von 8-10 cm Durchmesser spritzen.
- Das Kokosfett backfertig erhitzen, die Ringe hinein gleiten lassen und von beiden Seiten goldbraun backen.
- Das fertige Gebäck auf Küchenpapier abtropfen lassen, im Zimtzucker wenden und sofort servieren.

Blätterteig-Kaffeegebäck

• 2 Pakete Blätterteig (TK-Produkt) • 1 kleines Glas Aprikosenmarmelade • 1 Eigelb • 1 Rezept Wasserglasur

- Den Blätterteig nach Vorschrift auftauen lassen, die Teigplatten auf einer bemehlten Arbeitsfläche in 10 x10 cm große Vierecke oder Dreiecke ausrollen.
- Die Teilchen mit Konfitüre oder Obst füllen, zusammenklappen oder zusammenrollen und auf ein mit Wasser benetztes Backblech setzen.
- Das Eigelb verquirlen und die Teilchen damit bestreichen. In dem auf 190-200 °C vorgeheizten Backofen abbacken.
- Die Teilchen mit glatt gerührter Aprikosenmarmelade bestreichen und mit der Wasserglasur überziehen. Vollständig abtrocknen lassen und zum Verzehr bereitstellen.

Brandteigkringel

• 0,2 l Wasser • 75 g Butter • 150 g Weizenmehl • 2 EL gemahlene Mandeln • 4 Eier • 1/2 Glas Nussnougatcreme • 1 Becher Sahne • Puderzucker zum Bestäuben • Puderzucker zum Bestäuben

- Das Wasser mit der Butter in einem Topf aufkochen, vom Herd nehmen und das Mehl einrühren. Den Topf wieder auf den Herd stellen und solange rühren, bis ein Teigkloß entsteht und sich am Topfboden eine weiße Haut bildet.
- Den Teig in eine Schüssel geben, die gemahlenen Mandeln dazugeben und nach und nach die Eier unterruhren. Der Teig muss schwer reißend vom Löffel fallen.
- Den Teig in einen Spritzbeutel mit Sterntülle füllen und auf ein ausgefettetes, mit Mehl bestreutes Backblech Kringel spritzen.
- Die Teigkringel in dem auf 220 °C vorgeheizten Backofen 20-25 Minuten backen, herausnehmen, erkalten lassen und durchschneiden. Die unteren Hälften mit Nussnougatcreme bestreichen. Die Sahne steif schlagen, auf die Nussnougatcreme spritzen und die oberen Hälften aufsetzen. Nach Geschmack mit Puderzucker bestäuben.

APFELKRAPFEN

• 2 Pakete Blätterteig (TK-Produkt) • 1 Eiweiß • 1 Glas Apfelmus • 1 Eigelb • 1 Rezept Wasserglasur

- Den Blätterteig nach Vorschrift auftauen lassen und auf einer Arbeitsfläche zu Vierecken von 10 x 10 cm Größe ausrollen.
- Die Ränder mit verschlagenem Eiweiß bestreichen, je 1 EL Apfelmus in die Mitte setzen.
- Die Hälften in der Diagonale so zusammenklappen, daß ein dreieckiger Krapfen entsteht.
- Die Ränder gut andrücken, das Ganze mit verquirltem Eigelb bestreichen und auf ein mit Wasser benetztes Backblech setzen.
- Die Teilchen im auf 200 °C vorgeheizten Backofen in 25-30 Minuten abbacken, herausnehmen, noch heiß mit der Wasserglasur bestreichen, vollständig abtrocknen lassen und zum Verzehr bereitstellen.

PASTETCHEN AUS BLÄTTERTEIG

• 2 Pakete Blätterteig (TK-Produkt)
• Schlagsahne, Creme oder Früchte zum Füllen

- Den Blätterteig nach Vorschrift auftauen lassen. Die Teigplatten auf einer bemehlten Arbeitsfläche zu runden Scheiben von 6-8 cm Durchmesser ausrollen.
- Die Hälfte der Scheiben innen mit einem 3 cm breiten Ausstecher zu Ringen ausstechen.
- Nun auf jede ganze Scheibe einen Ring legen und die Pasteten auf ein mit Wasser benetztes Backblech setzen.
- Die kleinen Scheiben mit 3 cm Durchmesser, die beim Ausstechen der Ringe abfallen, werden separat gebacken und als Deckel für die gefüllten Pastetchen aufgesetzt.
- Die Blätterteigstücke in dem auf 200 °C vorgeheizten Backofen in 25-30 Minuten backen. Nach dem Backen die Blätterteigpastetchen herausnehmen, je nach Geschmack füllen, anrichten, ausgarnieren und servieren.

Cremeschnitten

• 2 Pakete Blätterteig (TK-Produkt) • 1 Rezept Vanille-Buttercreme • 1 Rezept Wasserglasur oder Puderzucker

- Den Blätterteig nach Vorschrift auftauen lassen. Die Teigplatten auf einer bemehlten Arbeitsfläche ausrollen und in Schnitten von 10 cm Länge und 5 cm Breite schneiden.
- Die Teigstücke auf ein mit Wasser benetztes Backblech setzen und im auf 200 °C vorgeheizten Backofen abbacken.
- Nach dem Abbacken die Hälfte der Rechtecke mit Vanillecreme füllen, mit den restlichen Platten abdecken, mit Wasserglasur überziehen oder mit Puderzucker bestäuben. Vollständig auskühlen lassen, anrichten, ausgarnieren und servieren.

Gefüllte Schuhsohlen

• 1-2 Pakete Blätterteig (TK-Produkt) • feinen Zucker zum Ausrollen • 1 Glas Kaiserkirschen • 1/4 l Schlagsahne oder Vanille-Buttercreme

- Den Blätterteig nach Vorschrift auftauen lassen, die Teigplatten auf einer bemehlten Arbeitsfläche zu Scheiben von 6 cm Durchmesser ausstechen.
- Die Platten in feinem Zucker oval ausrollen und auf einem gefetteten Backblech im auf 200 °C vorgeheizten Backofen abbacken.
- Sobald die Oberseite goldgelb ist, die Stücke wenden und auf der Unterseite zu heller Farbe backen.
- Nach dem Abbacken sofort vom Blech nehmen und auskühlen lassen.
- Die Hälfte der Ovale in der Mitte mit den gut abgetropften Kaiserkirschen belegen und rundherum einen Kranz mit steif geschlagener, gesüßter Sahne oder Buttercreme spritzen.
- Die restlichen Ovale als Deckel obenauf setzen, vollständig auskühlen lassen, anrichten, ausgarnieren und zum Verzehr bereitstellen.

Windräder

• *1 Paket Blätterteig (TK-Prod.)* • *rote Marmelade* • *Puderzuckerglasur*

- Den Blätterteig auftauen lassen. Die Platten halbieren und die Ecken 3-4 cm einschneiden.
- Je einen Teelöffel Marmelade in die Mitte setzen und die Ecken zur Mitte hin einschlagen. Leicht festdrücken und die Windräder auf ein mit Wasser benetztes Backblech setzen.
- Im auf 200 °C vorgeheizten Backofen 10-12 Minuten backen, herausnehmen und erkalten lassen.
- Die Windräder mit Puderzuckerglasur bestreichen, trocknen lassen.

Schnelle Obsttörtchen

• *6-8 Milchschnitten* • *2 Dosen Mandarinenfilets*
• *1 kleines Glas Belegkirschen* • *1 Päckchen Tortenguss klar*
• *1/4 l Wasser oder Fruchtsaft* • *Zucker nach Geschmack*
• *2 EL gehackte Pistazienkerne* • *geschlagene, gesüßte Sahne*

- Die Milchschnitten auf ein Kuchengitter legen und die abgetropften Mandarinenfilets sowie die Belegkirschen darauf anrichten. Den Tortenguss nach Anweisung auf der Packung mit Wasser oder Fruchtsaft zubereiten.
- Die Milchschnitten damit überziehen, den Guss fest werden lassen.
- Die schnellen Obsttörtchen dekorativ anrichten, mit den gehackten Pistazien bestreuen, mit Sahnetupfern ausgarnieren und servieren.

Fruchttorte für Kinder

• *8 Milchschnitten* • *400 g Sahnequark* • *4 Eigelb* • *1/2 Tasse Orangensaft* • *1 Päckchen Vanillezucker* • *150 g Puderzucker* • *200 g gemischtes Obst nach Jahreszeit* • *1/2 Tasse Multivitaminsaft* • *6 Blatt weiße Gelatine* • *frische Früchte und Zitronenmelisseblättchen zum Garnieren*

- Eine Kastenform mit vier Milchschnitten auslegen.
- Den Sahnequark in einer Schüssel glatt rühren. Das Eigelb mit dem Orangensaft und dem Vanillezucker verrühren. Den Puderzucker sieben, zum Eigelb geben und im Wasserbad zu einem Schaum aufschlagen.
- Die Eigelbcreme unter den Quark ziehen und die verlesenen, klein geschnittenen Früchte unterheben. Den Multivitaminsaft erhitzen, die gewässerte Gelatine darin auflösen und unter den Quark ziehen. Die Quarkmasse gleichmäßig auf den Milchschnitten verteilen, mit den restlichen Milchschnitten abdecken und das Ganze im Kühlschrank fest werden lassen.
- Die Fruchttorte herausnehmen, in Scheiben schneiden, anrichten, mit frischen Früchten und Zitronenmelisseblättchen ausgarnieren.

Einfaches Buttergebäck

• 500 g Mehl • 2 Eier • 2 Eigelb • 250 g Butter • 200 g Zucker • 1 Päckchen Vanillezucker • abgeriebene Schale von 1/2 Zitrone • Puderzuckerglasur • bunte Zuckerstreusel

- Das Mehl auf eine Arbeitsfläche sieben, eine Mulde eindrücken und die Eier sowie das Eigelb in die Mulde geben.
- Die Butter in Flöckchen auf das Mehl setzen, den Zucker, den Vanillezucker sowie die abgeriebene Zitronenschale darauf verteilen und das Ganze zu einem glatten, kompakten Teig verkneten.
- Den Teig in Frischhaltefolie wickeln und eine Stunde im Kühlschrank ruhen lassen. Anschließend den Teig herausnehmen, auf einer bemehlten Arbeitsfläche dünn ausrollen und beliebige Formen ausstechen.
- Die Plätzchen auf ein mit Backtrennpapier ausgelegtes Backblech legen und im auf 180-200 °C vorgeheizten Backofen goldgelb abbacken.
- Die Plätzchen mit Puderzuckerglasur bestreichen und mit dem bunten Zucker bestreuen.

Plätzchen mit Nussnougatfüllung

• 350 g Mehl • 250 g Butter oder Margarine • 90 g Puderzucker • 1 Prise Salz • abgeriebene Schale von 1/2 Zitrone • 1 Päckchen Vanillezucker • 2-3 EL gemahlene Mandeln • 1 Ei • 1 EL Kokosfett • 1/2 Glas Nussnougatcreme

- Das Mehl auf eine Arbeitsfläche sieben, die Butter in Flöckchen darauf setzen, den Puderzucker, das Salz, die abgeriebene Zitronenschale und den Vanillezucker darauf verteilen.
- Die Mandeln in einer trockenen Pfanne rösten, erkalten lassen und dazugeben.
- Das Ei in die Mitte setzen und das Ganze von außen nach innen schnell zu einem glatten Teig verkneten, in Frischhaltefolie wickeln und mindestens eine Stunde im Kühlschrank ruhen lassen.
- Den Teig herausnehmen, ausrollen und beliebige Formen ausstechen, diese auf ein mit Backtrennpapier ausgelegtes Backblech legen und im auf 160-180 °C vorgeheizten Backofen 10 15 Minuten backen. Herausnehmen und erkalten lassen.
- Das Kokosfett erhitzen, mit der Nussnougatcreme verrühren und immer zwei Plätzchen damit füllen. Zum Schluss, die Plätzchen zur Hälfte in die Creme eintauchen, auf ein Kuchengitter legen und trocknen lassen.

Butterkringel

• 200 g Mehl • 1/2 Päckchen Backpulver • 1 Prise Salz • 60 g Butter • 1 Ei • 80 g Zucker • 1/2 Päckchen Zitronenschalenaroma • 3 EL Milch • Schokoladenglasur

- Das Mehl mit dem Backpulver und dem Salz vermischen und mit der Butter, dem Ei, dem Zucker, dem Zitronenschalenaroma und der Milch zu einem glatten, kompakten Teig verkneten.
- Den Teig in Frischhaltefolie wickeln und im Kühlschrank eine Stunde ruhen lassen.
- Danach den Teig herausnehmen, auf einer bemehlten Arbeitsfläche nochmals kräftig durchkneten und portionsweise Teigstücke abschneiden.
- Die Teigstücke zu Kringeln formen, auf ein mit Backtrennpapier ausgelegtes Backblech setzen und im auf 180 °C vorgeheizten Backofen goldgelb abbacken, herausnehmen und auf einem Kuchengitter erkalten lassen.
- Die Schokoladenglasur im Wasserbad erhitzen, die Butterkringel halbseitig damit bestreichen und die Glasur vollständig trocknen lassen.

Schokobengerl

• 300 g Mehl • 1/2 Päckchen Backpulver • 1 Prise Salz • 90 g Butter oder Margarine • 1 Ei • 1 Eigelb • 120 g Zucker • 3 EL Milch • 1 EL Nussnougatcreme • Schokoladenglasur • Schokoladenstreusel

- Das Mehl mit dem Backpulver und dem Salz vermischen und mit der Butter, dem Ei, dem Zucker, der Milch und der Nussnougatcreme zu einem glatten, kompakten Teig verkneten.
- Den Teig in Frischhaltefolie wickeln und im Kühlschrank eine Stunde ruhen lassen.
- Danach den Teig herausnehmen, auf einer bemehlten Arbeitsfläche nochmals kräftig durchkneten und portionsweise Teigstücke abschneiden.
- Die Teigstücke zu Hörnchen formen, auf ein mit Backtrennpapier ausgelegtes Backblech setzen und im auf 180 °C vorgeheizten Backofen 10-12 Minuten backen, herausnehmen und auf einem Kuchengitter erkalten lassen.
- Die Schokoladenglasur im Wasserbad erhitzen, die Schokobengerl damit bestreichen und sofort in Schokoladenstreuseln wälzen.

Mandeltaler

• 250 g Weizenmehl • 50 g Instant-Kakaopulver • 100 g gemahlene Mandeln • 1 Päckchen Vanillezucker • 3 Eigelb • 150 g Honig • 250 g Butter oder Margarine • Puderzuckerglasur • bunte Zuckerstreusel • geschälte Mandeln

- Das Mehl mit dem Kakaopulver und mit den Mandeln sowie dem Vanillezucker vermischen. Eine Mulde eindrücken und das Eigelb und den Honig hineingeben.
- Die Butter oder Margarine in Flöckchen darauf setzen und das Ganze zu einem glatten, geschmeidigen Teig verarbeiten.
- Den Teig in Frischhaltefolie wickeln und im Kühlschrank 1-2 Stunden ruhen lassen.
- Den Teig herausnehmen, nochmals kräftig durchkneten, zu einer Rolle formen und von dieser kleine Stücke abschneiden.
- Die Teigstücke zu Kugeln abdrehen, leicht flach drücken, auf ein mit Backtrennpapier ausgelegtes Blech setzen und im auf 180-190 °C vorgeheizten Backofen 15-20 Minuten backen, herausnehmen und auf einem Kuchengitter erkalten lassen.
- Die Mandeltaler mit Puderzuckerglasur bestreichen, in bunten Zuckerstreuseln wälzen und zum Schluss je eine geschälte Mandel in die Mitte setzen.

Rosinenkugeln

• 150 g Butter • 125 g Zucker • 300 g Mehl • 1 Msp. Backpulver • 100 g fein gehackte Rosinen • 100 g Puderzucker • 2-3 EL hellen Traubensaft

- Die Butter schaumig rühren, den Zucker nach und nach einrieseln lassen und das Mehl mit dem Backpulver unterheben.
- Die Rosinen dazugeben und das Ganze zu einem geschmeidigen Teig verarbeiten, in Frischhaltefolie wickeln und im Kühlschrank zwei Stunden ruhen lassen.
- Den Teig herausnehmen, auf einer bemehlten Arbeitsfläche nochmals kräftig durchkneten und kleine Teigstücke abstechen. Die Teigstücke zu Kugeln formen, auf ein gefettetes oder mit Backtrennpapier ausgelegtes Backblech setzen und im auf 200 °C vorgeheizten Backofen 18-20 Minuten backen.
- In der Zwischenzeit den Puderzucker mit dem Traubensaft glatt rühren.
- Nach Ende der Backzeit die Kugeln herausnehmen und auf einem Kuchengitter erkalten lassen.
- Die Rosinenkugeln rundherum mit der Puderzuckerglasur überziehen und auf einem Kuchengitter trocknen lassen.

Gebackener Adventskalender

• 125 g Weizenmehl • 75 g Speisestärke • 1 TL Backpulver • 1 Ei • 125 g Zucker • 1 Päckchen Vanillezucker • 1 Prise Salz • 125 g geschälte, gemahlene Mandeln • 100 g Butter oder Margarine • 75 g Puderzucker • 1 EL Wasser oder Zitronensaft • Speisefarben und Zuckerschrift

- Das Weizenmehl mit der Speisestärke und dem Backpulver vermischen, auf eine Arbeitsfläche sieben und eine Mulde eindrücken. Das Ei in die Mulde geben, den Zucker, den Vanillezucker, das Salz, die gemahlenem Mandeln und die Butter (in Flöckchen) dazugeben.
- Das Ganze zu einem glatten Teig verkneten, in Frischhaltefolie wickeln und im Kühlschrank eine Stunde ruhen lassen.
- Anschließend den Teig herausnehmen, nochmals kräftig durchkneten und auf einer bemehlten Arbeitsfläche dünn ausrollen.
- Runde oder ovale Plätzchen ausstechen und diese auf ein mit Backtrennpapier ausgelegtes Backblech legen.
- Die Plätzchen im auf 175-190 °C vorgeheizten Backofen 8-10 Minuten backen, herausnehmen und auf einem Kuchengitter erkalten lassen.
- Für die Glasur den Puderzucker sieben und mit Wasser oder Zitronensaft glatt rühren. Beliebig einfärben und die Plätzchen damit bestreichen.
- Den Guss vollständig trocknen lassen und dann mit bunter Zuckerschrift die Zahlen 1 bis 24 darauf schreiben.

Schokoladenstücke vom Blech

• 200 g Butter oder Margarine • 100 g Zucker • 1 Prise Salz • 1 Päckchen Vanillezucker • 150 g Vollkornmehl • 100 g gemahlene Haselnüsse • 3 EL Milch • 200 g Nussnougatcreme • Schokostreusel

- Die Butter oder Margarine mit dem Zucker cremig rühren. Das Salz, den Vanillezucker, das Mehl, die Nüsse und die Milch dazugeben und das Ganze mit den Knethaken des Rührgeräts verkneten.
- Ein Backblech mit Backtrennpapier auslegen, den Teig einfüllen, glatt streichen und im auf 175 °C vorgeheizten Backofen 20-25 Minuten backen.
- Nach Ende der Backzeit den Kuchen herausnehmen und mit der Nussnougatcreme bestreichen. Die Schokostreusel darauf verteilen, das Ganze gut auskühlen lassen und anschließend in Quadrate schneiden.

Nussbrote

• 200 g Mehl • 50 g Zucker • 1 TL Vanillezucker • 80 g fein gemahlene Haselnüsse • 150 g Butter oder Margarine • 1 Ei • gehackte Nüsse zum Bestreuen

- Das Mehl mit dem Zucker, dem Vanillezucker und den Haselnüssen vermischen. Die Butter oder Margarine und das Ei dazugeben, das Ganze zu einem glatten, geschmeidigen Teig verarbeiten und zu einer dicken Rolle formen.
- Die Teigrolle in Frischhaltefolie wickeln und im Kühlschrank eine Stunde ruhen lassen.
- Die Teigrolle herausnehmen, mit einem scharfen Messer in 4-5 mm dicke Scheiben schneiden und auf ein mit Backtrennpapier ausgelegtes Backblech legen. Jeweils 1/2 TL gehackte Nüsse in die Mitte geben, leicht in den Teig drücken und die Plätzchen im auf 180 °C vorgeheizten Backofen 10-12 Minuten backen.
- Herausnehmen und auf einem Kuchengitter erkalten lassen.

Eierplätzchen

• 1 Ei • 1 Eigelb • 125 g Zucker • 1 TL Vanillezucker • 200 g Mehl • 1 1/2 TL Backpulver • verquirltes Eigelb zum Bestreichen • bunte Zuckerstreusel zum Bestreuen

- Das Ei mit dem Eigelb, dem Zucker und dem Vanillezucker schaumig rühren und nach und nach das mit Backpulver vermischte Mehl dazugeben. Das Ganze zu einem geschmeidigen Teig verkneten und zugedeckt im Kühlschrank 30 Minuten ruhen lassen.
- Den Teig herausnehmen, nochmals kräftig durchkneten und auf einer bemehlten Arbeitsfläche ausrollen. Runde Plätzchen ausstechen und aus diesen nochmals kleine Plätzchen ausstechen, so dass ungefähr ein zentimeterbreiter Kranz übrig bleibt.
- Die Kränze und die ausgestochenen kleinen Plätzchen auf ein mit Backtrennpapier ausgelegtes Backblech legen, mit verquirltem Eigelb bestreichen, mit Zuckerstreuseln bestreuen und im auf 180 °C vorgeheizten Backofen 8-10 Minuten backen.
- Die Eierplätzchen herausnehmen und auf einem Kuchengitter erkalten lassen.

Spritzgebäck

• 250 g Butter oder Margarine • 250 g Zucker • 1 EL Vanillezucker • 1 Prise Salz • 2 Eier • 400 g Mehl • 100 g Puderzucker • 1-2 EL Zitronensaft • Speisefarbe und Zuckerblümchen zum Verzieren

- Die Butter oder Margarine mit dem Zucker, dem Vanillezucker, dem Salz und den Eiern schaumig rühren. Das Mehl sieben und esslöffelweise einrühren.
- Das Ganze zu einem glatten Teig verarbeiten, in Frischhaltefolie wickeln und 30 Minuten im Kühlschrank ruhen lassen.
- Den Teig herausnehmen, nochmals durchkneten und in eine Gebäckpresse füllen. Auf ein ungefettetes, kaltes Backblech beliebige Figuren aufspritzen und diese auf 160-180 °C vorgeheizten Backofen 8-10 Minuten backen.
- Vorsichtig vom Blech lösen und auf einem Kuchengitter erkalten lassen.
- Für die Glasur den Puderzucker mit dem Zitronensaft glatt rühren, nach Belieben mit Speisefarbe einfärben, das Spritzgebäck damit bestreichen und mit Zuckerblümchen verzieren.

Variation: Fliegenpilze

• 250 g Butter oder Margarine • 250 g Zucker • 1 Prise Salz • 2 Tropfen Zitronen- oder Rumaroma • 2 Eier • 500 g Mehl • 100 g Puderzucker • 1-2 EL Wasser • rote Speisefarbe

- Die Butter oder Margarine mit dem Zucker, dem Salz, dem Zitronen- oder Rumaroma und den Eiern schaumig rühren. Das Mehl sieben und esslöffelweise einrühren.
- Das Ganze zu einem glatten Teig verkneten, in Frischhaltefolie wickeln und 30 Minuten im Kühlschrank ruhen lassen.
- Den Zeit herausnehmen, nochmals durchkneten und auf einer bemehlten Arbeitsfläche ausrollen. Kleine Pilze ausstechen und diese im auf 160-180 °C vorgeheizten Backofen 8-10 Minuten backen.
- Vorsichtig vom Blech lösen und auf einem Kuchengitter erkalten lassen.
- Für die Glasur den Puderzucker mit dem Wasser zu einer zähen Masse verrühren, die Hälfte mit roter Speisefarbe einfärben, die Köpfe der Pilze damit bestreichen und gut trocknen lassen.
- Die Pilzstiele mit weißer Glasur bestreichen und kleine, weiße Punkte auf die Pilzköpfe aufspritzen.

Nuss-Spritzgebäck

• 150 g Butter • 150 g Zucker • 1 EL Vanillezucker • 250 g Mehl • 50 g gemahlene Haselnüsse • 100 g Vollmilchjoghurt • 1 Prise Salz • abgeriebene Schale von 1/2 Orange • Schokoladen- oder Puderzuckerglasur

- Die Butter mit dem Zucker und dem Vanillezucker schaumig rühren, das Mehl mit den gemahlenen Haselnüssen vermischen, den Vollmilchjoghurt mit dem Salz und der Orangenschale verrühren und beides abwechselnd unter die Buttermasse ziehen.
- Den Teig in einen Spritzbeutel mit großer Sterntülle füllen und beliebige Formen auf ein mit Backtrennpapier ausgelegtes Backblech spritzen.
- Im auf 180 °C vorgeheizten Backofen 10 Minuten backen, herausnehmen und auf einem Kuchengitter erkalten lassen.
- Das Nuss-Spritzgebäck nach Geschmack mit Schokoladen- oder Puderzuckerglasur überziehen.

Eisblumen

• 180 g Butter • 100 g Zucker • 1 TL Vanillezucker • 2-3 Tropfen Vanillearoma • 2 Eier • 250 g Mehl • 80 g fein gemahlene Walnüsse • 3-4 EL Puderzucker • einige Tropfen Zitronensaft • Hagelzucker zum Bestreuen

- Die Butter mit dem Zucker und dem Vanillezucker schaumig rühren, das Vanillearoma und die Eier nach und nach unterrühren.
- Das Mehl mit den gemahlenen Walnüssen vermischen, esslöffelweise dazugeben und das Ganze zu einem geschmeidigen Teig verarbeiten.
- Den Teig in eine Gebäckpresse drücken und auf ein ungefettetes Blech kleine Blumen aufspritzen.
- Die Blumen im auf 160-180 °C vorgeheizten Backofen 8-10 Minuten backen, herausnehmen und auf einem Kuchengitter erkalten lassen.
- Den Puderzucker mit Zitronensaft glatt rühren, die Blumen damit bestreichen und mit Hagelzucker bestreuen. Den Guss gut trocknen lassen.

Tannenbäumchen

• Zutaten und Zubereitung wie Eisblumen

- Mit der Gebäckpresse kleine Bäumchen auf ein ungefettetes Backblech spritzen, auf einem Kuchengitter erkalten lassen und die Bäumchen mit grün eingefärbter Puderzuckerglasur überziehen.

Spritzgebäck für Geniesser

• 375 g Butter • 250 g Zucker • 1 Ei • 1-2 EL Rum • 1 Päckchen Vanillezucker • abgeriebene Schale von 1/2 Orange • 1/2 TL gemahlenen Anis • 350 g Mehl • 125 g geschälte, gemahlene Mandeln

- Die Butter mit dem Zucker schaumig schlagen und nacheinander das Ei und das Eigelb dazugeben.
- Das Ganze kräftig durchschlagen, den Vanillezucker, die Orangenschale und den Anis dazugeben und gut untermischen.
- Das Mehl mit den Mandeln vermischen und unterheben. Den Teig in eine Gebäckpresse drücken oder in einen Spritzbeutel mit Sterntülle füllen und auf ein ungefettetes Backblech Rosetten aufspritzen.
- im auf 180 °C vorgeheizten Backofen 10-15 Minuten backen, herausnehmen und auf einem Kuchengitter erkalten lassen.

Schokoladenbrot

• 250 g Butter oder Margarine • 250 g Zucker • 6 Eier • 250 g geriebene Schokolade • 250 g gemahlene Mandeln • 100 g Mehl • Margarine für das Blech • Schokoladenglasur • Walnusshälften und Pinienkerne zum Verzieren

- Die Butter mit dem Zucker und den Eiern schaumig rühren, die Schokolade, die Mandeln und das Mehl unterheben.
- Den Teig auf einem ausgefetteten Backblech verteilen und im auf 180 °C vorgeheizten Backofen 20 Minuten backen.
- Noch warm in Rechtecke schneiden, nach dem Erkalten mit Schokoladenglasur überziehen und mit Walnusshälften und Pinienkernen verzieren.

Weisses Schokoladenbrot

• Zutaten und Zubereitung wie Schokoladenbrot

- Anstelle der dunklen weiße Schokolade verwenden, das Schokoladenbrot zubereiten wie oben beschrieben, und zum Schluss mit gehackten Pistazien bestreuen.

ORANGENHERZEN

• 250 g Butter • 200 g Zucker • 1 Prise Salz • 3 Eier • abgeriebene Schale von 1/2 Orange • 2 EL frisch gepressten Orangensaft • 500 g Mehl • 1 TL Backpulver • 200 g Puderzucker • 1 TL Orangensaft • 1 EL heißes Wasser

- Die Butter mit dem Zucker, dem Salz und den Eiern schaumig schlagen und die Orangenschale sowie den Orangensaft unterrühren.
- Das Mehl mit dem Backpulver vermischen, esslöffelweise dazugeben und zu einem glatten Teig verarbeiten.
- Den Teig in Frischhaltefolie wickeln und eine Stunde im Kühlschrank ruhen lassen.
- Den Teig herausnehmen, nochmals kräftig durchkneten, auf einer bemehlten Arbeitsfläche ausrollen und Herzen ausstechen. Auf ein mit Backtrennpapier ausgelegtes Backblech legen, im auf 200 °C vorgeheizten Backofen 10 Minuten backen, herausnehmen und auf einem Kuchengitter erkalten lassen.
- Den Puderzucker mit dem Orangensaft und dem heißen Wasser glatt rühren, die Herzen damit bestreichen und den Guss vollständig trocknen lassen.

ZITRONENSTERNE

• 125 g Weizenmehl • 75 g Speisestärke • 1 1/2 TL Backpulver • 125 g Zucker • 1 EL Vanillezucker • 1 Prise Salz • 1 Ei • 100 g Margarine • 125 g gemahlene Haselnüsse • Mehl zum Ausrollen • 75 g Puderzucker • 1-2 EL frisch gepressten Zitronensaft

- Das Mehl mit der Speisestärke und dem Backpulver vermischen und auf eine Arbeitsfläche sieben. Mit dem Zucker, dem Vanillezucker, dem Salz, dem Ei, der Margarine und den Haselnüssen zu einem glatten Teig verkneten. In Frischhaltefolie wickeln und eine Stunde im Kühlschrank ruhen lassen.
- Herausnehmen, auf einer bemehlten Arbeitsfläche dünn ausrollen und Sterne ausstechen. Die Sterne auf ein mit Backtrennpapier ausgelegtes Backblech legen und im auf 180-200 °C vorgeheizten Backofen 8-10 Minuten backen.
- Den Puderzucker mit so viel frisch gepresstem Zitronensaft glatt rühren, dass eine dickflüssige Masse entsteht. Die Sterne gleich nach dem Backen damit bestreichen und auf einem Kuchengitter trocknen lassen.

Nougatplätzchen

• 350 g Mehl • 250 g Butter oder Margarine • 90 g Puderzucker • 1 Prise Salz • abgeriebene Schale von 1/2 Zitrone • 1 Päckchen Vanillezucker • 2-3 EL gemahlene Mandeln • 1 Ei • 1 EL Kokosfett • 1/2 Glas Nussnougatcreme

- Das Mehl auf eine Arbeitsfläche sieben, die Butter in Flöckchen darauf setzen, den Puderzucker, das Salz, die abgeriebene Zitronenschale und den Vanillezucker darauf verteilen.
- Die Mandeln in einer trockenen Pfanne rösten, erkalten lassen und dazugeben.
- Das Ei in die Mitte setzen und das Ganze von außen nach innen schnell zu einem glatten Teig verkneten, in Frischhaltefolie wickeln und mindestens eine Stunde im Kühlschrank ruhen lassen.
- Den Teig herausnehmen, auf einer bemehlten Arbeitsfläche ausrollen und beliebige Formen ausstechen, diese auf ein mit Backtrennpapier ausgelegtes Backblech legen und im auf 160-180 °C vorgeheizten Backofen 10-15 Minuten backen. Herausnehmen und erkalten lassen.
- In der Zwischenzeit das Kokosfett erhitzen und in die Nussnougatcreme einrühren. Jeweils zwei Plätzchen damit zusammensetzen und zum Schluss die Plätzchen zur Hälfte eintauchen. Auf einem Kuchengitter abtrocknen lassen.

Mokkasterne

• 500 g Weizenmehl • 1 TL Backpulver • 250 g Zucker • 1 Päckchen Vanillezucker • 1 TL Instant-Kaffeepulver oder Kakao • 200 g gemahlene Mandeln • 2 Eier • 250 g Butter • beliebige Marmelade zum Füllen • Mokkaglasur zum Bestreichen • 100 g Mokkabohnen

- Das Weizenmehl mit dem Backpulver auf eine Arbeitsfläche sieben, den Zucker, den Vanillezucker, das Kaffeepulver oder den Kakao und die gemahlene Mandeln dazugeben und das Ganze leicht vermischen. Eine Mulde eindrücken, die Eier hinein geben und die Butter in Flöckchen darauf setzen.
- Anschließend das Ganze schnell zu einem glatten Teig verarbeiten.
- Den Teig auf einer bemehlten Arbeitsfläche ausrollen, Sterne ausstechen und diese auf ein mit Backtrennpapier ausgelegtes Backblech legen.
- Die Sterne im auf 175-190 °C vorgeheizten Backofen 10-12 Minuten backen, herausnehmen und auf ein Kuchengitter erkalten lassen.
- Die Sterne nach Geschmack mit Marmelade zusammensetzen, mit Mokkaglasur überziehen und jeweils eine Mokkabohne in die Mitte setzen.

Schwarz-Weiss-Gebäck

• 350 g Mehl • 125 g Puderzucker • 1 Päckchen Vanillezucker • 1 Prise Salz • abgeriebene Schale von 1 Zitrone • 200 g Butter • 1 EL Kakao • 1 Eiweiß zum Bestreichen

- Das Mehl mit dem Puderzucker auf eine Arbeitsfläche sieben, den Vanillezucker, das Salz, die abgeriebene Zitronenschale und die Butter in Flöckchen darauf geben und das Ganze so rasch zu einem glatten Teig verkneten. Den Teig halbieren und unter einen Teil den Kakao kneten
- Den Teig in Frischhaltefolie wickeln und zwei Stunden im Kühlschrank ruhen lassen.
- Den Teig in mehrere Portionen teilen. Aus dem hellen Teig eine Rolle formen, den dunklen Teig auf einer bemehlten Arbeitsfläche ausrollen, mit Eiweiß bestreichen und die helle Rolle darin einwickeln.
- Ränder festdrücken, die Rolle in 4-5 mm dicke Scheiben schneiden.
- Nach Belieben aus dem dunklen Teig eine Rolle formen und in den hellen Teig einwickeln. Ebenfalls in Scheiben schneiden.
- Für die marmorierten Plätzchen etwas hellen und etwas dunklen Teig leicht verkneten, eine Rolle formen und Scheiben abschneiden.
- Für die Schachbretter beliebig viele, gleich dicke, helle und dunkle Rollen formen, mit Eiweiß bestreichen und abwechselnd zusammensetzen. Anschließend ebenfalls in Scheiben schneiden.
- Das Schwarz-Weiß-Gebäck auf ein mit Backtrennpapier ausgelegtes Backblech legen und im auf 180-200 °C vorgeheizten Backofen 10-15 Minuten backen, herausnehmen und erkalten lassen.

Dominosteine

• 500 g Mehl • 1 EL Nutella • 250 g Butter • 2 Eier • 200 g Zucker • abgeriebene Schale von 1/2 Zitrone • Puderzuckerglasur

- Das Mehl auf eine Arbeitsfläche sieben, die Nussnougatcreme und die Butter in Flöckchen darauf setzen, die Eier und den Zucker sowie die abgeriebene Zitronenschale dazugeben und das Ganze zu einem glatten Teig verkneten.
- Den Teig in Frischhaltefolie wickeln und im Kühlschrank eine Stunde ruhen lassen.
- Herausnehmen, nochmals kräftig durchkneten und portionsweise zu Rollen mit 2-3 cm Durchmesser formen. Scheiben abschneiden, flach drücken, damit Rechtecke entstehen, und auf ein mit Backtrennpapier ausgelegtes Backblech legen. Im auf 180 °C vorgeheizten Backofen 8-10 Minuten backen.
- Nach Ende der Backzeit die Plätzchen herausnehmen, auf einem Kuchengitter abkühlen lassen und mit dicker Puderzuckerglasur verzieren.

Heidesand

• 200 g Butter • 80 g Puderzucker • 50 g Marzipan
• 1 TL Vanillezucker • abgeriebene Schale von 1/2 Zitrone
• 250 g Mehl • 1 Eigelb zum Bestreichen
• Hagelzucker zum Bestreuen

- Aus der Butter, dem Puderzucker, dem in Stücke zerpflückten Marzipan, dem Vanillezucker, der abgeriebenen Zitronenschale und dem Mehl einen geschmeidigen Teig kneten.
- Den Teig in Frischhaltefolie wickeln und über Nacht im Kühlschrank ruhen lassen.
- Den Teig auf einer bemehlten Arbeitsfläche ausrollen, beliebige Plätzchen formen oder ausstechen und die Plätzchen auf ein mit Backtrennpapier ausgelegtes Backblech setzen.
- Die Ränder, oder die ganze Oberfläche, mit verquirltem Eigelb bestreichen, mit Hagelzucker bestreuen und im auf 180-190 °C vorgeheizten Backofen 10-15 Minuten backen, herausnehmen und auf einem Kuchengitter erkalten lassen.

Gefüllte Mandelkugeln

• 300 g Weizenmehl • 100 g gemahlene Mandeln
• 1 Päckchen Vanillezucker • 3 Eigelb • 150 g Honig
• 250 g Butter oder Margarine • 1 Prise Salz
• 1 Glas Johannisbeergelee

- Das Mehl auf eine Arbeitsfläche sieben und mit den Mandeln sowie dem Vanillezucker vermischen. Eine Mulde eindrücken und das Eigelb und den Honig hineingeben.
- Die Butter oder Margarine in Flöckchen darauf setzen und das Ganze zu einem glatten, geschmeidigen Teig verarbeiten.
- Den Teig in Frischhaltefolie wickeln und im Kühlschrank 1-2 Stunden ruhen lassen.
- Den Teig herausnehmen, nochmals kräftig durchkneten, zu einer Rolle formen und von dieser kleine Stücke abschneiden.
- Die Teigstücke zur Kugeln abdrehen, mit einem Kochlöffelstiel kleine Mulden eindrücken und diese mit Johannisbeergelee füllen.
- Die Mandelkugeln auf ein mit Backtrennpapier ausgelegtes Blech setzen und im auf 180-190 °C vorgeheizten Backofen 15-20 Minuten backen, herausnehmen und auf ein Kuchengitter erkalten lassen.

Helle und dunkle Minibrezen

• 350 g Mehl • 25 g gemahlene Mandeln • 1 TL Zucker • 2 Päckchen Vanillezucker • 125 g saure Sahne • 250 g Butter oder Margarine • 1 EL Kakao • Puderzucker zum Bestäuben • Schokoladenstreusel

- Das Mehl mit den Mandeln, dem Zucker und dem Vanillezucker vermischen, die saure Sahne und die Butter oder Margarine in Flöckchen dazugeben und das Ganze zu einem geschmeidigen Teig verarbeiten.
- Den Teig halbieren und unter eine Hälfte den Kakao kneten.
- Den hellen und den dunklen Teig zu Rollen drehen und Brezen formen. Diese auf ein mit Backtrennpapier ausgelegtes Backblech legen und im auf 180-200 °C vorgeheizten Backofen 10-15 Minuten backen.
- Die Brezen herausnehmen und auf einem Kuchengitter erkalten lassen.
- Die dunklen Brezen mit Puderzucker bestäuben, die hellen mit etwas Puderzuckerglasur bestreichen, mit Schokoladenstreuseln bestreuen und auf einem Kuchengitter trocknen lassen.

Schokoladenplätzchen mit Füllung

• 500 g Mehl • 2 EL Kakaopulver • 2 Eier • 2 Eigelb • 250 g Butter • 200 g Zucker • 1 Päckchen Vanillezucker • abgeriebene Schale von 1/2 Zitrone • Marmelade zum Füllen • Puderzucker- oder Schokoladenglasur • bunte Zuckerstreusel

- Das Mehl mit dem Kakaopulver auf eine Arbeitsfläche sieben, eine Mulde eindrücken und die Eier sowie das Eigelb in die Mulde geben.
- Die Butter in Flöckchen auf das Mehl setzen, den Zucker, den Vanillezucker sowie die abgeriebene Zitronenschale darauf verteilen und das Ganze zu einem glatten, kompakten Teig verkneten.
- Den Teig in Frischhaltefolie wickeln und eine Stunde im Kühlschrank ruhen lassen. Anschließend den Teig herausnehmen, auf einer bemehlten Arbeitsfläche dünn ausrollen und jeweils zwei gleiche Formen ausstechen.
- Die Plätzchen auf ein mit Backtrennpapier ausgelegtes Backblech legen und im auf 180-200 °C vorgeheizten Backofen goldgelb abbacken.
- Die Plätzchen auf einem Kuchengitter erkalten lassen, jeweils eines an der Unterseite mit Marmelade bestreichen und auf ein zweites, gleich gestaltetes setzen.
- Die Plätzchen mit Puderzucker- oder Schokoladenglasur bestreichen und mit buntem Zucker bestreuen.

Gewürzkugeln

• 80 g Butter oder Margarine • 60 g Zucker • 1 Ei • 1 1/2 EL Rübensirup • 1 Päckchen Vanillezucker • 150 g Mehl • 1-2 TL Lebkuchengewürz neunerlei • 1 TL Backpulver • 1/2 TL Natron • 100 g Puderzucker • 1 1/2 EL Zitronensaft

- Die Butter oder Margarine mit dem Zucker schaumig schlagen. Das Ei, den Rübensirup und den Vanillezucker unterrühren.
- Das Mehl mit dem Backpulver und dem Natron vermischen und nach und nach unter die Buttermischung heben. Mit den Knethaken des Rührgeräts gut durchkneten, in Frischhaltefolie wickeln und eine Stunde im Kühlschrank ruhen lassen.
- Den Teig herausnehmen, zu Kugeln von 2 cm Durchmesser formen und diese auf ein mit Backtrennpapier ausgelegtes Backblech setzen.
- Die Teigkugeln leicht flach drücken und im auf 180 °C vorgeheizten Backofen 6-8 Minuten backen. Herausnehmen und auf einem Kuchengitter erkalten lassen.
- Den Puderzucker mit dem Zitronensaft zu einem dickflüssigen Guss verrühren, je einen Klacks davon in die Mitte eines jeden Plätzchens setzen und den Guss trocknen lassen.

Schokoladenhappen

• 200 g Mehl • 100 g Speisestärke • 1 gestr. TL Backpulver • 100 g Zucker • 1 Päckchen Vanillezucker • 1 Ei • 125 g Butter • 150 g geriebene Schokolade oder 2-3 EL Kakaopulver • Schokoladenglasur • Mokkabohnen

- Das Mehl mit der Speisestärke und dem Backpulver vermischen, auf eine Arbeitsfläche sieben und eine Mulde eindrücken. Den Zucker, den Vanillezucker und das Ei hineingeben, die Butter in Flöckchen darauf setzen und die Schokolade oder das Kakaopulver darüber streuen.
- Alle Zutaten zu einem glatten, geschmeidigen Teig verkneten.
- Den Teig in Frischhaltefolie einwickeln und im Kühlschrank mindestens eine Stunde ruhen lassen.
- Den Teig herausnehmen und auf einer bemehlten Arbeitsfläche ungefähr einen halben Zentimeter dick ausrollen.
- Den Teig in mundgerechte Happen schneiden und diese auf ein mit Backtrennpapier ausgelegtes Backblech setzen.
- Die Happen im auf 180 °C vorgeheizten Backofen 10 Minuten backen, herausnehmen und auf einem Kuchengitter erkalten lassen.
- Die Schokoladenglasur erhitzen, die Happen damit bestreichen und jeweils eine Mokkabohne in die Mitte setzen. Die Schokoladenglasur gut trocknen lassen.

Tischkarten für alle

• 250 g Mehl • 2 Eigelb • abgeriebene Schale von 1 Zitrone • 1 Päckchen Vanillezucker • 250 g Zucker • 200 g gemahlene Mandeln • 250 g Butter • 3 EL Puderzucker • einige Tropfen Zitronensaft • Speisefarben • Zuckerschrift

- Das Mehl auf eine Arbeitsfläche sieben und eine Mulde eindrücken. Das Eigelb hineingeben, die Zitronenschale, den Vanillezucker, den Zucker und die geschälten Mandeln dazugeben und die Butter in Flöckchen darauf setzen.
- Das Ganze zu einem glatten, geschmeidigen Teig verarbeiten, in Frischhaltefolie wickeln und mindestens eine Stunde im Kühlschrank ruhen lassen.
- Den Teig herausnehmen, eine Rolle formen und kleine Stücke davon abschneiden. Die Stücke zu ovalen Plätzchen ausrollen und diese auf ein mit Backtrennpapier ausgelegtes Backblech legen.
- Die Plätzchen im auf 180-200 °C vorgeheizten Backofen 10-12 Minuten backen, herausnehmen und auf einem Kuchengitter erkalten lassen.
- Den Puderzucker mit dem Zitronensaft glatt rühren, mit Speisefarben einfärben und die Plätzchen damit bestreichen.
- Den Guss trocknen lassen und nach Belieben mit Zuckerschrift Namen auf die Plätzchen schreiben.

Vanillekipferl

• 200 g Mehl • 50 g Zucker • 1 Päckchen Vanillezucker • 80 g fein geriebene Mandeln • 150 g Butter • 1 Ei • Vanillezucker zum Wälzen

- Das Mehl mit dem Zucker, dem Vanillezucker und den fein geriebenen Mandeln vermischen. Die Butter und das Ei dazugeben und das Ganze zu einem glatten, geschmeidigen Teig verarbeiten.
- Den Teig in Frischhaltefolie wickeln und im Kühlschrank zwei Stunden ruhen lassen.
- Den Teig herausnehmen und auf einer bemehlten Arbeitsfläche zu dünnen Rollen formen.
- Von den Rollen 10 cm lange Stücke abschneiden und diese zu Hörnchen (Kipferl) biegen.
- Die Kipferl auf ein mit Backtrennpapier ausgelegtes Backblech legen und im auf 180 °C vorgeheizten Backofen 8-10 Minuten backen. Herausnehmen und sofort in reichlich Vanillezucker wälzen. Anschließend auf ein Kuchengitter legen und erkalten lassen.

Marzipankonfekt

• 200 g Mehl • 1/2 Päckchen Backpulver • 1 Ei • 100 g Zucker • 1 Päckchen Vanillezucker • abgeriebene Schale von 1 Orange • 1 Prise Salz • 100 g Butter oder Margarine • 100 g Marzipanrohmasse • 1 Eiweiß • 100 g Vollmilchkuvertüre • Puderzuckerglasur

- Das Mehl mit dem Backpulver vermischen und auf eine Arbeitsfläche sieben. Eine Mulde eindrücken und das alles hinein gleiten lassen.
- Den Zucker, den Vanillezucker, die Orangenschale und das Salz darüber streuen und die Butter oder Margarine in Flöckchen darauf setzen.
- Das Ganze schnell zu einem glatten, geschmeidigen Teig verarbeiten. Den Teig in Frischhaltefolie einwickeln und im Kühlschrank zwei Stunden ruhen lassen.
- Den Teig herausnehmen, auf einer bemehlten Arbeitsfläche ausrollen und beliebige Formen ausstechen. Die Plätzchen auf ein mit Backtrennpapier ausgelegtes Backblech legen und im auf 170-180 °C vorgeheizten Backofen 10-15 Minuten backen, herausnehmen und auf einem Kuchengitter erkalten lassen.
- Die Marzipanrohmasse mit dem Eiweiß zu einer streichfähigen Masse verschlagen und die Hälfte der Plätzchen damit bestreichen. Jeweils zwei Plätzchen aufeinander setzen.
- Die Plätzchen mit der flüssigen Kuvertüre überziehen, trocknen lassen und anschließend mit etwas Puderzuckerglasur verzieren.

Schoko-Nuss-Kekse

• 200 g Butter oder Margarine • 100 g braunen Zucker • 1 Prise Salz • 1 Päckchen Vanillezucker • 150 g Mehl • 100 g gemahlene Haselnüsse • 3 EL Milch • 200 g Nussnougatcreme • helle und dunkle Schokoblätter

- Die Butter oder Margarine mit dem Zucker cremig rühren. Das Salz, den Vanillezucker, das Mehl, die Nüsse und die Milch dazugeben und das Ganze mit den Knethaken des Rührgeräts verkneten.
- Ein Backblech mit Backtrennpapier auslegen, den Teig einfüllen, glatt streichen und im auf 175 °C vorgeheizten Backofen 20-25 Minuten backen.
- Nach Ende der Backzeit den Kuchen herausnehmen und mit der Nussnougatcreme bestreichen. Die Schokoblätter darauf verteilen, das Ganze gut auskühlen lassen und anschließend in Quadrate schneiden.

Nussecken

• 200 g Butter oder Margarine • 100 g braunen Zucker • 1 Prise Salz • 1 Päckchen Vanillezucker • 150 g Mehl • 100 g gemahlene Haselnüsse • 3 EL Milch • 200 g gemischte, gehackte Nüsse (Haselnüsse, Walnüsse, Sonnenblumen- oder Kürbiskerne) • 1 Eiweiß • 50 g Zucker

- Die Butter oder Margarine mit dem Zucker in eine Schüssel geben und cremig rühren. Das Salz, den Vanillezucker, das Mehl, die Haselnüsse und die Milch hinzufügen und das Ganze mit den Knethaken des Handrührgeräts verkneten.
- Ein Backblech mit Backtrennpapier auslegen, die Hälfte der gehackten Nüsse darauf streuen, den Teig darüber füllen und im auf 175° vorgeheizten Backofen 20-25 Minuten backen.
- In der Zwischenzeit das Eiweiß mit dem Zucker steif schlagen und die restlichen Nüsse unterheben.
- Das Backblech aus dem Ofen nehmen, mit der Eischneemischung bestreichen und weitere 15 Minuten backen. Herausnehmen, auf einem Kuchengitter erkalten lassen und in Dreiecke schneiden.

Sahnebrezen

• 350 g Mehl • 25 g gemahlene Haselnüsse • 1 TL Zucker • 2 Päckchen Vanillezucker • 1/8 l Sahne • 250 g Butter • Eigelb zum Bestreichen • Hagelzucker zum Bestreuen

- Das Mehl mit den Mandeln, dem Zucker und dem Vanillezucker vermischen, die Sahne und die Butter in Flöckchen dazugeben und das Ganze zu einem geschmeidigen Teig verarbeiten.
- Den Teig zu Rollen drehen und Brezen formen. Diese auf ein mit Backtrennpapier ausgelegtes Backblech legen, mit verquirltem Eigelb bestreichen, mit Hagelzucker bestreuen und in dem auf 180-200 °C vorgeheizten Backofen 10-15 Minuten backen.
- Die Brezen herausnehmen und auf einem Kuchengitter erkalten lassen.

Mandelbrezen

• Zubereitung wie Sahnebrezen

- Anstelle der Haselnüsse gemahlene Mandeln verwenden, und zum Bestreuen halb Hagelzucker, halb gehackte Mandeln nehmen.

Spitzbuben

• 375 g Mehl • 125 g Zucker • 1 Päckchen Vanillezucker • 250 g Butter • Mehl zum Ausrollen • 1 kleines Glas rote Marmelade • Puderzucker zum Bestäuben

- Das Mehl mit dem Zucker, dem Vanillezucker und der Butter zu einem glatten, kompakten Teig verkneten.
- Den Teig in ein feuchtes Küchentuch wickeln und im Kühlschrank mindestens eine Stunde ruhen lassen.
- Anschließend den Teig auf einer bemehlten Arbeitsfläche 1/2 cm dick ausrollen. Runde Formen von 5 cm Durchmesser ausstechen und aus der Hälfte der Plätzchen in der Mitte nochmals drei kleine Löcher ausstechen.
- Die Plätzchen auf ein mit Backtrennpapier ausgelegtes Backblech setzen und im auf 180 °C vorgeheizten Backofen 10-12 Minuten backen.
- Nach Ende der Backzeit die Plätzchen herausnehmen und auf einem Kuchengitter erkalten lassen. Anschließend die ganzen Plätzchen mit roter Marmelade bestreichen. Die Plätzchen mit den Löchern mit Puderzucker bestäuben und auf die Marmeladenplätzchen setzen.

Ananasterrassen

• 375 g Mehl • 125 g Zucker • 1 Päckchen Vanillezucker • 250 g Butter • Mehl für das Blech • 1 kleines Glas Ananasmarmelade • Puderzucker zum Bestäuben

- Das Mehl mit dem Zucker, dem Vanillezucker und der Butter zu einem glatten Teig verarbeiten.
- Den Teig in ein feuchtes Küchentuch wickeln und im Kühlschrank mindestens eine Stunde ruhen lassen.
- Anschließend den Teig auf einer bemehlten Arbeitsfläche 1/2 cm dick ausrollen. Jeweils die gleiche Anzahl gleicher Formen in drei verschiedenen Größen ausstechen und diese auf einem mit Backtrennpapier ausgelegten Backblech im auf 190-200 °C vorgeheizten Backofen in 10-12 Minuten abbacken.
- Herausnehmen, auf einem Kuchengitter erkalten lassen und anschließend immer drei Plätzchen verschiedener Größen mit Ananasmarmelade zusammensetzen, mit Puderzucker bestäuben und zum Verzehr bereitstellen.

Knopfplätzchen

• 500 g Mehl • 200 g Zucker • 1 Ei • 300 g Butter
• etwas Kakaopulver • Semmelbrösel • Rosinen • Fett für das Blech

- Das Mehl mit dem Zucker, dem Ei und der Butter zu einem Mürbteig verarbeiten.
- Den Teig in ein feuchtes Küchentuch wickeln und im Kühlschrank eine Stunde ruhen lassen.
- Anschließend den Teig auf einer bemehlten Arbeitsfläche zu einer Teigrolle von 30 cm Länge und 2 1/2 cm Durchmesser formen.
- Die Rollen in Kakao, Semmelbröseln und Zucker wenden und in 1/2 cm dicke Scheiben schneiden.
- In die Mitte jeder Scheibe eine gewaschene Rosine drücken, das Gebäck auf ein ausgefettetes Backblech setzen und in dem auf 190-200 °C vorgeheizten Backofen in 10-12 Minuten abbacken.
- Die Knopfplätzchen herausnehmen, auskühlen lassen und zum Verzehr bereitstellen.

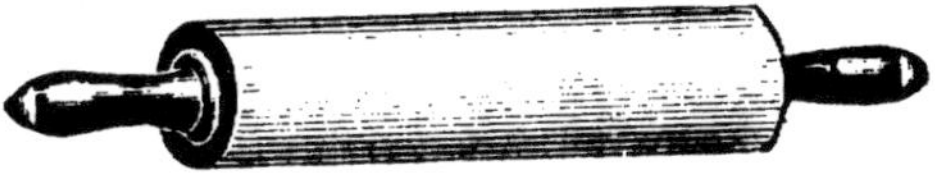

Kulleraugen

• 200 g Mehl • 70 g Zucker • Saft und Schale von 1 Zitrone
• 2 Eigelb • 120 g Butter • 1 kleines Glas Johannisbeergelee
• 1 Eigelb • 30 g gehackte Mandeln

- Die Teigzutaten nach Grundrezept Mürbteig zu einem glatten Teig verarbeiten. In ein feuchtes Küchentuch wickeln und mindestens eine Stunde im Kühlschrank ruhen lassen.
- Anschließend auf einer bemehlten Arbeitsfläche eine Rolle aus dem Teig formen und Scheiben abschneiden.
- Die Scheiben zu Kugeln drehen und etwas breit drücken. In die Mitte mit einem Kochlöffel eine Vertiefung eindrücken und Johannisbeergelee einfüllen.
- Das Eigelb mit etwas Wasser glatt rühren und die Kulleraugen damit bestreichen. Mit gehackten Mandeln bestreuen und auf ein bemehltes Backblech setzen.
- Das Ganze im auf 190-200 °C vorgeheizten Backofen in 12-15 Minuten abbacken. Die Kulleraugen herausnehmen, abkühlen lassen und zum Verzehr bereitstellen.

Schokoriegel

• 500 g Mehl • 1/2 Päckchen Backpulver • 250 g Zucker • 2 EL geriebene Vollmilchschokolade • 4 Eier • 250 g Butter • Fett und Mehl für das Blech • 1 Grundrezept Schokoladenglasur

- Die Teigzutaten nach Grundrezept zu einem Mürbteig verarbeiten, in ein feuchtes Küchentuch wickeln und im Kühlschrank eine Stunde ruhen lassen.
- Den Teig auf einer bemehlten Arbeitsfläche etwa 1 cm dick ausrollen, auf ein bemehltes Backblech setzen und im auf 200 °C vorgeheizten Backofen abbacken.
- Nach dem Abbacken den Kuchen auf dem Blech lockern, mit Schokoladenglasur bestreichen und in 7-8 cm lange und 3-4 cm breite Riegel schneiden.
- Die Schokoriegel vollständig abtrocknen lassen und zum Verzehr bereitstellen.

Mürbteigstreifen

• 500 g Mehl • 1/2 Päckchen Backpulver • 250 g Zucker • 4 Eier • 250 g Butter • 1 kleines Glas Marmelade • Fett und Mehl für das Blech

- Die Teigzutaten nach Grundrezept zu einem Mürbteig verarbeiten, in ein feuchtes Küchentuch wickeln und im Kühlschrank eine Stunde ruhen lassen.
- Den Teig auf einer bemehlten Arbeitsfläche etwa 1 cm dick ausrollen, auf ein bemehltes Backblech setzen, mit der Marmelade bestreichen und im auf 200 °C vorgeheizten Backofen abbacken.
- Nach dem Abbacken den Kuchen auf dem Blech lockern, mundgerechte Streifen schneiden und zum Verzehr bereitstellen.

Mürbteigsterne

• Zubereitung wie Mürbteigstreifen

- Aus dem Teig Sterne ausstechen, diese abbacken und die Hälfte davon mit einer Glasur aus 2-3 EL Nutella, 1 EL flüssigem Kokosfett und heller Schokoladenglasur überziehen. Gut trocknen lassen. Die andere Hälfte mit Marmelade bestreichen und die überzogenen Sterne darauf setzen.

Kokoskugeln

• 150 g Butter • 125 g Zucker • 125 g feine Kokosraspeln • 200 g Mehl • 1 Msp. Backpulver • 200 g Puderzucker • 2-3 EL Wasser • Kokosflocken zum Wälzen

- Die Butter schaumig rühren, den Zucker nach und nach einrieseln lassen und zum Schluss die Kokosraspeln und das Mehl mit dem Backpulver unterheben.
- Das Ganze zu einem geschmeidigen Teig verarbeiten, in Frischhaltefolie wickeln und im Kühlschrank zwei Stunden ruhen lassen.
- Den Teig herausnehmen, auf einer bemehlten Arbeitsfläche nochmals kräftig durchkneten und kleine Teigstücke abstechen. Die Teigstücke zu Kugeln formen, auf ein gefettetes oder mit Backtrennpapier ausgelegtes Backblech setzen und im auf 200 °C vorgeheizten Backofen 18-20 Minuten backen.
- In der Zwischenzeit den Puderzucker mit dem Wasser glatt rühren.
- Nach Ende der Backzeit die Kugeln herausnehmen und auf einem Kuchengitter erkalten lassen.
- Anschließend die Kokoskugeln rundherum mit der Puderzuckerglasur überziehen und in den Kokosflocken wälzen. Zum Trocknen auf ein Kuchengitter legen.

Dickmilchkringel

• 150 g Butter oder Margarine • 150 g Puderzucker • 1 Päckchen Vanillezucker • 240 g Mehl • 1/2 Becher Sahnedickmilch • 1 Prise Salz • abgeriebene Schale von 1/2 Zitrone • braune Zuckerschrift

- Die Butter oder Margarine mit dem Puderzucker und dem Vanillezucker in einer Schüssel schaumig schlagen.
- Das Mehl darüber sieben, die Sahnedickmilch mit dem Salz und der Zitronenschale dazugeben und das Ganze zu einer geschmeidigen Masse verarbeiten.
- Den Teig in einen Spritzbeutel mit großer Sterntülle füllen und Kringel auf ein mit Backtrennpapier ausgelegtes Backblech spritzen.
- Das Spritzgebäck im auf 170-180 °C vorgeheizten Backofen goldgelb ausbacken, herausnehmen und auf einem Kuchengitter erkalten lassen.
- Das kalte Spritzgebäck nach Belieben mit brauner Zuckerschrift verzieren.

Kokosmakronen

• 3 Eiweiß • 125 g Zucker
• Saft und abgeriebene Schale von 1/2 Zitrone
• 125 g Kokosraspeln • kleine Backoblaten
• Puderzucker zum Bestäuben

- Das Eiweiß zu sehr steifem Schnee schlagen, dabei den Zucker und den Zitronensaft einrieseln lassen.
- Die Kokosraspeln vorsichtig unterheben.
- Mit zwei Teelöffeln kleine Häufchen auf Backoblaten setzen und diese auf einem ungefetteten Backblech im auf 160-180 °C vorgeheizten Backofen 20-25 Minuten backen.
- Die Kokosmakronen herausnehmen, auf einem Kuchengitter erkalten lassen und nach Geschmack mit Puderzucker bestäuben.

Nussmakronen

• 2 Eiweiß • 1 Prise Salz • 2 EL Zucker • 200 g gemahlene Haselnüsse • Backoblaten

- Das Eiweiß mit dem Salz zu sehr steifem Schnee schlagen, dabei den Zucker einrieseln lassen.
- Die gemahlenen Haselnüsse vorsichtig unterheben.
- Die Masse in einen Spritzbeutel mit glatter Tülle füllen und kleine Häufchen auf ein mit Backtrennpapier ausgelegtes Backblech oder auf Backoblaten spritzen.
- Die Nussmakronen im auf 160-180 °C vorgeheizten Backofen 10-12 Minuten backen, herausnehmen und auf einem Kuchengitter erkalten lassen.

Schokomakronen

• 2 Eiweiß • 1 Prise Salz • 150-200 g geriebene Schokolade

- Das Eiweiß mit dem Salz sehr steif schlagen, die geriebene Schokolade unterheben und die Masse in einen Spritzbeutel mit Sterntülle füllen.
- Auf ein mit Backtrennpapier ausgelegtes Backblech kleine Häufchen aufspritzen und diese in dem auf 160-180 °C vorgeheizten Backofen 10-12 Minuten backen. Die Schokomakronen herausnehmen und auf einem Kuchengitter erkalten lassen.

Fruchtmixplätzchen

• 325 g Mehl • 50 g gemahlene Mandeln • 100 g Zucker • 2 Päckchen Vanillezucker • 1 Prise Salz • 1 Ei • 200 g Butter oder Margarine • 50 g Fruchtmix (kandierte Kirschen, Orangeat, Zitronat) • Puderzuckerglasur

- Das Mehl auf eine Arbeitsfläche sieben, die Mandeln, den Zucker, den Vanillezucker und das Salz dazugeben, vermischen und eine Mulde eindrücken.
- Das Ei in die Mulde gleiten lassen, die Butter in Flöckchen auf das Mehl setzen, die sehr klein geschnittenen kandierten Kirschen, das Orangeat und das Zitronat dazugeben und das Ganze zu einem geschmeidigen Teig verarbeiten.
- Den Teig zugedeckt eine Stunde im Kühlschrank ruhen lassen, herausnehmen und auf einer bemehlten Arbeitsfläche dünn ausrollen.
- Runde Plätzchen ausstechen und diese auf ein mit Backtrennpapier ausgelegtes Backblech legen. Im auf 180 °C vorgeheizten Backofen 10 Minuten backen, herausnehmen und auf einem Kuchengitter erkalten lassen.
- Die Plätzchen mit Puderzuckerglasur überziehen und mit kandierten Kirschen bestreuen. Den Guss vollständig trocknen lassen.

Kokosberge

• 150 g Butter • 125 g Zucker • 125 g feine Kokosraspeln • 200 g Mehl • 1 Msp. Backpulver • 200 g Puderzucker • 2-3 EL Wasser • Kokosflocken zum Wälzen

- Die Butter schaumig rühren, den Zucker nach und nach einrieseln lassen und zum Schluss die Kokosraspeln und das Mehl mit dem Backpulver unterheben.
- Das Ganze zu einem geschmeidigen Teig verarbeiten, in Frischhaltefolie wickeln und im Kühlschrank zwei Stunden ruhen lassen.
- Den Teig herausnehmen, auf einer bemehlten Arbeitsfläche nochmals kräftig durchkneten und kleine Teigstücke abstechen. Die Teigstücke zu Kugeln formen, auf ein gefettetes oder mit Backtrennpapier ausgelegtes Backblech setzen und im auf 200 °C vorgeheizten Backofen 18-20 Minuten backen.
- In der Zwischenzeit den Puderzucker mit dem Wasser glatt rühren.
- Nach Ende der Backzeit die Kugeln herausnehmen und auf einem Kuchengitter erkalten lassen.
- Anschließend die Kokosberge rundherum mit der Puderzuckerglasur überziehen und in den Kokosflocken wälzen. Zum Trocknen auf ein Kuchengitter legen.

Nussblümchen

• 200 g Butter oder Margarine • 100 g Zucker • 2 Eier • 200 g Mehl • 200 g fein gemahlene Nüsse • bunte Zuckerschrift

- Die Butter oder Margarine mit dem Zucker schaumig rühren und die Eier einzeln darunter schlagen.
- Das Mehl sieben und mit den Nüssen vermischen, esslöffelweise in die Schaummasse geben und zu einem glatten Teig verarbeiten.
- Den Teig eine Stunde im Kühlschrank ruhen lassen, anschließend herausnehmen, in eine Gebäckpresse füllen und kleine „Blümchen" auf ein ungefettetes Blech spritzen.
- Die Blümchen im auf 160-180 °C vorgeheizten Backofen 8-10 Minuten backen, herausnehmen und auf einem Kuchengitter erkalten lassen. Mit Zuckerschrift nach Geschmack verzieren.

Variation: Schokoladenplätzchen

• 150 g Butter oder Margarine • 150 g Zucker • 2 Eier • 2 EL Nussnougatcreme • 50 g geriebene Vollmilchschokolade • 300 g Mehl

- Das Fett mit dem Zucker und den Eiern schaumig rühren.
- Die Nussnougatcreme und die Vollmilchschokolade dazugeben und unterheben.
- Das Mehl nach und nach darüber sieben und unterrühren.
- Den Teig im Kühlschrank kurz ruhen lassen, dann in eine Gebäckpresse drücken und beliebige Formen auf ein ungefettetes Backblech spritzen.
- Im auf 160-180 °C vorgeheizten Backofen acht Minuten backen, herausnehmen und erkalten lassen.

Schnelles Teegebäck

• 250 g Butter oder Margarine • 250 g Zucker • 1 EL Vanillezucker • 1 Prise Salz • 2 Eier • 400 g Mehl • Eiweißglasur

- Die Butter oder Margarine mit dem Zucker, dem Vanillezucker, dem Salz und den Eiern schaumig rühren. Das Mehl sieben und esslöffelweise einrühren.
- Das Ganze zu einem glatten Teig verarbeiten, in Frischhaltefolie wickeln und 30 Minuten im Kühlschrank ruhen lassen.
- Den Teig herausnehmen, nochmals durchkneten und in eine Gebäckpresse füllen. Auf ein ungefettetes, kaltes Backblech beliebige Figuren aufspritzen und diese auf 160-180 °C vorgeheizten Backofen 8-10 Minuten backen.
- Vorsichtig vom Blech lösen und auf einem Kuchengitter erkalten lassen. Die Eiweißglasur nach Grundrezept zubereiten und das Teegebäck damit überziehen.

Nussnougatbusserl

• 250 g Mehl • 125 g Zucker • 125 g Butter • 3 Eigelb • abgeriebene Schale von 1/2 Zitrone • 1 Prise Salz • 1 EL Nussnougatcreme • 1 Eiweiß • 1 Prise Salz • EL Zucker

- Das Mehl mit dem Zucker, der Butter, dem Eigelb, der abgeriebenen Zitronenschale, dem Salz und der Nussnougatcreme zu einem glatten Teig verarbeiten.
- Den Teig in Frischhaltefolie wickeln und mindestens eine Stunde im Kühlschrank ruhen lassen. Anschließend herausnehmen, auf einer bemehlten Arbeitsfläche ausrollen und runde Plätzchen ausstechen und diese auf ein mit Backtrennpapier ausgelegtes Backblech legen.
- Das Eiweiß mit Salz und Zucker sehr steif schlagen, in einen Spritzbeutel füllen und kleine Kleckse auf die Plätzchen spritzen.
- Die Plätzchen im auf 160-180 °C vorgeheizten Backofen 15-18 Minuten backen, herausnehmen und auf einem Kuchengitter erkalten lassen.

Baiserhäppchen

• 5 sehr frische Eiweiß • 1 Prise Salz • 250 g feinen Zucker • 2 TL Zitronensaft

- Das Eiweiß in eine Schüssel geben, das Salz hinzufügen und zu schnittfestem Schnee schlagen.
- Den Zucker unter ständigem Weiterschlagen einrieseln lassen und zum Schluss den Zitronensaft unterschlagen.
- Die Baisermasse in einen Spritzbeutel mit glatter Tülle füllen und auf ein mit Backtrennpapier ausgelegtes Backblech beliebige Formen aufspritzen.
- Die Baisermasse im auf 100 °C vorgeheizten Backofen 30 Minuten trocknen lassen.
- Die Baisers herausnehmen, auf einem Kuchengitter erkalten lassen und nach Belieben mit bunter Zuckerschrift oder Zuckerstreuseln verzieren.

Baiser als Baumbehang

• Zutaten und Zubereitung wie Baiserhäppchen

- Das Baiser mit Instant-Kaffee- oder Kakaopulver abschmecken und verschiedene Motive auf ein mit Backtrennpapier ausgelegtes Backblech spritzen. Nach dem Backen ein Band durchziehen und die Baisers an den Weihnachtsbaum hängen.

Zimtsterne

• 3 Eiweiß • 250 g Puderzucker • 250 g gemahlene Mandeln • 1/2 TL Zimt • Zucker zum Ausrollen

- Das Eiweiß steif schlagen und dabei den gesiebten Puderzucker einrieseln lassen.
- Die Masse teilen und die eine Hälfte mit den Mandeln und dem Zimt vermischen. Gut durchkneten und auf einer mit Zucker bestreuten Arbeitsfläche einen halben Zentimeter dick ausrollen.
- Aus dem Teig Sterne ausstechen und diese auf ein mit Backtrennpapier ausgelegtes Backblech legen. Im auf 160 °C vorgeheizten Backofen 20 Minuten backen, herausnehmen, mit der Eiweißmasse bestreichen und erneut kurz überbacken.
- Die Zimtsterne herausnehmen und auf einem Kuchengitter erkalten lassen.

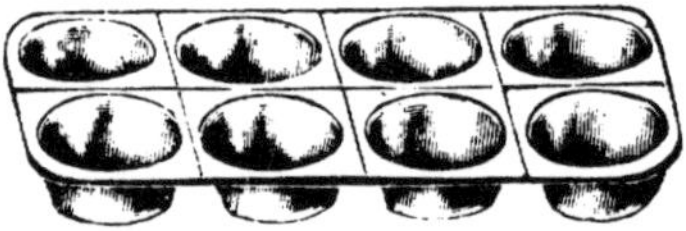

Gefüllte Pistazienplätzchen

• 500 g Weizenmehl • 1 TL Backpulver • 250 g Zucker • 1 Päckchen Vanillezucker • 200 g gemahlene Pistazien • 2 Eier • 250 g Butter • beliebige Marmelade zum Füllen • Puderzuckerglasur zum Bestreichen • gehackte Pistazien zum Bestreuen

- Das Weizenmehl mit dem Backpulver auf eine Arbeitsfläche sieben, den Zucker, den Vanillezucker und die gemahlenen Pistazien dazugeben und das Ganze leicht vermischen. Eine Mulde eindrücken, die Eier hineingeben und die Butter in Flöckchen darauf setzen.
- Anschließend das Ganze schnell zu einem glatten Teig verarbeiten.
- Den Teig auf einer bemehlten Arbeitsfläche ausrollen, beliebige Plätzchen ausstechen und diese auf ein mit Backtrennpapier ausgelegtes Backblech legen.
- Die Plätzchen im auf 175-190 °C vorgeheizten Backofen 10-12 Minuten backen, herausnehmen und auf ein Kuchengitter erkalten lassen.
- Die Plätzchen mit Marmelade zusammensetzen, mit Puderzuckerglasur überziehen und mit gehackten Pistazien bestreuen.

Mandelsplitter hell

• 1 TL Butter • 1 EL Zucker • 1 Päckchen Vanillezucker
• 200 g Mandelstifte • 150 g weiße Schokolade

- Die Butter mit dem Zucker und dem Vanillezucker in einer Pfanne zerlassen, die Mandelstifte dazugeben und unter ständigem Rühren goldbraun werden lassen. Beiseite stellen und erkalten lassen.
- Die Schokolade im Wasserbad schmelzen lassen, die Mandelstifte dazugeben, das Ganze gut vermischen und leicht abkühlen lassen.
- Mit zwei Teelöffeln kleine Häufchen auf gefettete Alufolie setzen und kalt stellen. Im Kühlschrank aufbewahren.

Mandelsplitter dunkel

• 1-2 TL Butter • 1 EL braunen Zucker
• 200 g geschälte, gehackte Mandeln • 150 g Halbbitterschokolade
• 2-3 EL flüssiges Kokosfett • 1-2 Tropfen Vanillearoma

- Die Butter mit dem braunen Zucker in einer Pfanne zerlassen, die gehackten Mandeln dazugeben und unter ständigem Rühren goldbraun werden lassen. Beiseite stellen und erkalten lassen.
- Die Schokolade im Wasserbad schmelzen lassen, die gerösteten Mandeln dazugeben, das Ganze gut vermischen, mit Vanillearoma verfeinern und leicht abkühlen lassen.
- Mit zwei Teelöffeln kleine Häufchen auf gefettete Alufolie setzen und kalt stellen. Im Kühlschrank aufbewahren.

Knusperkugeln

• 100 g Cornflakes • 100 g Vollmilchschokolade
• 1 Riegel Kokosfett

- Die Cornflakes fein zerbröseln und in eine Schüssel geben. Die Schokolade mit dem Kokosfett im Wasserbad schmelzen lassen, mit den Cornflakes vermischen und dann mit zwei Teelöffeln kleine Kugeln auf gefettete Alufolie setzen. Im Kühlschrank vollständig fest werden lassen und auch im Kühlschrank aufbewahren.

Rosa Marzipanschleifchen

• 200 g Marzipanrohmasse • 100 g Puderzucker • Speisefarben

- Die Marzipanrohmasse mit dem Puderzucker verkneten, dabei den Puderzucker nach und nach dazugeben. Nach Geschmack mit Speisefarben beliebig einfärben.
- Die Marzipanmasse zu gleichmäßig dicken Rollen formen (Durchmesser 1/2 cm) und diese zu Schleifchen drehen.

Schnelle Rumkugeln

• 100 g gemahlene Mandeln • 100 g geriebene Schokolade • 1 Eigelb • 2 EL Rum • Schokoladenstreusel, Kokosraspeln oder bunten Zucker zum Wälzen

- Die gemahlenen Mandeln mit der geriebenen Schokolade, dem Eigelb und dem Rum zu einer festen Masse verarbeiten.
- Die Masse zu Kugeln abdrehen und in Schokoladenstreuseln, Kokosraspeln oder buntem Zucker wälzen.

Marzipankonfekt

• 200 g Mehl • 1/2 Päckchen Backpulver • 1 Ei • 100 g Zucker • 1 Päckchen Vanillezucker • abgeriebene Schale von 1 Orange • 1 Prise Salz • 100 g Butter oder Margarine • 100 g Marzipanrohmasse • 1 Eiweiß • 100 g Nussnougatcreme • Puderzuckerglasur

- Das Mehl mit dem Backpulver vermischen und auf eine Arbeitsfläche sieben. Eine Mulde eindrücken und das Ei hinein gleiten lassen.
- Den Zucker, den Vanillezucker, die Orangenschale und das Salz darüber streuen und die Butter oder Margarine in Flöckchen darauf setzen.
- Das Ganze schnell zu einem glatten, geschmeidigen Teig verarbeiten. Den Teig in Frischhaltefolie einwickeln und im Kühlschrank zwei Stunden ruhen lassen.
- Den Teig herausnehmen, auf einer bemehlten Arbeitsfläche ausrollen und beliebige Formen ausstechen. Die Plätzchen auf ein mit Backtrennpapier ausgelegtes Backblech legen und im auf 170-180 °C vorgeheizten Backofen 10-15 Minuten backen, herausnehmen und auf einem Kuchengitter erkalten lassen.
- Die Marzipanrohmasse mit dem Eiweiß zu einer streichfähigen Masse verschlagen und die Hälfte der Plätzchen damit bestreichen. Jeweils zwei Plätzchen aufeinander setzen.
- Die Plätzchen mit der glatt gerührten Nussnougatcreme überziehen, trocknen lassen und anschließend mit etwas Puderzuckerglasur verzieren.

Marzipankartoffeln

• 200 g Marzipanrohmasse • 100 g Puderzucker • Kakao zum Wälzen

- Die Marzipanrohmasse mit dem Puderzucker verkneten, dabei den Puderzucker nach und nach dazugeben und kleine Kugeln abdrehen.
- Die Kugeln zu Kartoffeln formen und diese in Kakaopulver wälzen.

Variation: Gefüllte Marzipankugeln

• 150 g Marzipanrohmasse • 75 g Puderzucker • 100 g Nussnougatmasse • Kakao zum Wälzen

- Die Marzipanrohmasse mit dem Puderzucker verkneten, dabei den Puderzucker nach und nach unterarbeiten.
- Die Marzipanmasse zu einer dicken Rolle formen und diese in Scheiben schneiden.
- Die Nougatmasse in Würfel schneiden. Je einen Würfel in eine Scheibe Marzipan einwickeln, gut festdrücken und zu Kugeln abdrehen.
- Die Gefüllten Marzipankugeln in Kakao wälzen.

Igelfamilie

• 125 g Butter oder Margarine • 125 g Zucker • 1 Päckchen Vanillezucker • 1/2 Fläschchen Vanillearoma • 3 Eier • 150 g Mehl • 100 g Stärkemehl • 1/2 TL Backpulver • 2 EL Milch • Fett und Semmelbrösel für die Form • 1 Glas Nussnougatcreme • 100 g Mandelstifte

- Die Butter oder Margarine schaumig schlagen und nach und nach den Zucker, den Vanillezucker, das Vanillearoma und die Eier einrühren.
- Das Mehl mit der Speisestärke und dem Backpulver vermischen und esslöffelweise dazugeben.
- Verschieden große Igelformen einfetten, mit Semmelbröseln ausstreuen, den Teig einfüllen und im auf 200 °C vorgeheizten Backofen 20-30 Minuten backen.
- Die Igel herausnehmen, auf ein Kuchengitter stürzen und erkalten lassen. Dann die Nussnougatcreme in einen Spritzbeutel mit Sterntülle füllen und die Masse auf die Igel spritzen. Zum Schluss die Igel mit Mandelstiften spicken.

Mandelstern mit kandierten Früchten

• 300 g Puderzucker • 120 g Butter oder Margarine • 4 Eier • 1/4 l Multivitamin-Buttermilch • 2 EL geriebene Zitronenschale • 1 EL Lebkuchengewürz • 1 EL Zimtpulver • 100 g gehackte Mandeln • 1 Prise Salz • 1 EL Vanillezucker • 250 g Mehl • 1/2 Päckchen Backpulver • Puderzuckerglasur • kandierte Früchte zum Verzieren

- Den Puderzucker mit der Butter oder Margarine in einer Schüssel cremig schlagen. Die Eier einzeln darunter schlagen.
- Die Multivitamin-Buttermilch mit der Zitronenschale, dem Lebkuchengewürz, dem Zimtpulver, den gehackten Mandeln, dem Salz und dem Vanillezucker unter die Eiercreme rühren.
- Das Mehl mit dem Backpulver vermischen, darüber sieben und unter den Teig ziehen.
- Zwei verschieden große Sternformen ausfetten, den Teig einfüllen und das Ganze in dem auf 175-180 °C vorgeheizten Backofen 30-45 Minuten backen.
- Die Gewürzsterne aus der Form stürzen und auf einem Kuchengitter erkalten lassen. Anschließend den größeren mit Puderzuckerglasur überziehen, den kleineren darauf setzen, ebenfalls mit Zuckerglasur überziehen und nach Belieben mit kandierten Früchten verzieren. Die Puderzuckerglasur gut trocknen lassen.

Gewürzkuchen

• 100 g Butter oder Margarine • 100 g braunen Zucker • 2 Eier • 50 g gemahlene Mandeln • 1 EL Kakaopulver • abgeriebene Schale von 1/2 Zitrone • 2 TL Lebkuchengewürz • 1 Prise Salz • 150 g Weizenmehl • 1 gestr. TL Backpulver • 75 ml Milch • 25 g kandierte Ingwerfrüchte • Margarine und Semmelbrösel

- Die Butter oder Margarine mit dem Zucker schaumig schlagen und nach und nach die Eier unterrühren.
- Die Mandeln, das Kakaopulver, die Zitronenschale und das Lebkuchengewürz sowie das Salz, das Mehl und das Backpulver miteinander vermischen und löffelweise unterheben. Die Milch ebenfalls dazugeben.
- Den Ingwer in sehr feine Würfel schneiden und zum Schluss unter den Teig ziehen.
- Eine kleine Kastenform mit Margarine ausfetten und mit Semmelbröseln ausstreuen, den Teig einfüllen und im auf 180-200 °C vorgeheizten Backofen 50-60 Minuten backen.
- Den Kuchen herausnehmen, auf ein Kuchengitter stürzen und erkalten lassen.

WEIHNACHTSTORTE

• 6 Eigelb • 6 EL Wasser • 150 g Zucker • 1 Päckchen Vanillezucker • 2 Tropfen Bittermandelöl • 6 Eiweiß • 1 Prise Salz • 150 g Mehl • 30 g Speisestärke • 100 g gemahlene Mandeln • 1/2 Glas Orangenmarmelade • 1 Päckchen Vanillepuddingpulver • 2 EL Zucker • 1/2 l Milch • 1 Becher Sahne • Puderzuckerglasur • Marzipansterne und Silberkugeln zum Garnieren

- Das Eigelb mit dem Wasser schaumig schlagen und nach und nach den Zucker einrieseln lassen. Den Vanillezucker und das Bittermandelöl ebenfalls einrühren.
- Das Eiweiß mit dem Salz zu sehr steifem Schnee schlagen und unter die Eigelbcreme heben.
- Das Mehl mit der Speisestärke vermischen, auf den Teig sieben und mit den Mandeln unterheben.
- Eine Springform (Durchmesser 26 cm) mit Backtrennpapier auslegen, den Teig einfüllen und im auf 180 °C vorgeheizten Backofen 45-50 Minuten backen.
- Herausnehmen, auf ein Kuchengitter stürzen und das Backtrennpapier abziehen. Den Boden vollständig erkalten lassen. (Am besten über Nacht)
- Den Biskuitboden zweimal quer durchschneiden und die untere und die zweite Platte mit Orangenmarmelade bestreichen.
- Aus dem Vanillepuddingpulver, dem Zucker und der Milch einen Pudding kochen und erkalten lassen. Die Sahne steif schlagen und den Pudding unterheben. Diese Creme zur Hälfte auf den untersten Tortenboden streichen, den zweiten darauf setzen und den Rest darauf verteilen. Den dritten Boden darauf setzen und die Torte mit Puderzuckerglasur überziehen.
- Mit Marzipansternen und Silberkugeln ausgarnieren und bis zum Verzehr in den Kühlschrank stellen.

VARIATION:

- Den Bisquitboden als dunklen Boden backen und mit Schokoladen- oder Mokka-Buttercreme füllen.

Gebackene Nikoläuse

• 250 g Honig • 100 g Zucker • 2 TL Lebkuchengewürz • 500 g Mehl • 2 Eier • 5 EL Öl • 15 g Natron • Puderzuckerglasur • bunte Zuckerschrift

- Den Honig mit dem Zucker und dem Lebkuchengewürz in einem Topf erhitzen, beiseite stellen und abkühlen lassen. Das Mehl mit den Eiern, dem Öl und dem Natron zu der Honig-Zucker-Masse geben und das Ganze zu einem Teig verkneten.
- Den Teig einige Stunden kühl stellen, anschließend herausnehmen und auf einer bemehlten Arbeitsfläche ausrollen. Mit einem scharfen Messer Dreiecke ausschneiden und diese auf ein mit Backtrennpapier ausgelegtes Backblech legen.
- Die Dreiecke im auf 200 °C vorgeheizten Backofen 10-12 Minuten backen, herausnehmen und erkalten lassen.
- Die Dreiecke mit Puderzuckerglasur überziehen, diese gut trocknen lassen und anschließend mit bunter Zuckerschrift Nikolausgesichter und -figuren aufzeichnen.

Schneemänner

• 500 g Mehl • 1 TL Backpulver • 300 g Zucker • 200 g Butter • 2 EL Milch • 1 Ei • 1 EL Zimt • 1 Msp. Nelkenpulver • 1 Msp. Muskatblüte • Mehl zum Ausrollen • Milch zum Bepinseln • Puderzuckerglasur • Zuckerperlen zum Verzieren

- Das Mehl mit dem Backpulver auf eine Arbeitsfläche sieben, den Zucker darüber streuen und eine Mulde eindrücken
- Die Butter in Flöckchen auf den Rand setzen, die Milch und das Ei in die Mulde geben. Den Zimt, die Nelken und die Muskatblüte dazugeben und alles rasch zu einem Teig verkneten. Den Teig über Nacht im Kühlschrank ruhen lassen.
- Den Teig auf einer bemehlten Arbeitsfläche ausrollen und Schneemänner ausstechen oder nach einer Schablone ausschneiden.
- Die Figuren auf ein mit Backtrennpapier ausgelegtes Backblech legen, mit Milch bepinseln und im auf 200 °C vorgeheizten Backofen 10 Minuten backen.
- Die Schneemänner mit Puderzuckerglasur und Zuckerperlen nach Geschmack verzieren.

Lebkuchen zum Anbeissen

• 250 g Zuckerrübensirup • 125 g Zucker • 100 g Butter • 1 Ei • 1 Eigelb • abgeriebene Schale von 1 Zitrone • 2 EL Kakao • 1 TL Zimt • 1 TL Anis • 1 Prise Nelkenpulver • 1 Prise Salz • 300 g Weizenmehl • 1/2 Päckchen Backpulver • 200 g Blütenzarte Haferflocken • 1 Eiweiß • 250 g Puderzucker

- Den Zuckerrübensirup erhitzen und den Zucker darin auflösen lassen.
- Die Butter mit dem Ei und dem Eigelb schaumig schlagen, die Zitronenschale, den Kakao, den Zimt, den Anis und das Nelkenpulver sowie das Salz dazugeben.
- Das Mehl mit dem Backpulver vermischen und zusammen mit den Haferflocken nach und nach unter die Masse kneten. Zuletzt das Sirupgemisch dazugeben und alles gut durchkneten.
- Den Teig einen halben Zentimeter dick ausrollen, beliebige Plätzchen ausstechen und diese auf ein mit Backtrennpapier ausgelegtes Backblech legen.
- Die Plätzchen im auf 200 °C vorgeheizten Backofen 8-10 Minuten backen, herausnehmen und erkalten lassen.
- Das Eiweiß steif schlagen und dabei nach und nach den Puderzucker unterrühren. Diese Masse in einen Spritzbeutel mit sehr kleiner, runder Tülle füllen und die Lebkuchen damit verzieren.

Gewürztaler

• 80 g Butter oder Margarine • 60 g Zucker • 1 Ei • 1 1/2 EL Rübensirup • 1 Päckchen Vanillezucker • 150 g Mehl • 1-2 TL Lebkuchengewürz neunerlei • 1 TL Backpulver • 1/2 TL Natron • 100 g Puderzucker • 1 1/2 EL Zitronensaft

- Die Butter oder Margarine mit dem Zucker schaumig schlagen. Das Ei, den Rübensirup und den Vanillezucker unterrühren.
- Das Mehl mit dem Backpulver und dem Natron vermischen und nach und nach unter die Buttermischung heben. Mit den Knethaken des Rührgeräts gut durchkneten, in Frischhaltefolie wickeln und eine Stunde im Kühlschrank ruhen lassen.
- Den Teig herausnehmen, zu Kugeln von 2 cm Durchmesser formen, flach drücken und auf ein mit Backtrennpapier ausgelegtes Backblech setzen.
- In dem auf 180 °C vorgeheizten Backofen 6-8 Minuten backen, herausnehmen und auf einem Kuchengitter erkalten lassen.
- Den Puderzucker mit dem Zitronensaft zu einem dickflüssigen Guss verrühren und die Gewürztaler damit überziehen.

EINFACHE LEBKUCHEN

• 50 g Butter • 175 g braunen Zucker • 1 EL Vanillezucker • 1 Ei • 1 Eigelb • 100 g Bienenhonig • 2 TL Lebkuchengewürz neunerlei • 500 g Mehl • 1 EL Backpulver • 3 EL Milch • 1 Eigelb zum Bestreichen • Mandeln und kandierte Kirschen zum Belegen

- Die Butter mit dem Zucker und dem Vanillezucker schaumig schlagen, das Ei, das Eigelb, den Bienenhonig und das Lebkuchengewürz unterrühren.
- Das Mehl mit dem Backpulver vermischen und mit der Milch zu der Schaummasse geben. Das Ganze zu einem glatten Teig verkneten und in Frischhaltefolie verpackt im Kühlschrank 30 Minuten ruhen lassen.
- Den Teig herausnehmen, auf einer bemehlten Arbeitsfläche dünn ausrollen und beliebige Figuren ausstechen.
- Die Figuren mit verquirltem Eigelb bestreichen und mit Mandeln und kandierten Kirschen verzieren. Auf ein gefettetes Backblech setzen und im auf 175 °C vorgeheizten Backofen 10 Minuten backen.
- Die fertigen Lebkuchen herausnehmen und auf einem Kuchengitter erkalten lassen.

GESCHÜTTELTE LEBKUCHEN

• 350 g Mehl • 300 g Zucker • 150 g gehackte, kandierte Früchte • 100 g gemahlene Haselnüsse • 3 TL Lebkuchengewürz • 1 TL Nelkenpulver • 1 Päckchen Vanillezucker • 1 Päckchen Backpulver • 1/4 l Milch • 150 g flüssige Butter • 2 EL Honig • 4 Eier

- Das Mehl mit dem Zucker, den kandierten Früchten, den Haselnüssen, dem Lebkuchengewürz, dem Nelkenpulver, dem Vanillezucker und dem Backpulver in eine gut verschließbare Schüssel geben und kräftig schütteln.
- Die Milch, die flüssige Butter, den Honig und die Eier in eine andere Schüssel geben, verschließen und ebenfalls gut schütteln.
- Die flüssigen Zutaten zu der Mehlmischung geben, die Schüssel erneut verschließen und nochmals gut durchschütteln.
- Die Masse mit einem Teigschaber durchrühren und auf ein gefettetes Backblech streichen. Im auf 200 °C vorgeheizten Backofen 20 Minuten backen, herausnehmen und noch warm in Quadrate oder Rechtecke schneiden.

Nürnberger Lebkuchen

• 4 Eier • 250 g Zucker • 1 Prise Salz • 1 TL geriebene Zitronenschale • 1 TL geriebene Orangenschale • 40 g Zitronat • 40 g Orangeat • 75 g Mandelblättchen • 250 g Mehl • 1 EL Zimtpulver • 1 Msp. Nelkenpulver • 1 Msp. Kardamom • 2 g Hirschhornsalz • runde Backoblaten • dunkle oder helle Schokoladenglasur

- Die Eier mit dem Zucker und dem Salz in einer Schüssel schaumig schlagen, die Zitronenschale, die Orangenschale, das Zitronat, das Orangeat und die Mandelblättchen dazugeben und alles gut vermischen.
- Das Mehl mit den Zimt, dem Nelkenpulver, dem Kardamom und dem mit Wasser angerührten Hirschhornsalz zur restlichen Masse geben und zu einem glatten, kompakten Teig verarbeiten.
- Die Masse auf die Backoblaten streichen, diese auf ein Backblech setzen und an einem warmen Ort über Nacht abtrocknen lassen.
- Am nächsten Tag die Lebkuchen im auf 160-180 °C vorgeheizten Backofen 25 Minuten backen, herausnehmen und erkalten lassen.
- Die Lebkuchen mit dunkler oder heller Schokoladenglasur überziehen und auf ein Kuchengitter legen, bis die Glasur vollständig trocken ist.

Nikoläuse zum Aufessen

• 250 g Honig • 100 g Zucker • 2 TL Lebkuchengewürz • 500 g Mehl • 2 Eier • 5 EL Öl • 15 g Natron • Puderzuckerglasur • bunte Zuckerschrift

- Den Honig mit dem Zucker und dem Lebkuchengewürz in einem Topf erhitzen, beiseite stellen und abkühlen lassen. Das Mehl mit den Eiern, dem Öl und dem Natron zu der Honig-Zucker-Masse geben und das Ganze zu einem Teig verkneten.
- Den Teig einige Stunden kühl stellen, anschließend herausnehmen und auf einer bemehlten Arbeitsfläche ausrollen. Mit einem scharfen Messer Dreiecke ausschneiden und diese auf ein mit Backtrennpapier ausgelegtes Backblech legen.
- Die Dreiecke im auf 200 °C vorgeheizten Backofen 10-12 Minuten backen, herausnehmen und erkalten lassen.
- Die Dreiecke mit Puderzuckerglasur überziehen, diese gut trocknen lassen und anschließend mit bunter Zuckerschrift Nikolausgesichter und -figuren aufzeichnen.

Stollen

• 500 g Mehl • 1 Päckchen Trockenhefe • 2 EL Zucker • 60 g weiche Margarine • 1 Ei • abgeriebene Schale von 1/2 Zitrone • 1 Prise Salz • 2 TL Zimtpulver • 1 TL Kardamom • 50 g Rosinen • 50 g gehackte Mandeln • 30 g gehacktes Zitronat und Orangeat • 200 ml lauwarme Milch • 100 g Marzipanrohmasse • Margarine für die Form • Butter zum Bestreichen • Puderzucker zum Bestäuben

- Das Mehl in eine Schüssel sieben und mit der Trockenhefe vermischen.
- Den Zucker, die Margarine, das Ei, die abgeriebene Zitronenschale, das Salz, den Zimt und den Kardamom sowie die Rosinen, die Mandeln und das fein gehackte Zitronat und Orangeat dazugeben.
- Die Milch einrühren und das Ganze zu einem Teig verarbeiten. Den Teig so lange schlagen, bis er Blasen wirft, und anschließend zugedeckt an einem warmen Ort 30 Minuten gehen lassen. Kurz durcharbeiten und erneut gehen lassen.
- Die Marzipanrohmasse durchkneten und zu einer Rolle formen. Den Teig leicht auseinander drücken, die Rolle einlegen, den Teig zusammenklappen und in eine gut ausgefettete Stollenform drücken.
- Den Stollen im auf 175-180 °C vorgeheizten Backofen 60-70 Minuten backen, herausnehmen und noch heiß mit flüssiger Butter bestreichen. Dick mit Puderzucker bestäuben und auf einem Kuchengitter erkalten lassen.

Quarkstollen

• 500 g Mehl • 1 Päckchen Backpulver • 250 g Sahnequark • 1 Ei • 1 Eigelb • 150 g weiche Butter • 200 g Zucker • 1 Päckchen Vanillezucker • abgeriebene Schale von 1 Zitrone • 375 g Rosinen • 2 cl Cognac • 100 g gehackte Mandeln • Butter zum Bestreichen • Puderzucker zum Bestäuben

- Das Mehl mit dem Backpulver auf eine Arbeitsfläche sieben und eine Mulde in die Mitte drücken.
- Den Quark, das Ei, das Eigelb und die Butter in Flocken dazugeben, mit etwas Mehl verrühren und mit dem Zucker, dem Vanillezucker, der Zitronenschale, den Rosinen, dem Cognac und den gehackten Mandeln zu einem geschmeidigen Teig verarbeiten.
- Einen Stollen formen und diesen auf ein mit Backtrennpapier ausgelegtes Backblech legen.
- Im auf 180-200 °C vorgeheizten Backofen eine Stunde backen, herausnehmen und auf dem Blech erkalten lassen.
- Den noch heißen Stollen mit der Butter bestreichen und dick mit Puderzucker bestäuben.

Hutzelbrot

• 250 g getrocknete, entkernte Zwetschgen • 250 g getrocknete Birnen • 150 g getrocknete Feigen • 1 l Wasser zum Einweichen • 65 g getrocknete Aprikosen • 65 g Walnusskerne • 65 g Haselnusskerne • 125 g Rosinen • 130 g Zitronat und Orangeat • 125 g Zucker • 1 TL Zimt • 1 Prise Nelkenpulver • 1 Prise gemahlenen Anis • 1 Prise Salz • 2 EL Rum • 2 EL Zitronensaft • 500 g Schwarzbrotteig vom Bäcker • Mehl zum Ausrollen • Margarine fürs Blech • Eigelb zum Bestreichen

- Die Zwetschgen, die Birnen und die Feigen mit dem Wasser bedecken und über Nacht einweichen. Auf einem Sieb abtropfen lassen und fein würfeln.
- Die Aprikosen ebenfalls klein schneiden, die Nüsse grob hacken.
- Die Früchte mit den Nüssen, den Rosinen, dem Zitronat, dem Orangeat und dem Zucker sowie den Gewürzen in eine Schüssel geben. Den Rum und den Zitronensaft darüber träufeln und das Ganze 20 Minuten durchziehen lassen.
- Ein Viertel des Schwarzbrotteiges unter die Fruchtmischung kneten, den Rest auf einer bemehlten Arbeitsfläche ausrollen.
- Die Fruchtmischung darauf geben und in den Teig einschlagen. Das Hutzelbrot auf ein gefettetes Backblech legen, mit dem verschlagenen Eigelb bestreichen und im auf 180-200 °C vorgeheizten Backofen 75-90 Minuten backen. Herausnehmen und auf einem Kuchengitter erkalten lassen.

Früchtebrot

• Zubereitung wie Hutzelbrot

- Anstelle des Schwarzbrotteiges vom Bäcker Hefeteig nach Grundrezept abgeschlagenen Hefeteig verwenden. Weitere Verarbeitung wie oben beschrieben.

Stiefel für den Nikolaus

• 150 g Weizenmehl Type 550 • 100 g Blütenzarte Haferflocken • 1 TL Backpulver • 125 g Zucker • 1 TL Vanillezucker • 1 Tropfen Bittermandelöl • 1 Msp. Kardamom • 1 Msp. Nelkenpulver • 1/2 TL Zimt • 1 Ei • 100 g Butter • 50 g gemahlene Mandeln • 50 g Blütenzarte Haferflocken • 1 Eigelb • 1 TL Milch zum Bestreichen • geschälte Mandeln und kandierte Früchte zum Verzieren

- Das Mehl mit den Haferflocken, dem Backpulver, dem Zucker, dem Vanillezucker, dem Bittermandelöl, dem Kardamom, dem Nelkenpulver, dem Zimt, dem Ei, der Butter und den Mandeln zu einem glatten Teig verkneten.
- Den Teig in Frischhaltefolie wickeln und im Kühlschrank 20 Minuten ruhen lassen.
- Den Teig herausnehmen und auf einer mit Haferflocken bestreuten Arbeitsfläche einen Zentimeter dick ausrollen. Einen Stiefel ausschneiden und diesen auf ein mit Backtrennpapier ausgelegtes Backblech legen.
- Das Eigelb mit der Milch verquirlen und den Stiefel damit bestreichen. Im auf 160-180 °C vorgeheizten Backofen 10 Minuten backen, herausnehmen und erkalten lassen.
- Den Stiefel mit gehackten Mandeln und kandierten Früchten verzieren.

Kleine Stiefel für den Weihnachtsbaum

• Zubereitung wie Stiefel für den Nikolaus

- Anstelle des großen Stiefels nach Schablone mehrere kleine Stiefel backen, dabei mit einer Stricknadel vor dem Backen ein Loch zum Aufhängen einstechen. Die Stiefel im auf 180 °C vorgeheizten Backofen je nach Größe 6-8 Minuten backen, herausnehmen und erkalten lassen. Nach Geschmack verzieren und mit einem Band am Weihnachtsbaum befestigen.

Tip

- Selbstverständlich können aus obigem Teig auch beliebige andere Figuren ausgestochen oder ausgeschnitten werden. Wenn vor dem Backen ein Loch in den Teig gestochen wird, können die Figuren mit einem Band versehen und aufgehängt werden.
- Sollen die Lebkuchenfiguren nur Dekorationszwecken dienen, können mehr Gewürze eingearbeitet werden, die dann den weihnachtlichen Duft in der ganzen Wohnung verbreiten.

Hexenhaus

• 5 Eier • 200 g Zucker • 450 g Honig • 250 g gemahlene Haselnüsse • 1 Prise Salz • 1 Msp. Zimtpulver • 1 Msp. Nelkenpulver • 1 kg Mehl • 10 g Natron • 2-3 EL Kakao • 250 g Puderzucker • 1 Eiweiß • einige Tropfen Zitronensaft

- Die Eier mit dem elektrischen Handrührgerät schaumig schlagen, anschließend nach und nach den Zucker einrieseln lassen und so lange schlagen, bis die Masse weiß schaumig ist. Unter ständigem Weiterschlagen den Honig einfließen lassen, die Haselnüsse mit dem Salz, den Zimt und dem Nelkenpulver vermischen und locker unterheben.
- Das Mehl mit dem Natron und dem Kakao vermischen, auf den Teig sieben und kräftig durchkneten.
- Die Masse im Kühlschrank mindestens zwei Tage im Kühlschrank durchziehen lassen.
- Den Teig zu gleichmäßig dicken Rollen formen, für das Dach müssen alle gleich lang sein, für den Giebel die Stangen aneinander legen und schräg abschneiden. Am besten geht das, wenn vorher eine Schablone angefertigt wird. Wer möchte, kann sogar noch eine Türe einbauen.
- Die einzelnen Stangen auf ein mit Backtrennpapier ausgelegtes Backblech legen und im auf 180 °C vorgeheizten Backofen 10-15 Minuten backen, herausnehmen und auf einem Kuchengitter erkalten lassen.
- Den Puderzucker sieben, das Eiweiß mit Zitronensaft steif schlagen, den Puderzucker unterrühren und so lange schlagen, bis eine glänzende Masse entstanden ist.
- Die einzelnen Teile mit dem Puderzuckerguss zusammensetzen und gut trocknen lassen.

Tip

- Sehr hübsch sieht das Hexenhaus aus, wenn es auf einer (gebackenen) Bodenplatte mit einem Gartenzaun darum herum steht und im Hintergrund einige (ebenfalls gebackene) Tannenbäume befestigt werden.

Grundrezept Wasserglasur

• 100-150 g Puderzucker • 2-3 EL heißes Wasser • 1 EL Arrak oder Rum oder Saft von 1 Zitrone oder 1 Tasse Mokka

- Den Puderzucker mit dem Wasser, dem Arrak oder Rum oder dem Zitronensaft oder dem Mokka dick anrühren und den Kuchen damit überziehen.

Grundrezept Eiweissglasur

• 250-300 g Puderzucker • 1 Eiweiß • 1-2 EL Arrak • einige EL heißes Wasser

- Den Puderzucker in eine Schüssel sieben. Mit dem Eiweiß, dem Arrak und so viel heißem Wasser glatt rühren, dass eine dicke Masse entsteht. Den Kuchen damit überziehen und die Glasur vollständig trocknen lassen.

Grundrezept Schokoladenglasur

• 200 g Puderzucker • 20 g Kokosfett • 1 EL Kakaopulver • 4 EL kochendes Wasser

- Den Puderzucker in eine Schüssel sieben und mit dem flüssigen Kokosfett, dem Kakaopulver und dem kochenden Wasser zu einer glatten, dickflüssigen Creme verrühren. Den Kuchen damit überziehen.

Grundrezept Fruchtsaftglasur

• 100-150 g Puderzucker • 2-3 EL Fruchtsaft • einige Tropfen Zitronensaft zum Abrunden

- Den Puderzucker mit dem Fruchtsaft und dem Zitronensaft glatt rühren und das Gebäck damit überziehen.
- Wer die Farben intensiver möchte, verwendet Speisefarben zum Einfärben. Dazu die Glasur wie gewohnt anrühren und dann so viel Speisefarbe dazugeben, bis der gewünschte Farbton erreicht ist.

Grundrezept Buttercreme I

• 125 g Butter • 1 Ei • 1/8 l Wasser • 2 geh. EL sanapart

- Die Butter schaumig schlagen, das Ei mit dem Wasser verquirlen und kräftig darunter schlagen. Das sanapart hinzufügen und alles zu einer lockeren Creme rühren.

Grundrezept Buttercreme II

• 1 Ei • gut 1/8 l Wasser • 125 g Butter • 125 g Margarine • 125 g sanapart • Vanillezucker zum Süßen

- Das Ei in einen Messbecher geben und mit Wasser auf 1/4 l auffüllen.
- Die Butter und die Margarine schaumig schlagen, das Wasser und das Ei dazugeben und das Ganze zu einer glatten Creme verrühren.
- Das sanapart mit dem Vanillezucker untermischen und die Creme fertig schlagen.

Grundrezept Quark-Buttercreme

• 1 Grundrezept Buttercreme • 125 g Speisequark • 1 leicht geh. EL sanapart • 1 Päckchen Vanillezucker

- Die Buttercreme nach Grundrezept zubereiten, den Quark und die übrigen Zutaten unterheben und das Ganze zu einer lockeren Creme aufschlagen.

Grundrezept Schokoladen-Buttercreme

• 1 Grundrezept Buttercreme • 1 EL Kakaopulver

- Die Buttercreme nach Grundrezept zubereiten und das Kakaopulver kräftig darunter schlagen.

Grundrezept klassische Buttercreme

• 1/2 l Milch • 1 Prise Salz • 100 g Zucker • 2 Päckchen Vanillezucker • 45 g Speisestärke • 1 Eigelb • 200 g Butter

- Die Milch mit dem Salz, dem Zucker und dem Vanillezucker aufkochen. Die Speisestärke mit kaltem Wasser anrühren, das Eigelb einrühren und das Ganze unter ständigem Rühren in die kochende Milch geben. Einmal aufkochen, dann erkalten lassen. Zwischendurch immer wieder umrühren, damit sich keine Haut bildet.
- In der Zwischenzeit die Butter schaumig rühren. Die kalte Creme esslöffelweise dazugeben. Die Creme bis zur weiteren Verwendung in den Kühlschrank stellen.

Grundrezept Mokka-Buttercreme

• 1 Grundrezept Buttercreme • 1-2 EL Instant-Kaffeepulver

- Die Buttercreme nach Grundrezept zubereiten und das Instant-Kaffeepulver kräftig darunter schlagen.

Grundrezept Vanille-Buttercreme

• 1 Grundrezept Buttercreme
• 1 Päckchen Vanillezucker oder einige Tropfen Vanillearoma

- Die Buttercreme nach Grundrezept zubereiten und den Vanillezucker oder das Vanillearoma kräftig darunter schlagen.

Grundrezept Arrak-Buttercreme

• 1 Rezept Buttercreme • 1 EL Arrak

- Die Buttercreme nach Grundrezept zubereiten und den Arrak kräftig darunter schlagen.

Grundrezept Mokkacreme

• 1 Rezept Buttercreme II • 4 EL Mokkaextrakt

- Anstelle des Wassers einen starken Mokka zubereiten, erkalten lassen und diesen zum Ei geben. Die Butter und die Margarine schaumig schlagen, die Mokka-Ei-Mischung dazugeben und das Ganze zu einer glatten Creme verrühren.
- Das sanapart mit dem Vanillezucker untermischen und die Creme fertig schlagen.

Grundrezept Sahnecreme

• 1 Päckchen Vanillepuddingpulver • 3/8 l Milch • 2 EL Zucker
• 1/4 l Sahne

- Das Puddingpulver mit der Milch und dem Zucker aufkochen, beiseite stellen und erkalten lassen.
- Die Sahne steif schlagen und den kalten Vanillepudding unterheben.

Grundrezept Französische Tortencreme

• 250 g Margarine • 1 Packung sanapart
• 1 Päckchen Vanillezucker • 5 Eier
• 1 Schuss Weinbrand oder 3-4 Gläser Eierlikör

- Die Margarine in einer Schüssel schaumig schlagen, das sanapart und den Vanillezucker einrühren und die Eier nach und nach darunter schlagen. Die Creme mit Weinbrand oder Eierlikör aromatisieren.

Grundrezept Puddingcreme

• 1/4 l Milch • Puddingpulver nach Geschmack • 250 g Butter
• 125 g Puderzucker

- Den Pudding nach Geschmack zubereiten und erkalten lassen.
- Die Butter mit dem Puderzucker in einer Schüssel schaumig schlagen, den kalten Pudding esslöffelweise unterziehen.

Grundrezept Quarkfüllung

• 500 g Sahnequark • 2 EL Mehl • 1 Ei • 75 g Zucker
• einige Tropfen Zitronenaroma

- Den Quark in einer Schüssel glatt rühren. Das Mehl mit dem Schneebesen darunter schlagen, das Ei, den Zucker und das Zitronenaroma einrühren und das Ganze mit dem Handrührgerät zu einer glatten Creme aufschlagen.

Grundrezept Nussfüllung

• 100 g gemahlene Haselnüsse • 1 Hand voll feine Haferflocken
• 3 EL braunen Zucker • 1 Prise Zimtpulver • 1 Tasse Milch

- Die Nüsse mit den Haferflocken in einer trockenen Pfanne rösten, vom Herd nehmen und erkalten lassen.
- Den braunen Zucker, das Zimtpulver und die Milch dazugeben und das Ganze zu einer kompakten Masse verarbeiten.

Einfache Nussfüllung

• 125 g gemahlene Haselnüsse • 3-4 EL kochende Milch
• 2-3 EL Zucker

- Die gemahlenen Haselnüsse in einer trockenen Pfanne kurz rösten, die Milch einrühren und das Ganze mit Zucker süßen.

Grundrezept Baiser (Meringenmasse)

• 6 Eiweiß • 250 g Zucker • 1 Päckchen Vanillezucker • 2 TL sanapart

- Das Eiweiß mit 100 g von der gesamten Menge und sanapart zu steifem Schnee schlagen.
- Den restlichen Zucker unter ständigem Rühren einrieseln lassen.
- Die Masse in einen Spritzbeutel mit großer Tülle füllen und verschiedene Formen auf ein mit Backtrennpapier ausgelegtes Backblech spritzen.
- Die Teilchen im auf 130 °C vorgeheizten Backofen etwa drei Stunden mehr trocknen als backen.
- Die Meringen herausnehmen und zum Verzehr bereitstellen.

Baiserdekor für Obstkuchen

• 1/2 Grundrezept Baiser

- Das Eiweiß mit 1 EL Zucker fast steif schlagen.
- Den restlichen Zucker sowie das sanapart dazugeben und den Schnee so lange schlagen, bis er ganz fest ist.
- Die Masse in einen Spritzbeutel mit Sterntülle füllen und den jeweiligen Kuchen damit garnieren.
- Soll die Baisergarnierung abgeflämmt werden, den fertigen Kuchen im vorgeheizten Backofen bei 220-230 °C bis zum Gelbwerden der Baiserspitzen überbacken.
- Wird die Garnierung jedoch zusammen mit dem Kuchen gebacken, schiebt man diesen auf die mittlere Schiene und bäckt ihn bei normaler Temperatur.

Baiser-Torteletts

• 1 Grundrezept Meringenmasse

- Die Baisermasse nach Grundrezept herstellen und in einen Spritzbeutel mit Sterntülle füllen.
- Auf ein mit Backtrennpapier ausgelegtes Backblech zuerst Kreise und danach auf die Kreise kleine Tupfer aufspritzen.
- Die Masse im auf 100-120 °C vorgeheizten Backofen in 3-4 Stunden trocknen, dabei einen Holzlöffelstiel in die Backofentüre stecken, damit sie einen Spalt offen bleibt.
- Die fertigen Torteletts mit flüssiger Kuvertüre bestreichen, mit Obst füllen, mit Tortenguss überziehen und sofort servieren.

Grundrezept Streusel

• 100 g Butter • 100 g Zucker • 1 Päckchen Vanillezucker • 200 g Mehl • 1 Msp. Backpulver

- Die Butter mit dem Zucker und dem Vanillezucker verkneten.
- Das Mehl mit dem Backpulver vermischen, untermengen und zu Streuseln verarbeiten.

Variation: Gewürzstreusel

- Zutaten und Zubereitung wie Grundrezept Streusel. Die Streusel werden zum Schluss mit Zimtpulver oder Lebkuchengewürz verfeinert. Sie eignen sich sehr gut für Kuchen oder Küchlein mit Obst, z.B. Äpfel, Birnen usw.

Apfelkuchen

• 250 g Mehl • 1 Päckchen Backpulver • 75 g Zucker • 1 Prise Salz • 1 EL geriebene Zitronenschale • 1 Päckchen Vanillezucker • 2 Eigelb • 125 g Butter • 2-3 EL saure Sahne • 800 g säuerliche Äpfel • Saft von 1 Zitrone • 125 g Magerquark • 1 Becher saure Sahne • 2 Eier • 1 Päckchen Vanillezucker • Zucker nach Geschmack • 1 Rezept Zimtstreusel

- Das Mehl mit dem Backpulver vermischen, mit dem Zucker, dem Salz, der Zitronenschale und dem Vanillezucker auf eine Arbeitsfläche geben und eine Mulde eindrücken. Das Eigelb in die Mulde geben, die Butter in Flöckchen darauf setzen und die saure Sahne darüber träufeln und alles zu einem glatten Teig verkneten.
- Den Teig in eine ausgefettete Springform füllen, glatt drücken und einen Rand hochziehen.
- Die Äpfel schälen, entkernen, in Schnitze schneiden, mit Zitronensaft beträufeln und den Teigboden damit belegen.
- Den Quark mit der sauren Sahne, den Eiern und dem Vanillezucker in eine Schüssel geben und glatt rühren, mit Zucker nach Geschmack süßen und anschließend gleichmäßig auf die Äpfel verteilen.
- Die Zimtstreusel nach Grundrezept zubereiten, zum Schluss über den Kuchen streuen und das Ganze im auf 180-200 °C vorgeheizten Backofen 50-60 Minuten abbacken.
- Den Apfelkuchen mit Zimtstreuseln herausnehmen, erkalten lassen, anrichten, ausgarnieren und servieren.

Register